Livre visuel

L'iPad

Yasmina Lecomte

FIRST
Interactive

Livre visuel – L'iPad, 3e édition

12, avenue d'Italie
75013 Paris - France
Tél. 01 44 16 09 00
Fax 01 44 16 09 01
Courriel : firstinfo@efirst.com
Internet : www.editionsfirst.fr

ISBN : 978-2412-02093-7
Dépôt légal : janvier 2017
Mise en page : Enredos e Legendas Unip. Lda
Imprimé en France

Table des matières

Introduction

Premier démarrage

Chapitre 1. Découvrir l'iPad

Chapitre 4. Échanger des courriels avec Mail

Chapitre 5. Communiquer avec l'iPad

Chapitre 6. Photographier et filmer

Chapitre 7. Écouter de la musique et regarder des vidéos

Chapitre 8. Applications pratiques et réseaux sociaux

Chapitre 9. Réglages essentiels et installation d'applications

Chapitre 10. Sauvegardes, mises à jour et déblocage

Introduction

L'iPad vous a-t-il toujours semblé un outil mystérieux et fascinant ? Votre dernière acquisition, un iPad 4, Pro, Air ou mini avec iOS 10, vous semble un inconnu à apprivoiser ? Vous brûlez d'envie de parfaire vos connaissances, acquises il y a longtemps, ou sur une version précédente de votre tablette ? Alors, ce livre est fait pour vous ! Vous découvrirez qu'après tout, un iPad, ce n'est pas si compliqué que ça ! En effet, après la lecture et la mise en pratique des étapes proposées ici, vous en saurez bien plus que la majorité des utilisateurs.

À qui est destiné ce livre ?

Cet ouvrage s'adresse aussi bien aux utilisateurs initiés qu'aux débutants. Il a pour but de vous faire découvrir votre nouvelle machine, l'iPad, le système d'exploitation iOS 10, et, à travers lui, les possibilités que vous offre votre tablette. Si cette dernière est intuitive et pratique, elle reste cependant une machine complexe avec de très nombreuses facettes. Ce livre, détaillé et précis, explique chaque fonction dans un langage clair, vous permet d'avancer pas à pas et d'acquérir en peu de temps toutes les notions indispensables pour maîtriser efficacement votre iPad.

Un livre visuel pour tous les iPad

Cet ouvrage concerne tous les modèles d'iPad – de la deuxième à la dernière génération, mais également les trois générations d'iPad mini, avec écran Retina ou non – sur lesquels la dernière version en date d'iOS (le système d'exploitation d'Apple) est installée : il s'agit d'iOS 10, à l'heure où ces lignes sont écrites.

Dans un souci pédagogique, toutes les actions à réaliser sont décrites étape par étape et agrémentées systématiquement de captures d'écran. Il n'est donc pas nécessaire de lire l'intégralité du livre pour réaliser très facilement chaque tâche. De plus, une table des matières et un index vous permettront de retrouver facilement et rapidement la procédure qui vous intéresse.

Des paragraphes spécifiques, sous forme de notes, fournissent des informations sur les termes employés, des conseils d'utilisation ou des astuces pour aller plus loin.

Contenu de ce livre

Ce livre est divisé en dix chapitres :

- En guise de préambule, nous détaillerons pour commencer le tout premier démarrage de l'iPad. Nous nous intéresserons également à iTunes, le logiciel compagnon de votre iPad sur ordinateur.
- Le chapitre 1 vous propose de vous familiariser avec l'iPad. Après une prise en main rapide et une première approche des boutons et contrôles principaux, nous détaillerons une série de manipulations quotidiennes. Vous vous exercerez à quelques techniques essentielles (démarrer l'iPad, le déverrouiller et le verrouiller, *etc.*), puis nous ferons le point sur la connexion à Internet et le mode Wi-Fi. Vous ferez connaissance avec le concept d'icônes et d'applications, ainsi qu'avec le bouton Accueil. Nous finirons avec quelques manœuvres simples à connaître impérativement pour ajuster le volume, recharger l'iPad et même parfois… l'éteindre !
- Dans le chapitre 2, vous verrez comment la tablette répond… au doigt et à l'œil ! Vous découvrirez deux éléments fondamentaux : l'écran et le clavier. À quoi servent-ils et comment les contrôler ? Depuis iOS 10, le clavier est enrichi de nouveaux outils pour être encore plus productif et surtout s'amuser, avec les emojis, en particulier. Vous ferez aussi connaissance avec Siri, l'assistant vocal de l'iPad, qui prend encore de la hauteur avec iOS 10. Les concepts de recherche dans l'iPad et de notifications seront expliqués. Enfin, nous vous présenterons les trois nouveaux modes de contrôle de l'écran d'accueil apparus avec l'avant-dernière version d'iOS : Slide Over, Split View et Image dans l'image.
- Le chapitre 3 est consacré à Safari et à l'exploration du Web sur l'iPad. Afficher une page Web, effectuer une recherche avec Google, ouvrir une nouvelle fenêtre ou encore utiliser les signets et l'historique : tout cela n'aura plus aucun secret pour vous. Sans oublier de super astuces de navigation !
- Les chapitres 4 et 5 sont consacrés aux échanges : par le biais du courrier électronique et grâce à l'application **Mail**, tout d'abord, puis avec les iMessages et **FaceTime**. L'application **Messages** a été enrichie de nombreuses fonctionnalités innovantes avec iOS 10. Vous les découvrirez ici. Ce sera également l'occasion d'apprivoiser le carnet d'adresses.

- Dans le chapitre 6, vous en prendrez plein les yeux ! Nous verrons en détail que l'iPad permet de prendre des photos et des vidéos. Mais c'est surtout par ses nombreuses fonctionnalités que l'iPad se démarque : visualisation d'albums, diaporamas, retouches, partages… pour ne citer que quelques exemples. La dernière version d'iOS propose des outils fabuleux pour créer des « souvenirs » à partir de vos photos. La reconnaissance de visages, objets et scènes a encore été améliorée.
- Dans le chapitre 7, vous continuerez à profiter de l'iPad en mode détente en écoutant de la musique et en regardant des vidéos. Vous découvrirez toutes les facettes de ces activités, comme le transfert des morceaux de musique et des films sur l'iPad, ou la retransmission sur un écran de télévision.
- Le chapitre 8 est consacré à plusieurs applications pratiques : **Plans**, pour se repérer ; **Horloge**, qui fait bien plus que ce que son nom indique ; **Notes** et **Rappels** pour ne plus rien oublier ; **Calendrier**, pour gérer votre agenda. Vous découvrirez que vous pouvez aussi acheter des livres et les consulter sur votre iPad grâce à l'application **iBooks**. Les deux applications essentielles pour les amateurs de réseaux sociaux et complètement intégrées à l'iPad seront présentées : **Twitter** et **Facebook**. Enfin, vous ferez connaissance avec la nouvelle application Maison, apparue dans iOS 10.
- Le chapitre 9 fait le point sur les options utiles et les paramétrages à connaître. Il vous explique aussi comment explorer l'App Store pour installer et gérer des applications.
- Au dernier chapitre, vous verrez comment installer les mises à jour d'iOS, sauvegarder vos données ou effectuer une restauration à partir d'une sauvegarde et, enfin, en dernier ressort, réinitialiser l'iPad.
- Pour terminer, un glossaire vous permettra de faire le point sur certains termes utiles à connaître.

Bonne lecture !

Premier démarrage

Le premier démarrage de l'iPad est particulier : vous allez devoir insérer la carte SIM, procéder à l'activation de votre appareil, ainsi qu'à toute une série de réglages initiaux. Pour ce premier démarrage, assurez-vous de disposer d'une connexion à un réseau Wi-Fi (et du mot de passe associé). Si vous avez une box Internet à la maison, par exemple, c'est parfait. Consultez votre fournisseur Internet si vous ne connaissez pas les identifiants d'accès au Wi-Fi. Préparez aussi la carte SIM de votre opérateur de téléphonie, indispensable pour initialiser l'iPad.

> Si vous possédez le modèle d'iPad Wi-Fi + 4G, et avez souscrit un abonnement Internet auprès d'un opérateur de téléphonie, celui-ci vous a fourni une carte nano-SIM ou micro-SIM pour accéder au réseau 3G/4G. Vous devez l'insérer dans l'iPad avant le premier démarrage. Il est aussi fort possible que votre iPad ait déjà été activé et votre carte SIM installée, au moment de l'achat, par exemple. Dans ce cas, l'écran d'accueil s'affiche et vous n'aurez rien à faire. Nous vous conseillons tout de même de consulter la section consacrée à iTunes à la fin de ce chapitre. La procédure expliquée ci-après s'applique aussi suite à toute réinitialisation de l'iPad.

Insérer la carte SIM

La première étape consiste à insérer une carte SIM de dernière génération, soit nano-SIM, soit micro-SIM, valide et activée, dans l'iPad.

Préparez la carte nano-SIM de votre iPad. Vous devez l'insérer dans l'iPad, avant même de l'allumer. Ouvrez le tiroir SIM de votre nouvel iPad, à l'aide de l'outil *ad hoc* (et situé sur le rabat de la pochette cartonnée fournie avec l'appareil). Le tiroir se trouve sur le côté droit du boîtier de l'iPad. Grâce au coin coupé, placez la carte SIM correctement dans le tiroir.

Réintroduisez ensuite le tiroir SIM dans l'iPad et poussez-le. Un clic confirme sa fermeture. Allumez l'iPad : appuyez longuement sur le bouton de démarrage. Le logo Apple apparaît.

Déverrouiller la carte SIM

Cette étape concerne uniquement les modèles d'iPad Wi-Fi + 3/4G. Si vous possédez un iPad Wi-Fi seulement, passez directement à la section qui suit.

1. Faites glisser votre doigt sur le curseur **Faire glisser pour configurer**, dans le sens indiqué par la flèche.

2 Utilisateur de modèle Wi-Fi + 3/4G, vous devez ensuite saisir votre code PIN : touchez le bouton **Déverrouiller** puis saisissez votre code à quatre chiffres en appuyant successivement sur les chiffres correspondants du clavier. N'hésitez pas à utiliser la touche de retour arrière pour effacer un chiffre incorrect. À chaque appui sur un chiffre, un cercle noir apparaît dans la zone de saisie du code PIN. Si votre carte SIM est nouvelle, le code PIN est en principe indiqué sur le courrier d'accompagnement. À défaut, essayez 0000 ou 1234, mais attention : trois tentatives infructueuses provoqueront le blocage de votre carte SIM.

Si votre carte SIM n'est pas encore active, le message « Carte SIM verrouillée » s'affiche. Vous devez procéder à l'activation de la carte SIM avant de poursuivre le démarrage de l'iPad.

Activer votre iPad

Pour activer votre iPad, munissez-vous de l'identifiant et du mot de passe de votre réseau Wi-Fi personnel (celui de votre box Internet). Si aucun réseau Wi-Fi n'est disponible, vous pourrez toujours configurer l'iPad en le connectant à un ordinateur sur lequel vous aurez pris soin d'installer et de lancer le logiciel iTunes. Choisissez **Définir comme nouvel iPad** si cette tablette est nouvelle et que vous n'ayez jamais eu d'iPad avant, ou si vous n'avez pas de sauvegarde disponible. Si vous souhaitez restaurer le contenu d'un ancien ou autre iPad, choisissez **Restaurer à partir de cette sauvegarde** (la dernière sauvegarde en date est sélectionnée par défaut, vous pouvez en choisir une plus ancienne, comme une sauvegarde antérieure mais d'une autre tablette, si besoin).

Si vous disposez d'un réseau Wi-Fi :

1 Faites glisser votre doigt de gauche à droite sur **Faites glisser pour démarrer** pour lancer la procédure d'initialisation.

2 Choisissez la langue et le pays qui vous concernent, puis un réseau Wi-Fi : touchez le nom du réseau souhaité dans la liste.

3 Indiquez le mot de passe associé au réseau choisi, puis touchez le bouton **Rejoindre**.

4 Patientez pendant quelques instants : l'activation de votre iPad a lieu.

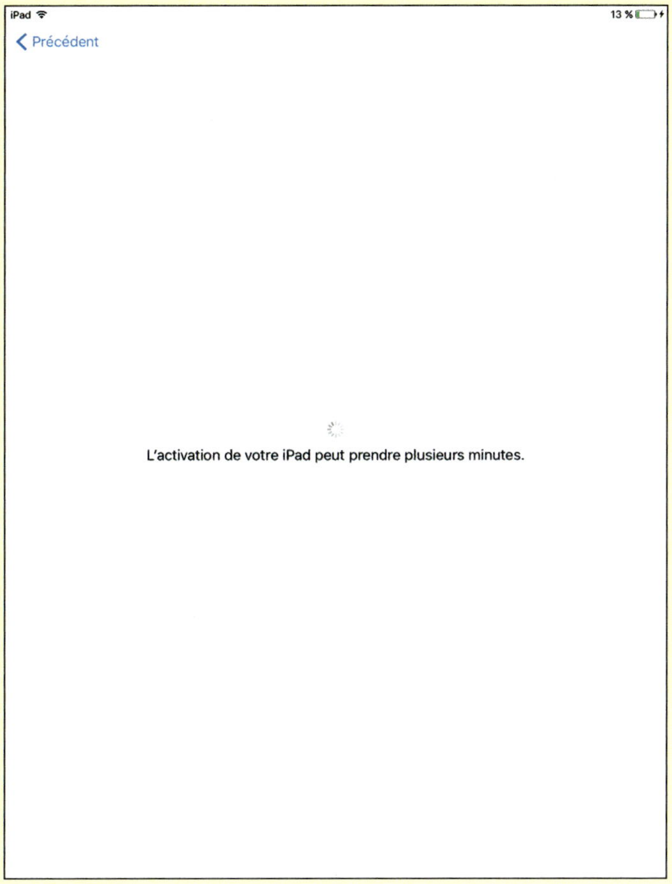

Configurer les réglages fondamentaux de votre iPad

Vous allez à présent configurer les réglages fondamentaux de votre tablette. Si vous possédez déjà un iPad, vous pourrez transférer son contenu à l'identique vers votre nouvelle tablette (contacts, comptes de messagerie et messages, photos, musique, *etc.*).

Si vous utilisiez jusqu'ici non pas un iPad mais une tablette Android, il est aussi désormais possible d'en transférer le contenu vers votre nouvel iPad.

1. La première étape consiste à autoriser l'activation de votre iPad. Saisissez votre identifiant Apple et le mot de passe associé. Cette étape n'a pas lieu lorsque vous configurez un nouvel iPad, elle concerne uniquement les mises à jour ou réinitialisations d'un iPad déjà configuré préalablement.

2. Activez ensuite la localisation (recommandé), puis touchez le bouton **Suivant**.

3. Définissez votre code de sécurité en saisissant deux fois de suite une série de quatre chiffres. Touchez éventuellement **Options de code** pour définir un code plus complexe, fait de lettres et de chiffres ou à six chiffres. Vous pouvez aussi choisir de ne pas du tout utiliser de code si vous pensez que votre iPad sera toujours en sécurité : touchez **Ne pas ajouter de code** (vous pourrez toujours changer d'avis et en ajouter un par la suite).

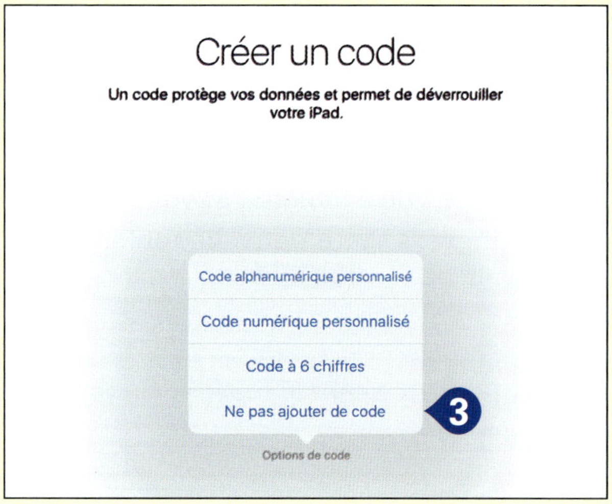

Si votre code est trop simple (répétition du même chiffre quatre fois, par exemple), l'iPad tentera de vous en avertir et de vous en dissuader, mais rien ne vous empêche de choisir cette option bien pratique. Touchez **Utiliser le code** pour conserver le code défini ou **Changer** pour le modifier.

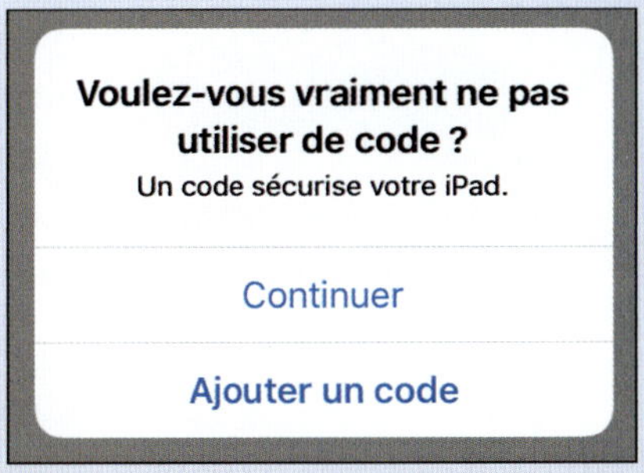

4 Choisissez une option concernant la restauration de vos données : toutes vos données (comptes configurés, photos, messages, *etc.*) et les applications achetées précédemment sur un autre iPad seront copiées à l'identique sur cet iPad. Si c'est votre premier iPad, la question ne se pose pas : touchez **Comme nouvel iPad**. Si vous avez déjà un iPad et avez effectué une sauvegarde grâce à iCloud, touchez **Restaurer à partir d'iCloud**. Si vous avez utilisé le logiciel iTunes pour effectuer une sauvegarde, touchez **Restaurer à partir d'iTunes**.

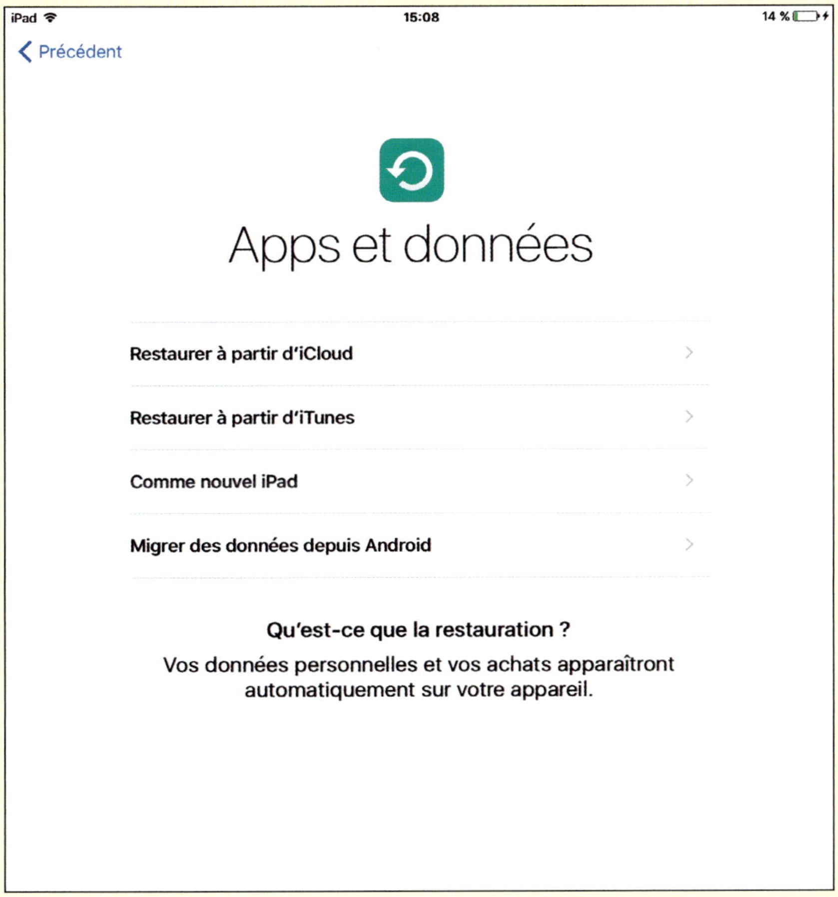

Si vous choisissez de restaurer votre iPad à partir d'une sauvegarde effectuée sur un autre iPad, tout le contenu en sera restauré à l'identique. L'iPad procédera à la restauration de vos messages, photos, ainsi qu'au téléchargement de tous les achats effectués sur votre ancienne tablette : applications, musiques, films, séries TV, livres, *etc.* Vous pouvez aussi effectuer cette opération par la suite : consultez le chapitre 6 pour plus d'informations. Si vous utilisiez jusqu'alors une tablette Android, vous pouvez désormais effectuer simplement la migration du contenu vers votre nouvel iPad : touchez **Migrer des données depuis Android**. Vous serez invité à télécharger la nouvelle application **Migrer vers iOS** sur votre tablette Android et un code spécial à saisir dans l'application vous sera fourni.

5 Indiquez à présent votre identifiant Apple. Vous devez impérativement avoir un identifiant pour utiliser votre iPad et accéder à tous les services offerts par Apple. Si vous avez déjà utilisé une machine Apple, accédé à iTunes ou l'App Store, vous en possédez forcément un. Touchez **Vous n'avez pas d'identifiant Apple ou vous l'avez oublié** si c'est votre cas et suivez les étapes simples de création d'un compte/restitution du mot de passe.

Si vous possédez déjà un identifiant Apple (il s'agit généralement d'une adresse e-mail), saisissez l'identifiant et le mot de passe, puis touchez **Suivant**.

6 Un écran supplémentaire vous invitera à accepter les conditions générales d'utilisation : touchez le bouton **Accepter**. Patientez pendant la configuration de votre iPad.

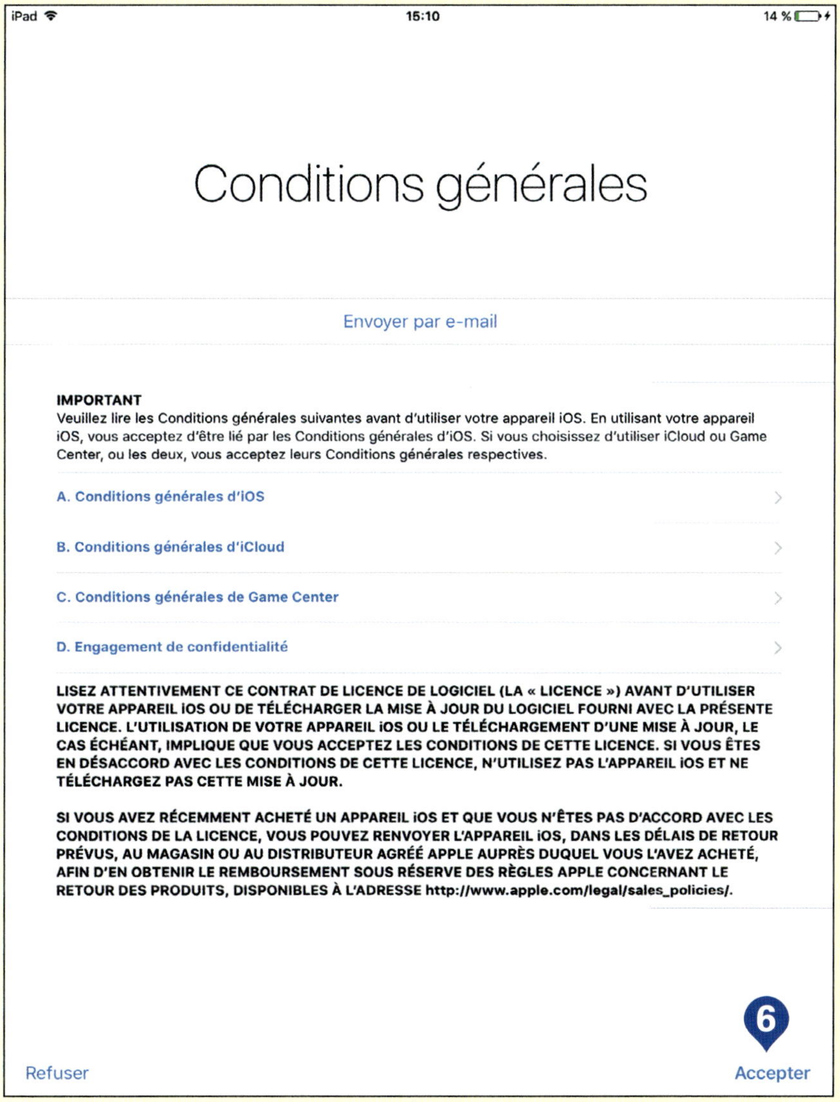

7 Vous devez à présent indiquer si vous souhaitez utiliser Siri, l'assistant vocal de l'iPad. Pourquoi s'en priver ? C'est un outil très pratique ! Nous en reparlerons au chapitre 2 dans le détail. En attendant, touchez **Activer Siri**, sauf si vraiment vous ne nous croyez pas.

8 Apple vous demande ensuite si vous acceptez d'envoyer des diagnostics lorsque les applications de l'iPad bloquent ou « plantent » (et aucune autre information confidentielle, en principe). Ce n'est pas une obligation et vous pourrez toujours modifier ce réglage par la suite. Touchez **Envoyer à Apple** ou, si vous refusez, **Ne pas envoyer**.

9 L'écran de fin de configuration apparaît : touchez **Démarrer**.

10 L'écran principal apparaît, avec ses icônes. Votre iPad est prêt à l'emploi !

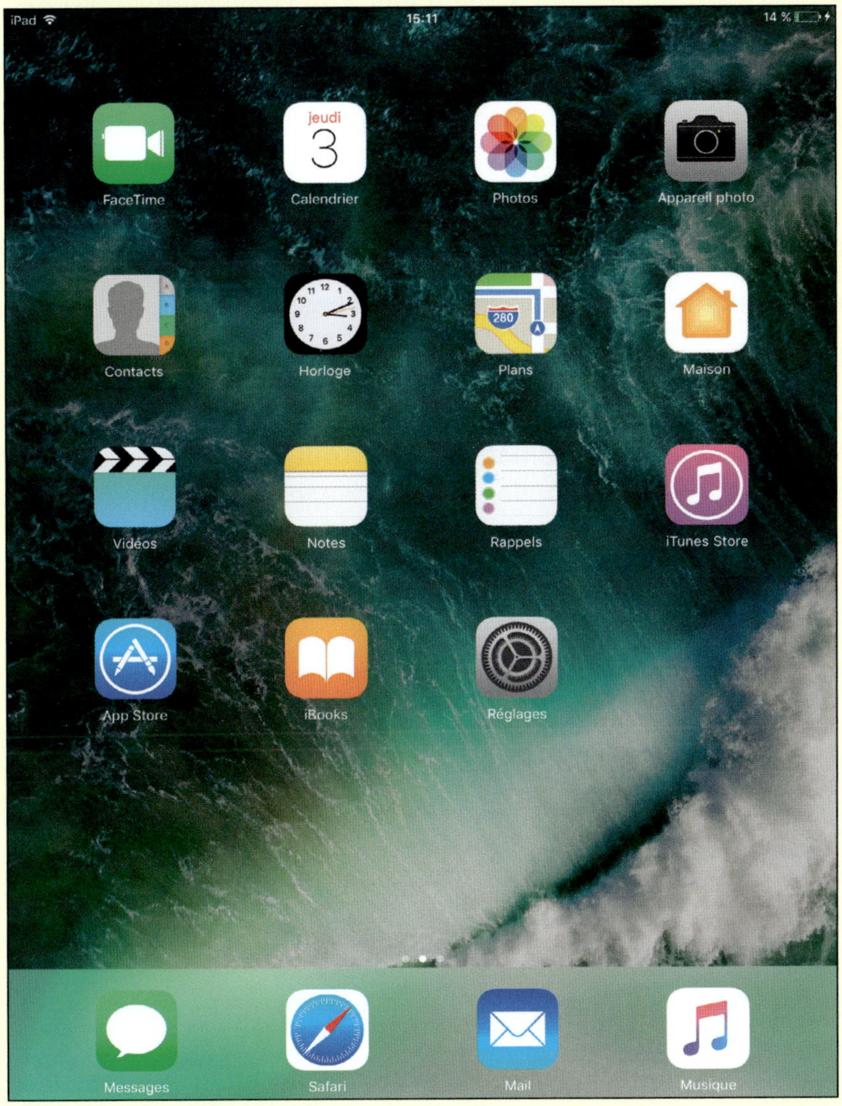

Découvrir le logiciel iTunes

iTunes est le logiciel compagnon de votre iPad sur votre ordinateur. Il permet de transférer du contenu depuis votre ordinateur vers l'iPad (musiques, photos, *etc.*), et sert aussi d'outil de sauvegarde et de mise à jour de l'iPad.

Incontournable, vous l'utiliserez très souvent et il est difficile, même avec les nouvelles fonctionnalités de synchronisation iCloud, de faire l'impasse sur son installation.

La bonne nouvelle est qu'iTunes est gratuit, facile et rapide à installer, sur PC comme sur Mac.

Est-il possible de se passer d'iTunes ? En principe, oui, vous pouvez ne jamais utiliser iTunes et ne jamais connecter votre iPad à un ordinateur. Toutefois, ne soyez pas réticent à l'installer et à créer un compte utilisateur ; c'est un logiciel qui vous sera de toute façon indispensable en complément de votre iPad et vous servira à la fois :

- d'outil de sauvegarde pour votre iPad ;
- d'outil de transfert (ou de synchronisation) entre votre ordinateur et votre iPad ;
- de boutique pour acheter des éléments multimédias (musiques, films, séries, *etc.*) ;
- de lecteur de contenu multimédia pour votre ordinateur.

Sans iTunes, vous pouvez toujours utiliser l'essentiel des fonctions de votre iPad, mais impossible de transférer votre musique et vos photos depuis l'ordinateur, et surtout de sauvegarder le contenu de votre iPad (ce qui est vraiment utile en cas de panne/perte/changement d'appareil). Quant à la création d'un compte utilisateur, elle n'est pas indispensable en théorie, mais vous ne pourrez probablement pas y échapper non plus : même pour télécharger des applications gratuites sur l'App Store, vous devez en posséder un.

> Une autre raison incontournable peut éventuellement vous obliger à installer iTunes. Si vous ne disposez pas d'une connexion Internet par le Wi-Fi au moment du premier démarrage de l'iPad, vous devrez le connecter à un ordinateur sur lequel iTunes sera lancé pour procéder à son activation.

Télécharger et installer iTunes

Le téléchargement et l'installation d'iTunes sont à la fois rapides et simples. Bien entendu, le logiciel est gratuit ! Pour télécharger et installer gratuitement la dernière version d'iTunes :

1. Sur votre ordinateur, avec votre navigateur Internet habituel, rendez-vous sur le site d'Apple, rubrique **iTunes** :

   `http://www.apple.com/fr/itunes/download/`

2. Sélectionnez la version du logiciel correspondant à votre système (selon votre version de Windows ou Mac), saisissez votre adresse de courriel, puis cliquez sur **Télécharger**.

3 Laissez-vous guider et suivez les étapes simples de l'installation.

4 À la fin, le programme vous propose de lancer iTunes immédiatement. Cliquez sur **Terminer**.

5 Une fois le contrat de licence accepté par vos soins, iTunes se lance.

6 Connectez l'iPad à votre ordinateur à l'aide du câble fourni.

7 Patientez quelques instants, jusqu'à voir un pictogramme représentant l'iPad apparaître en haut à gauche de l'écran.

8 Cliquez sur ce pictogramme : les propriétés de votre iPad s'affichent. Notez qu'iTunes effectue automatiquement une sauvegarde du contenu de votre iPad à chaque connexion.

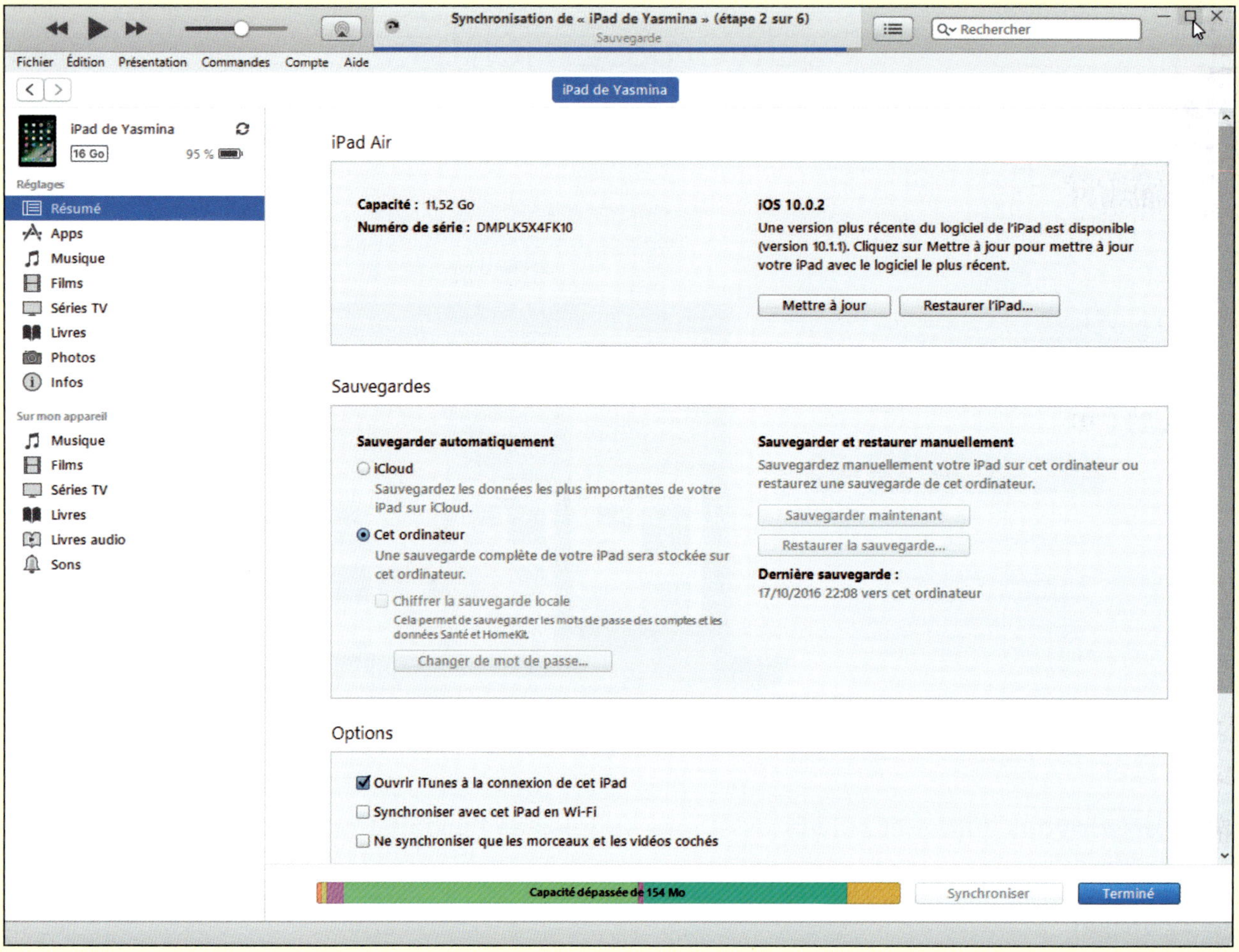

Découvrir l'iPad

1

La machine que vous tenez entre vos mains est à la fois d'une puissance technologique hors pair pour une tablette et d'une simplicité d'utilisation étonnante. Son écran tactile et son interface très intuitive offrent un champ de possibilités inégalées jusqu'ici. Plus pratique qu'un ordinateur, plus confortable qu'un smartphone, la tablette d'Apple est un objet révolutionnaire, on peut le dire !

Dans ce chapitre :

- Démarrer votre iPad
- Verrouiller manuellement l'iPad
- Vérifier si l'iPad est connecté
- Activer et utiliser le Wi-Fi
- Se familiariser avec les boutons et les contrôles principaux de l'iPad
- Icônes et applications
- Maîtriser l'usage du bouton Accueil
- Éteindre votre iPad
- Autonomie et recharge de la batterie
- Quelques conseils pour préserver la batterie de votre iPad
- Faire recycler votre iPad

Démarrer votre iPad

Il est temps de faire connaissance avec votre iPad ! Pour cela, vous devez l'allumer, bien entendu. Vous devrez indiquer le code de sécurité qui vous donnera accès à son contenu, un peu comme un mot de passe sur un ordinateur, puis le déverrouiller, c'est-à-dire rendre l'écran tactile actif. Enfin, si vous utilisez un iPad Wi-Fi + 4G, vous devrez saisir votre code PIN, comme sur un téléphone mobile. Rassurez-vous, tout cela ne prend que quelques secondes et fera bientôt partie de vos habitudes.

> Si vous possédez le modèle d'iPad Wi-Fi + 4G, et avez souscrit un abonnement Internet auprès d'un opérateur de téléphonie, celui-ci vous a fourni une carte nano-SIM ou micro-SIM pour accéder au réseau 3G/4G. Vous devez l'insérer dans l'iPad avant le premier démarrage. Par ailleurs, si l'iPad n'a pas été activé pour vous suite au premier démarrage, consultez le précédent chapitre de cet ouvrage. Il est toutefois fort possible que votre iPad ait déjà été activé et votre carte SIM installée, au moment de l'achat, par exemple. Dans ce cas, l'écran d'accueil s'affiche et vous n'aurez rien à faire.

Allumer l'iPad

1. Appuyez longuement sur le bouton de démarrage.

2 Maintenez le bouton enfoncé jusqu'à ce que le logo Apple apparaisse.

3 Après le démarrage, un message vous indique que l'iPad est verrouillé. Cela signifie simplement que le contenu est protégé par mot de passe. Pour déverrouiller l'iPad, appuyez sur le bouton Accueil.

Si vous possédiez déjà un iPad, vous étiez habitué à déverrouiller l'écran en faisant glisser votre doigt de gauche à droite sur l'écran. Avec la dernière mise à jour du système (iOS 10), c'est terminé ! Il faut désormais appuyer sur le bouton Accueil. Si votre iPad est équipé d'un capteur d'empreinte, il se déverrouille alors immédiatement. Si non, vous devez saisir le code que vous avez choisi suite au tout premier démarrage de votre iPad. Touchez les chiffres qui le composent.

Le code ou le déverrouillage par empreinte digitale vous sera demandé chaque fois que vous déverrouillerez l'iPad. Vous pouvez en décider autrement et faire en sorte qu'il ne vous soit demandé que toutes les quinze minutes, toutes les quatre heures, voire jamais, ce qui peut être pertinent dans le cadre d'un usage exclusivement domestique. À l'inverse, vous pouvez choisir un code complexe, constitué non pas de quatre chiffres mais d'autant de caractères que vous le souhaitez. Consultez le chapitre 9 pour savoir comment modifier ce réglage et changer ou désactiver le code.

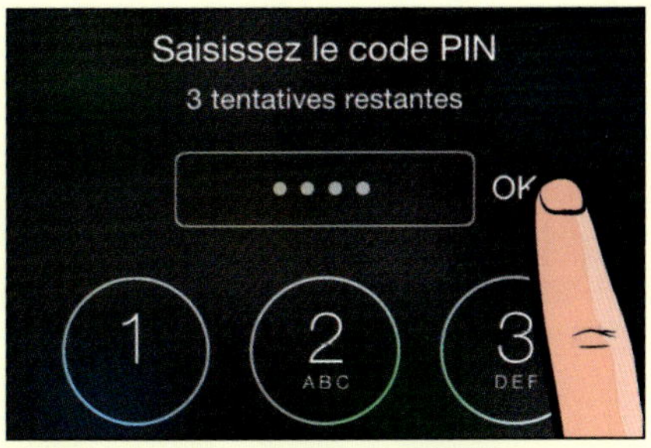

4 Si vous possédez un iPad Wi-Fi seulement, celui-ci est désormais prêt à l'emploi. Si vous possédez un iPad Wi-Fi + 4G, vous devez saisir le code PIN associé à votre carte SIM. Le cadre **Carte SIM verrouillée** reste affiché. Touchez **Déverrouiller**.

5 Saisissez votre code PIN en appuyant sur les chiffres du clavier. Touchez successivement les chiffres composant votre code PIN. N'hésitez pas à utiliser la touche de retour arrière pour effacer un chiffre incorrect. À chaque appui sur un chiffre, un cercle noir apparaît dans la zone de saisie du code PIN.

Vous ne connaissez pas votre code PIN ? Si vous disposez d'une nouvelle carte nano-SIM ou micro-SIM, le code par défaut est vraisemblablement 0000 ou 1234 ! Mais attention : après trois tentatives infructueuses, votre carte SIM sera bloquée. Par ailleurs, n'oubliez pas de le changer dès que possible. Consultez le chapitre 9 pour plus d'informations à ce sujet. Enfin, notez que si vous n'indiquez pas de code PIN, vous pourrez toujours utiliser toutes les fonctions non liées à la 3G/4G et profiter d'une connexion Wi-Fi.

6 Touchez **OK**.

7 Votre iPad est déverrouillé et prêt à être utilisé immédiatement. L'écran principal s'affiche, avec sa barre d'état et ses icônes.

8 Remarquez dès à présent que vous pouvez faire pivoter votre iPad « dans tous les sens » et que l'affichage s'adapte à l'orientation choisie : portrait ou paysage.

Déverrouiller l'iPad

Vous devrez souvent déverrouiller l'iPad, autrement dit le faire sortir de son état de « veille ». Par défaut, en effet, au bout de deux minutes d'inactivité, l'écran tactile se met en veille automatiquement. Le **verrouillage** ou la **mise en veille** de l'iPad correspondent à un état « inactif » de l'iPad. Il n'est pas éteint, mais l'écran est désactivé (et donc assombri). Cela empêche les actions involontaires, tout en permettant d'économiser la batterie, car l'écran est gourmand en énergie !

> Cette durée avant la mise en veille est modifiable : vous pouvez ainsi choisir une mise en veille au bout de 5, 10, 15 minutes ou jamais. Consultez le chapitre 9 pour plus d'informations à ce sujet.

1 Pour déverrouiller l'iPad, si l'écran est assombri, appuyez sur le bouton Accueil ou le bouton de démarrage.

2 L'écran est désormais allumé et affiche **Déverrouiller**. Appuyez sur le bouton Accueil.

3 Votre iPad est déverrouillé et son écran est à nouveau actif. Si vous utilisiez une application avant la mise en veille, c'est elle qui s'affiche à nouveau après le déverrouillage. Sinon, c'est tout simplement l'écran d'accueil qui apparaît.

Verrouiller manuellement l'iPad

L'iPad se met en veille tout seul, automatiquement, au bout de deux minutes sans action de votre part. Vous devez toutefois savoir que vous pouvez verrouiller *manuellement* votre iPad à tout moment, c'est-à-dire l'obliger à passer en veille, dès que vous le souhaitez.

Le **verrouillage manuel** de l'iPad consiste à forcer le passage en veille au moment souhaité. L'iPad devient alors inactif, jusqu'à ce que vous le déverrouilliez à nouveau. Non seulement c'est utile pour économiser votre batterie, surtout lorsque le niveau de charge est bas (chaque seconde d'activité compte), mais c'est aussi bien pratique lorsque vous glissez votre iPad dans un sac. Si vous ne verrouillez pas l'iPad, vous risquez des erreurs de manipulations plutôt ennuyeuses (lancement d'une application, par exemple), embarrassantes (envoi d'un message involontaire à un contact) ou même carrément fâcheuses (suppression de contacts, de photos ou d'applications !).

1 Vous prendrez rapidement l'habitude de verrouiller votre iPad dès que vous ne l'utiliserez plus, d'autant que la mise en veille est très rapide, tout autant que le déverrouillage : il suffit d'appuyer une fois sur le bouton de verrouillage (qui est aussi le bouton de démarrage) situé sur le dessus de l'iPad.

2 N'appuyez pas longuement sur le bouton, car cela éteindrait l'iPad. Si vous le faites par erreur, touchez simplement le bouton **Annuler** en bas d'écran, puis recommencez ! Appuyez simplement une fois sur le bouton de démarrage.

3. L'écran de l'iPad s'assombrit immédiatement et devient inactif : l'iPad est en veille.
4. Pour sortir l'iPad de cet état de veille, appuyez sur le bouton Accueil, comme expliqué à la section précédente.

> Vous pouvez passer en veille à tout moment, en laissant l'application lancée en arrière-plan en l'état. Autrement dit, si l'iPad passe en veille, vous n'aurez pas à relancer l'application que vous utilisiez avant le verrouillage. Votre travail en cours sera mis en pause et conservé jusqu'à la sortie de veille (mail en cours d'écriture, page affichée, *etc.*).

Vérifier si l'iPad est connecté

Après avoir allumé et déverrouillé votre iPad, votre premier réflexe sera probablement de savoir si celui-ci est *connecté*, c'est-à-dire capable d'accéder à Internet (pour surfer sur le Web, consulter vos e-mails, *etc.*). Si vous possédez un modèle Wi-Fi seulement, il faudra donc impérativement qu'un réseau auquel vous avez l'autorisation de vous connecter soit disponible. Si vous disposez d'un modèle Wi-Fi + 4G, vous pourrez aussi utiliser le réseau 4G (ou à défaut 3G) de votre opérateur, s'il est disponible.

> La 4G, qui a récemment fait son apparition en France, promet un débit encore plus rapide et fiable pour l'accès des appareils mobiles à Internet. Une fois généralisée, elle remplacera de manière efficace la 3G. À l'heure où ces lignes sont écrites, la 4G n'est pas encore répandue partout en France. Néanmoins, dès qu'elle sera proposée par leur opérateur de téléphonie, elle sera accessible sans problème aux propriétaires d'iPad Wi-Fi + 4G, puisque le nouvel iPad est compatible avec ce type de réseau. En attendant, il faudra continuer à se contenter de la 3G. La 4G peut aussi être disponible à l'étranger.

1. L'icône qui s'affiche dans la barre d'état vous indique le réseau auquel vous êtes connecté (ici, le Wi-Fi) :

2. En général, votre iPad se connectera automatiquement et choisira le réseau le plus rapide disponible : d'abord *via* le Wi-Fi (si l'option **Wi-Fi** est activée).

3. Si le Wi-Fi est désactivé ou si aucun réseau Wi-Fi n'est reconnu, l'iPad se connecte à la 3G/4G ou, à défaut, à un réseau EDGE (à condition bien sûr que vous utilisiez un modèle Wi-Fi + 4G et disposiez de l'abonnement correspondant).

   3G 4G E

4. Si aucun de ces réseaux n'est disponible, aucune des fonctions nécessitant un accès à Internet de l'iPad n'est utilisable (consultation des courriels, accès au Web, *etc.*).
5. Si vous êtes connecté à un réseau et que celui-ci devienne indisponible (coupure de la connexion, signal trop faible…), l'iPad tentera de se connecter à un autre réseau immédiatement.

Activer et utiliser le Wi-Fi

Si vous possédez un iPad Wi-Fi + 4G, le forfait 3G/4G fourni par votre opérateur de téléphonie est bien pratique, voire indispensable, pour utiliser votre iPad dans la rue, les transports en commun, en voiture, *etc*. Néanmoins, à la maison, si vous possédez une **box** Internet, comme la grande majorité des Français à l'heure actuelle, vous avez tout intérêt à utiliser cette connexion grâce au Wi-Fi ! Non seulement la connexion sera *beaucoup* plus rapide, mais si votre forfait 3G/4G est limité en volume de données, vous l'économiserez sensiblement ! Si vous possédez un modèle Wi-Fi seulement, c'est encore plus évident car la connexion à un réseau Internet *via* le Wi-Fi est le seul moyen d'accéder à Internet avec votre iPad.

Par ailleurs, vous devez savoir comment vous connecter en un clin d'œil à Internet *via* le Wi-Fi, car s'il est bien plus rapide que la connexion au réseau 3G/4G ou EDGE, ce type de connexion a aussi l'avantage d'être parfois disponible gratuitement, dans de nombreux lieux publics, en France comme à l'étranger. Vous devez commencer par activer le mode **Wi-Fi** dans les réglages. Vous devez ensuite sélectionner un réseau parmi ceux détectés autour de vous et, si le réseau est sécurisé, saisir le mot de passe qui lui est associé.

Activer le Wi-Fi

Inactif par défaut, le mode **Wi-Fi** est une option des réglages. Pour l'activer :

1. Touchez **Réglages**.
2. Touchez **Wi-Fi**.
3. Touchez le curseur **Wi-Fi** pour l'activer.

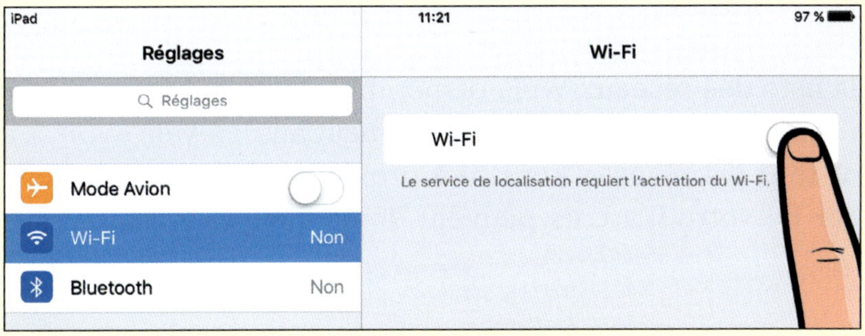

4 Dès que vous activez le mode **Wi-Fi**, une liste des réseaux Wi-Fi s'affiche. Si le réseau est sécurisé, l'icône 🔒 apparaît à droite de son nom. La puissance du signal est indiquée pour tous les réseaux ( ).

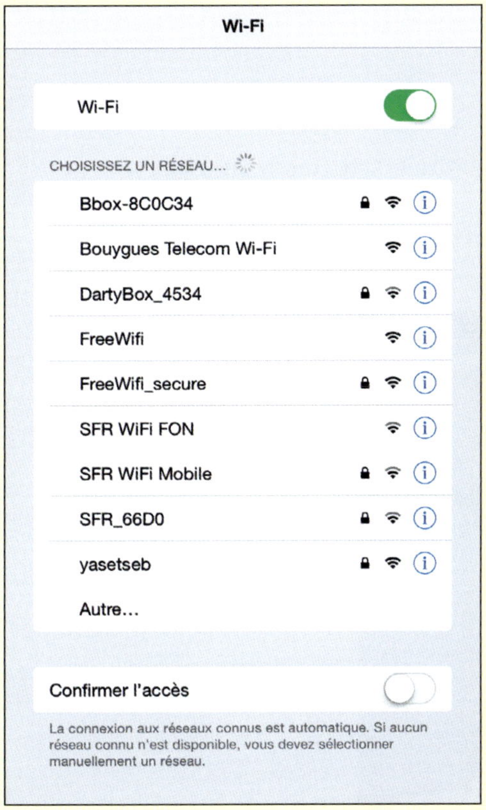

La très grande majorité des réseaux sont sécurisés par mot de passe (aussi nommé « clé WEP ») et donc signalés par un 🔒. Souvent, même si 🔒 n'apparaît pas, ce n'est pas pour autant que l'accès au réseau concerné est libre : un écran spécial s'affiche et vous demande des identifiants et des mots de passe. C'est le cas des réseaux spéciaux offerts par les opérateurs de téléphonie à leurs abonnés, comme FreeWifi, Bouygues Telecom Wi-Fi : tout le monde peut s'y connecter mais, pour les utiliser, il faudra indiquer vos identifiants d'abonné.

Se connecter à un réseau Wi-Fi

Lorsque le mode **Wi-Fi** est activé, la liste des réseaux Wi-Fi disponibles autour de vous s'affiche. Il peut y en avoir plus ou moins selon l'endroit où vous vous situez ! Il peut aussi n'y en avoir… aucun. Les **réseaux Wi-Fi disponibles** sont tous les réseaux sans fil à proximité dont le signal est assez fort pour être capté par le récepteur de votre iPad. Ils peuvent donc changer lorsque vous vous déplacez, même de quelques mètres !

> Parfois, il suffit de se déplacer un peu ou d'ouvrir une porte pour améliorer sensiblement la puissance du signal reçu. En général, chez vous, avec votre box, vous bénéficierez de la meilleure connexion possible. Les réseaux Wi-Fi publics gratuits sont nombreux autour de vous : des mairies, bibliothèques, cafés et restaurants proposent souvent ce type d'accès.

Pour rejoindre un réseau :

1. Touchez le nom d'un réseau pour y accéder.
2. Saisissez éventuellement le mot de passe demandé.
3. Touchez **Rejoindre**.

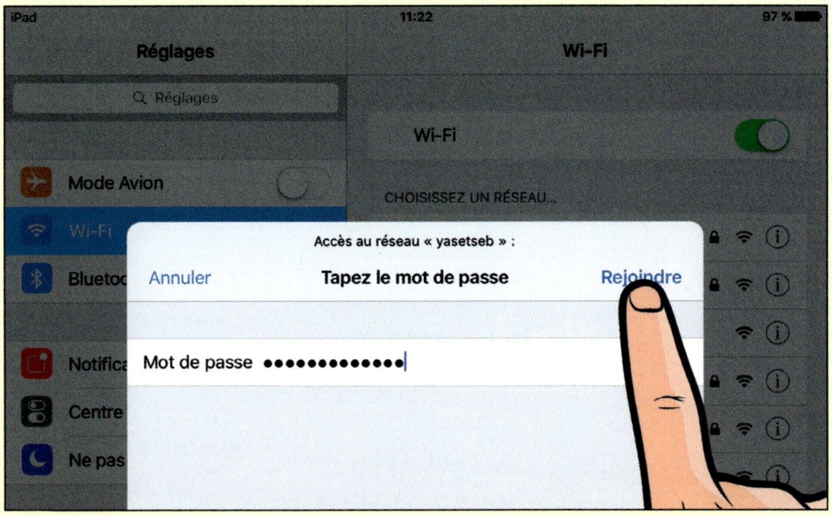

4. Si le mot de passe est correct, la connexion s'effectue et le nom du réseau apparaît sous le curseur **Wi-Fi**. Une coche apparaît vis-à-vis du nom du réseau.

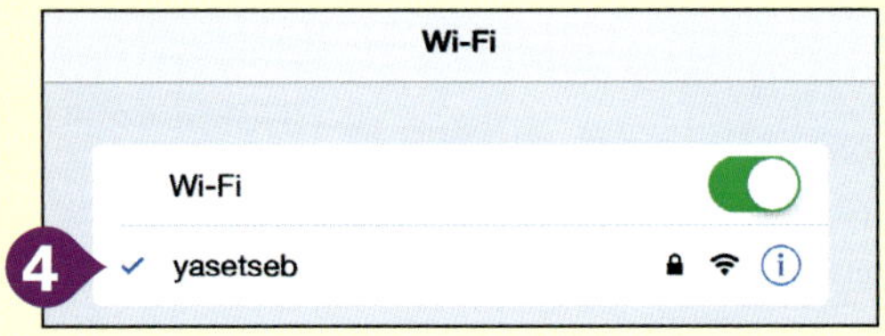

5 L'icône **Wi-Fi** doit aussi apparaître dans la barre d'état. Le nombre d'arcs dépend de la puissance du signal reçu.

Après vous être connecté à un réseau Wi-Fi, celui-ci est « connu » par l'iPad et il s'y reconnectera automatiquement. Autrement dit, vous n'aurez à saisir qu'une seule fois le mot de passe associé à votre box Internet ou tout réseau auquel vous avez l'habitude d'accéder. De plus, s'il y a plusieurs réseaux Wi-Fi autour de vous, l'iPad se connectera automatiquement au réseau que vous avez coutume d'utiliser, en priorité.

6 Avant de quitter les réglages, activez l'option **Confirmer l'accès** afin que l'iPad vous avertisse de la présence d'un réseau accessible (lorsqu'aucun de vos réseaux connus n'est disponible).

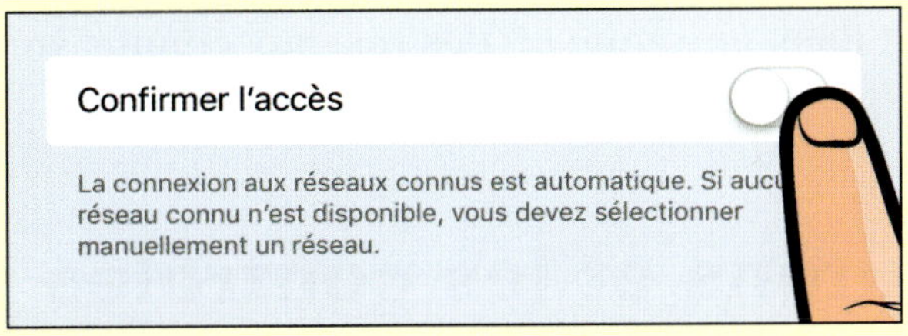

Attention, parfois, l'iPad semble connecté à un réseau, mais il ne peut en réalité accéder à Internet. C'est le cas avec certains réseaux protégés ou défaillants, par exemple. Vous pourrez également accéder à un réseau sans mot de passe, mais une fenêtre de connexion apparaîtra pour vous demander vos identifiants. C'est souvent le cas avec les réseaux Wi-Fi payants, disponibles par exemple dans les hôtels ou les aéroports. Pour faire le test, c'est simple : lancez **Safari** et tentez d'afficher une page Web. Consultez le chapitre 3, consacré à Safari, pour plus d'informations à ce sujet.

7 Tant que l'option **Wi-Fi** sera activée dans les réglages, l'iPad tentera en priorité de se connecter à un réseau Wi-Fi, et la connexion se fera automatiquement si un des réseaux connus est disponible. Si aucun réseau connu n'est disponible, l'iPad affichera la liste des réseaux Wi-Fi à proximité. Vous pourrez alors en choisir un. Si aucun réseau Wi-Fi n'est disponible, l'iPad (modèle Wi-Fi + 4G) recherchera une connexion au réseau 3G/4G, voire EDGE.

8 Vous pouvez désormais quitter les réglages : appuyez sur le bouton Accueil.

Désactiver le Wi-Fi

Si vous évoluez dans un environnement où vous n'avez accès à aucun réseau Wi-Fi de votre connaissance, il est préférable de désactiver le Wi-Fi, car l'iPad vous demandera régulièrement de choisir un réseau autour de vous (à chaque action nécessitant une connexion à Internet).

1. Retournez simplement dans les réglages : touchez **Réglages** puis **Wi-Fi**.
2. Désactivez l'option en touchant le curseur **Wi-Fi** qui doit alors être grisé.

3. Réactivez l'option **Wi-Fi** lorsque vous revenez dans une zone où des réseaux connus sont disponibles (chez vous, par exemple).

Se familiariser avec les boutons et les contrôles principaux de l'iPad

Votre « jouet » enfin démarré, activé et sorti du mode veille, vous allez pouvoir faire connaissance avec tout ce qui constitue le monde merveilleux de l'iPad ! Tout d'abord, examinez-le bien, sous toutes les coutures. Que remarquez-vous ? Pour commencer, vous noterez que l'iPad, quel que soit le modèle, ne propose que très peu de boutons et de contrôles sur ses différentes façades. Ce minimalisme lui confère d'ailleurs une bonne partie de son succès !

Découvrir les boutons et les contrôles principaux de l'iPad

1. Le seul bouton situé sur la façade avant de l'iPad est le bouton Accueil. Nous allons l'étudier en détail dans les sections qui suivent.
2. Au centre de la partie supérieure de la façade avant de l'iPad, remarquez l'objectif de l'appareil photo.
3. Sur le dessus, remarquez le bouton de démarrage, qui sert à allumer et éteindre l'iPad. Il a en fait une double fonction : il joue aussi le rôle de bouton de verrouillage lorsque l'iPad est en marche.

4 Les boutons de réglage du volume sont situés sur le côté droit.

5 Toujours sur le côté droit se trouve le commutateur servant par défaut à basculer en mode silencieux, c'est-à-dire à couper le son rapidement.

6 Au dos du boîtier, repérez le deuxième objectif de l'appareil photo de l'iPad, utile pour prendre des photos avec l'écran face à soi et profiter de la fonction d'appels vidéo, **FaceTime**.

7 Sur le dessus de l'iPad, en plus du bouton de démarrage (et du tiroir SIM, disponible uniquement sur les modèles Wi-Fi + 4G), notez la présence d'une prise « jack » : elle permet de brancher un casque audio ou des petites enceintes sur votre iPad.

8 Juste à côté, ce qui semble être un petit trou est en fait le microphone intégré.

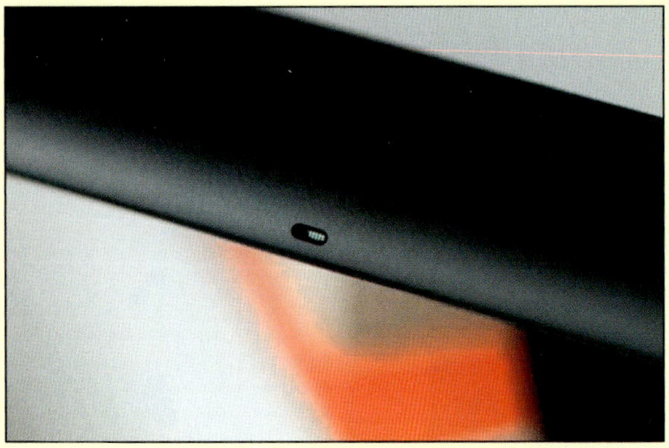

9 Sur la façade inférieure de l'iPad, vous trouverez les haut-parleurs.

10 Enfin, au centre de la face inférieure, localisez la prise permettant de brancher l'iPad sur un dock ou de le connecter au câble de chargement.

9 10 9

Vous avez probablement le réflexe de tenir votre iPad « en orientation portrait », c'est-à-dire avec le bouton Accueil en bas. Il est temps de sortir de la routine car l'iPad propose bien plus que cela ! Toutes ses applications permettent en effet d'utiliser l'écran « dans tous les sens ». Lorsque vous faites pivoter l'écran en orientation paysage ou même « tête en bas », le capteur de mouvement le détecte instantanément. Aussitôt, l'affichage de l'écran s'adapte à la nouvelle orientation !

Connaître les gestes fondamentaux

1. **Toucher.** Touchez la surface de l'écran du bout du doigt pour lancer une application, pour sélectionner une option, pour appuyer sur un bouton ou une touche de clavier.

2. **Pincer ou écarter.** À l'aide du pouce et de l'index simultanément, touchez l'écran et écartez les doigts. La partie d'écran située entre les deux doigts s'agrandit. À l'inverse, rapprochez les doigts sans relâcher pour effectuer un « zoom arrière ».

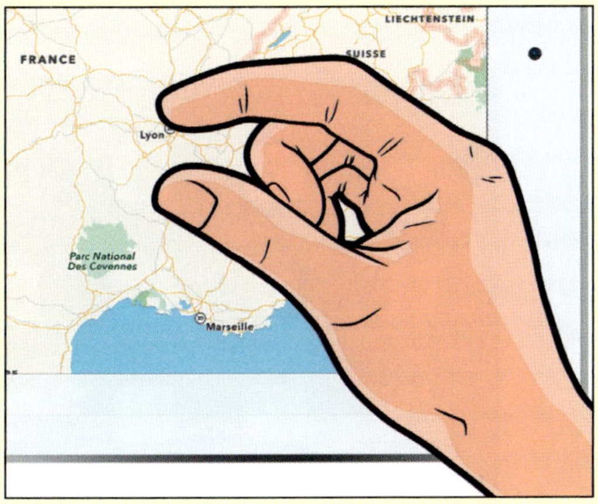

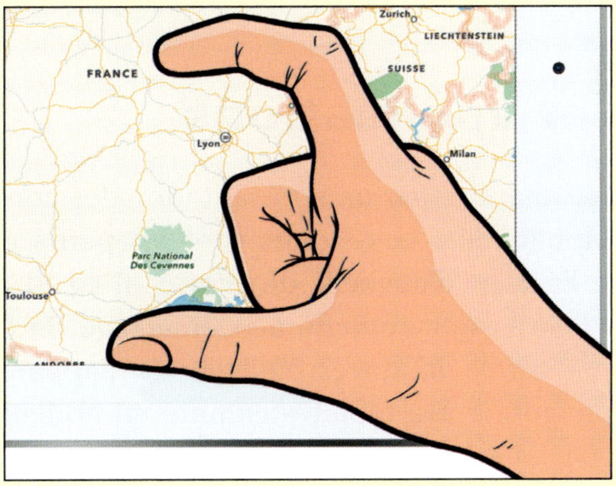

3. **Faire glisser ou défiler.** Touchez l'écran avec un doigt et faites glisser dans une direction donnée, pour vous déplacer dans un écran ou parcourir les pages d'un livre.

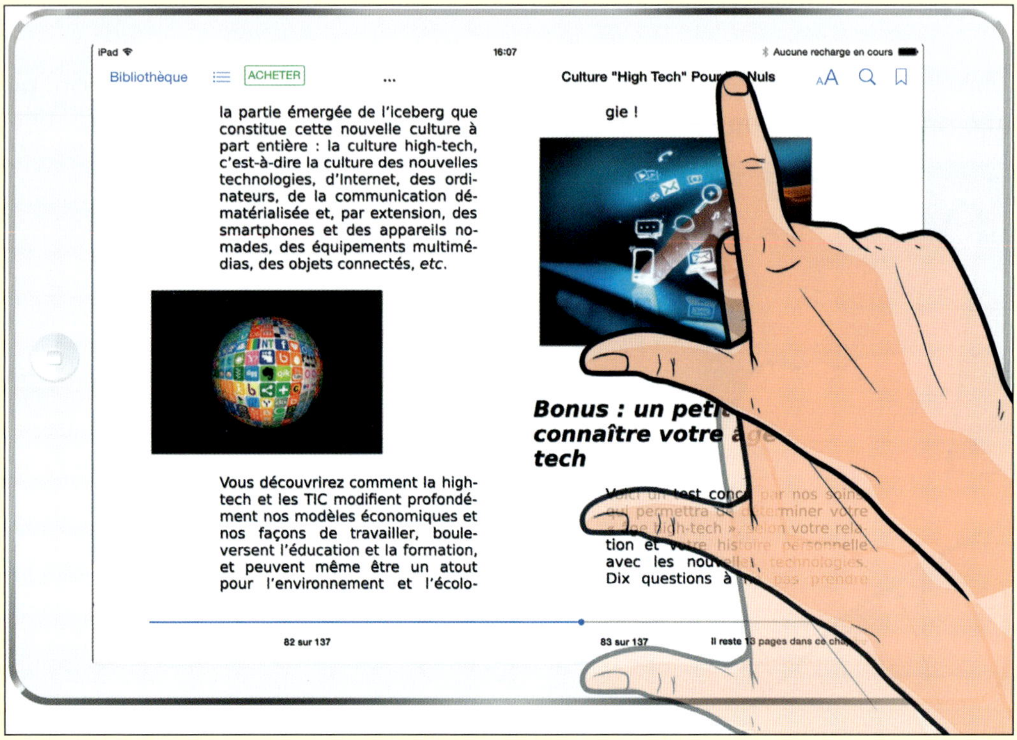

4 **Feuilleter.** Faites glisser le doigt d'un geste rapide dans la direction souhaitée, et lâchez l'écran en fin de course pour défiler plus rapidement. Attendez que le défilement s'arrête ou touchez n'importe quel endroit de l'écran pour l'arrêter immédiatement.

Icônes et applications

Poursuivons ce chapitre par une présentation des concepts d'icône et d'application. Les icônes sont les petits carrés visibles sur l'écran d'accueil de votre iPad. L'écran d'accueil est l'écran qui s'affiche au démarrage de l'iPad, immédiatement après le déverrouillage de l'appareil. Si vous avez configuré votre tablette comme un nouvel iPad ou n'avez jamais effectué d'agencement des icônes suite au premier démarrage, il devrait ressembler à ceci :

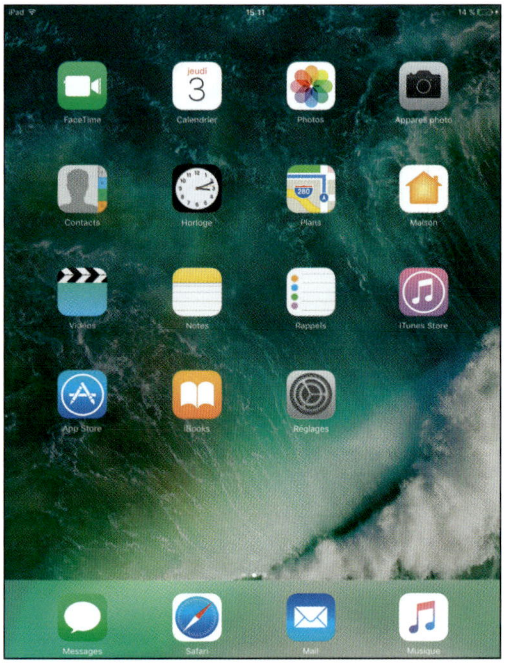

Il se compose de trois zones importantes :

1. Tout en haut, la **barre d'état**, où s'affichent plusieurs informations sur l'iPad.

2. La **zone des icônes** qui remplit presque tout l'écran : elle contient des icônes ou des groupes d'icônes.

3. En bas, une partie contrastée contenant aussi des icônes : il s'agit du **dock de lancement rapide**.

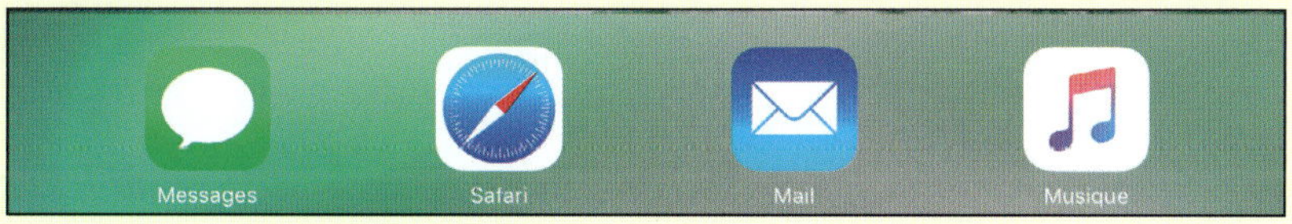

En réalité, on peut dire qu'il y a deux autres zones importantes sur l'écran d'accueil :

- Une **rangée de points** (visibles uniquement si vous avez plusieurs pages d'icônes), un point blanc et plusieurs points gris. Peu d'utilisateurs de l'iPad le savent, mais cette zone n'est pas uniquement visuelle !

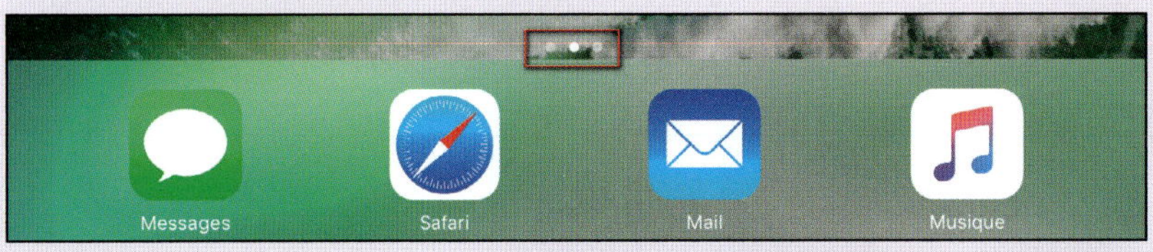

Cette rangée de points sert à se repérer au sein des multiples pages d'icônes de votre iPad, mais permet aussi de naviguer entre ces pages. Pour passer d'une page à une autre, vous pouvez faire glisser horizontalement, comme expliqué précédemment, mais vous pouvez aussi toucher cette rangée de points en bas de l'écran.

Si vous touchez l'écran à gauche du point actif (blanc), vous défilerez vers la page précédente, et si vous touchez à droite de ce point, vous défilerez vers la page suivante. Le concept de points peut troubler, dans le sens où le but n'est pas de toucher un point spécifique (cette zone est tout de même très petite !) pour accéder à une page en particulier. La fonction de cette rangée de points est de permettre d'aller à la page suivante ou à la page précédente : il est impossible de passer directement de la première page à la dernière en touchant le point correspondant.

Enfin, n'oubliez pas que, depuis n'importe quelle page, pour revenir sur la première page de l'écran d'accueil, il suffit d'appuyer sur le bouton Accueil.

- Le **fond d'écran**, c'est-à-dire l'image qui s'affiche derrière tous les éléments listés ci-dessus. Cette zone est « passive », mais peut être personnalisée : vous pouvez choisir l'image qui s'y affiche. Cette opération sera expliquée au chapitre 5. Le fond d'écran par défaut installé avec iOS 10 est donc celui-ci :

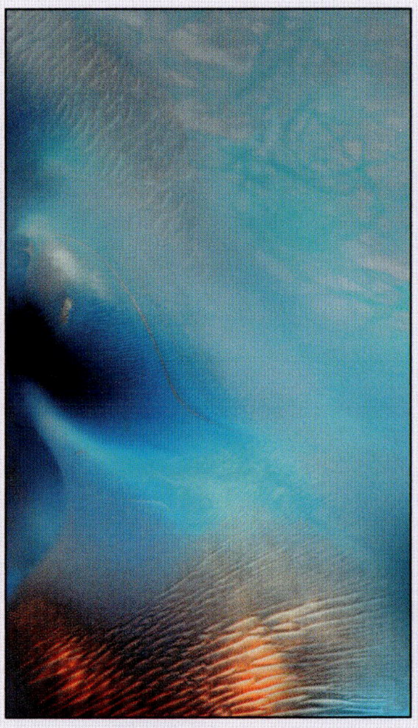

Les icônes

Une icône est tout simplement un bouton carré, dont le nom figure juste au-dessous. À chaque icône correspond une application, c'est-à-dire un programme de l'iPad dédié à une fonction spécifique. Le concept d'icône est fondamental sur l'iPad et il en existe trois types :

- Les icônes « fondamentales » et présentes sur tout iPad dès le premier démarrage. Ce sont les icônes des applications de base de l'iPad : **Photos**, **Appareil photo**, **Mail**, **Safari**, **Plans**, **Calendrier**, *etc.*

- Les autres icônes sont celles des applications installées par chaque utilisateur. La principale différence est qu'il est impossible de supprimer les icônes fondamentales (mais toutes les icônes peuvent être regroupées ou déplacées, quel que soit leur type).

- Les icônes symbolisant un groupe, composé lui-même d'icônes d'applications. Un groupe occupe la place d'une seule icône et peut contenir jusqu'à vingt icônes de tous types. Pour voir le contenu du groupe, il suffit de le toucher. Vous accédez alors aux applications qu'il contient. Pour revenir à l'écran principal, touchez à nouveau l'icône du groupe. Vous pouvez créer de nouveaux groupes et les organiser selon vos besoins : consultez la section « Organiser les icônes », dans le chapitre 2, pour plus d'informations.

Il existe en fait un dernier type d'icônes, permettant l'accès direct à une page Web et pouvant être créé lorsque vous visitez un site à l'aide de **Safari**. Consultez le chapitre 7 pour plus d'informations à ce sujet.

L'ensemble des icônes qui apparaissent sur l'écran ne constitue en fait que la première page d'une série pouvant aller jusqu'à onze ! Les pages se rempliront lorsque vous installerez de nouvelles applications. Cette zone défile donc horizontalement pour vous permettre d'accéder à d'autres pages d'icônes. Vous pouvez tester le défilement : touchez la zone des icônes et faites glisser vers la gauche. La deuxième page d'icônes apparaît. Si vous avez plus de pages, faites glisser vers la gauche pour naviguer. Faites glisser vers la droite pour revenir à la page précédente.

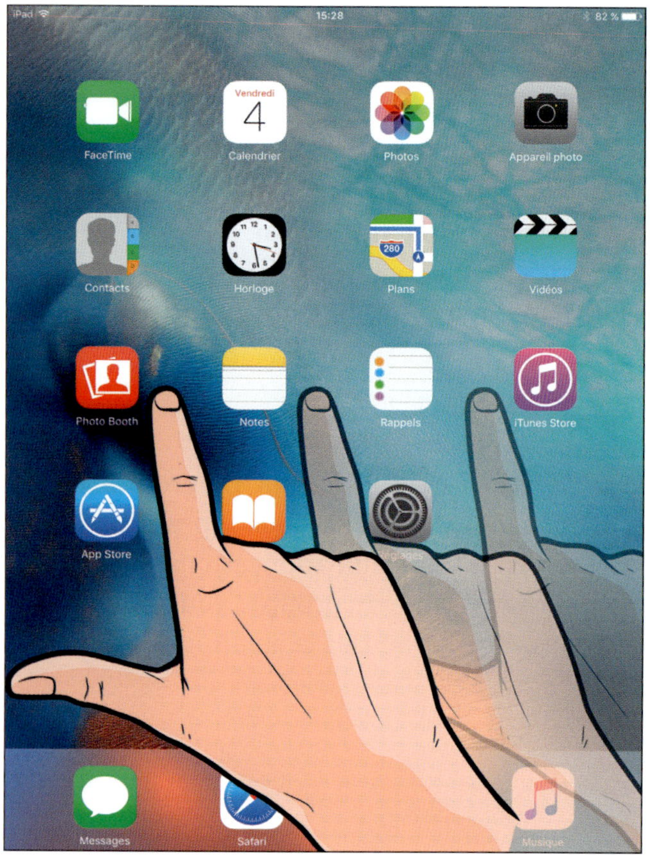

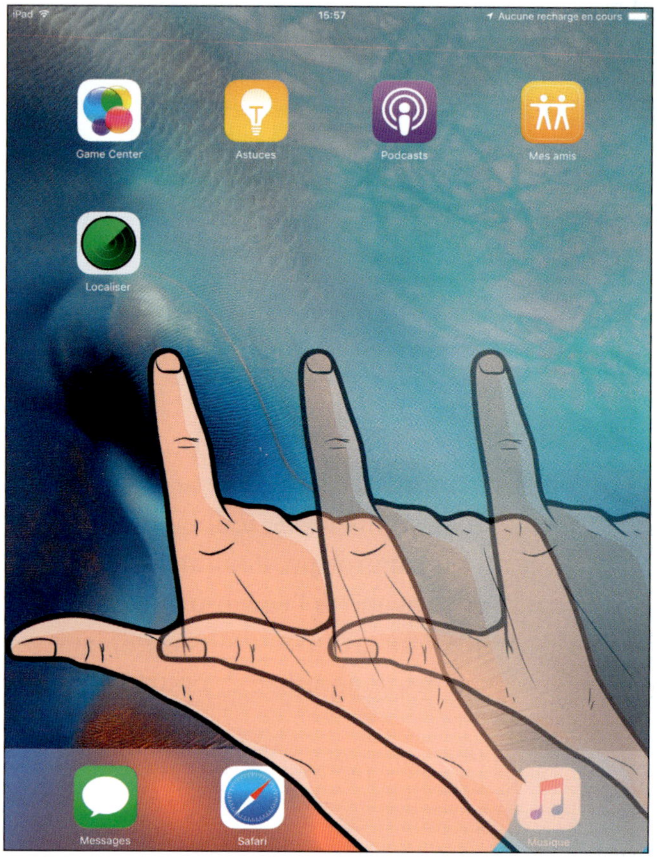

Vous pouvez organiser cette zone comme bon vous semble : déplacer des icônes dans une page ou d'une page à l'autre, les regrouper à volonté, supprimer les icônes de certaines applications (sauf des applications de base). Touchez longuement n'importe quelle icône : lorsque les icônes frémissent, vous pouvez les déplacer à votre guise. Touchez simplement l'icône à déplacer et faites-la glisser vers son nouvel emplacement. Appuyez sur le bouton Accueil pour enregistrer la nouvelle configuration. Consultez la section « Organiser les icônes » du chapitre qui suit pour plus d'informations sur cette opération.

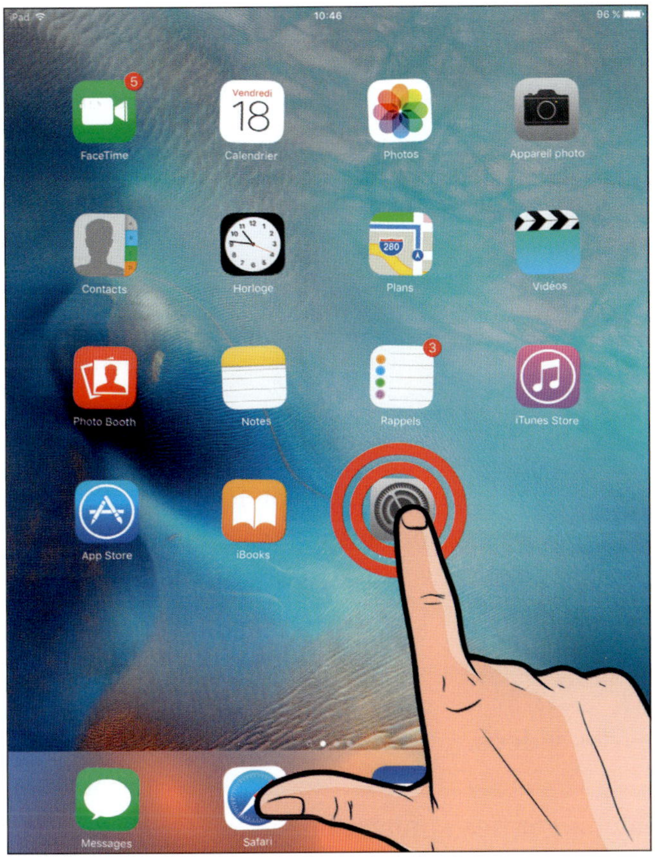

Le dock de lancement rapide est la partie contrastée en bas d'écran. Elle peut accueillir jusqu'à six icônes. Par défaut, le dock contient des applications dont vous vous servirez *a priori* souvent : **Messages**, **Mail**, **Safari** (qui permet d'accéder au Web) et Musique. Il y a une bonne raison à cela : les applications situées dans cette zone sont accessibles sur toutes les pages d'icônes. Cela signifie que vous pouvez accumuler des pages et des pages d'icônes, ces quatre applications seront toujours visibles et accessibles rapidement.

Vous pouvez personnaliser cette zone et décider d'y placer jusqu'à six applications de votre choix (il y en a quatre par défaut). Touchez longuement n'importe quelle icône puis, lorsque les icônes frémissent, faites simplement glisser l'icône souhaitée depuis la zone centrale vers le dock. Vous pouvez placer six icônes en tout dans cette zone. Si le dock est plein, vous devrez d'abord en faire sortir une icône, vers la zone centrale, pour en ajouter une nouvelle. Appuyez sur le bouton Accueil pour enregistrer la nouvelle configuration.

Les applications de base

Sur l'écran de votre iPad se trouvent une vingtaine d'applications. Elles sont fondamentales et donnent accès à toutes les fonctions essentielles de votre iPad. Ce sont les icônes des **applications de base**. Vous les utiliserez au quotidien pour la plupart, ou peut-être jamais pour certaines d'entre elles. Toutes seront détaillées dans la suite de cet ouvrage. Voici une présentation rapide des applications de base de l'iPad :

Appareil photo : pour prendre des photos et des vidéos.

App Store : pour accéder à l'App Store et télécharger des applications iPad.

Calendrier : pour gérer votre agenda.

Contacts : pour gérer votre carnet d'adresses.

FaceTime : pour passer des appels vidéo.

Game Center : pour vous connecter en réseau et jouer avec vos amis ou des gens du monde entier.

Horloge : pour afficher l'heure, définir des alarmes, chronométrer ou minuter.

iBooks : pour lire des livres électroniques.

iTunes Store : pour accéder à l'iTunes Store et télécharger du contenu numérique.

Mail : pour consulter votre messagerie électronique et échanger des courriels.

Maison : pour contrôler tous vos accessoires HomeKit depuis votre iPad (nouveauté iOS 10).

Messages : pour échanger des messages de type SMS.

Musique : pour écouter votre musique et voir vos vidéos.

Notes : pour prendre des notes écrites.

Photo Booth : pour prendre des photos avec des effets spéciaux.

Photos : pour visualiser vos bibliothèques de photos et de vidéos.

Plans : pour afficher des plans et calculer des itinéraires.

Rappels : pour gérer votre liste de choses à faire et à ne pas oublier.

Réglages : pour ajuster les options de l'iPad.

Safari : pour surfer sur le Web.

Vidéos : pour lire vos vidéos.

Idée : créez un groupe avec toutes les applications dont vous vous servez peu souvent, il occupera la place d'une seule icône à l'écran. Consultez la section « Organiser les icônes » du chapitre 2 pour savoir comment procéder.

Quitter ou fermer une application

Une application n'a jamais de bouton spécial ou autre contrôle permettant de la quitter ou de la fermer. Il y a toutefois une nuance entre *quitter* une application et la *fermer* : une application simplement quittée continue de fonctionner en arrière-plan.

1. Pour quitter une application, appuyez simplement sur le bouton Accueil : vous revenez à l'écran d'accueil de votre iPad.

2 Pour fermer une application, appuyez rapidement deux fois sur le bouton Accueil : des vignettes montrent toutes les applications ouvertes en arrière-plan, les dernières utilisées d'abord.

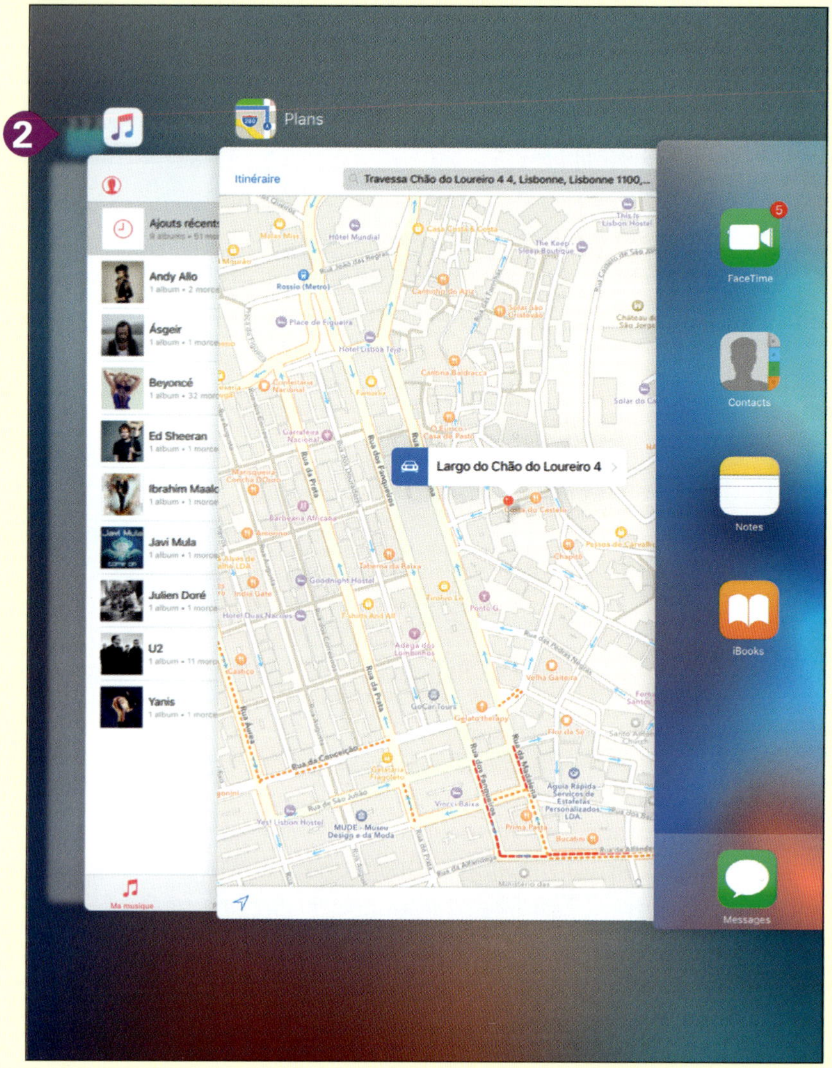

3 Faites glisser la fenêtre d'aperçu d'une application pour la fermer.

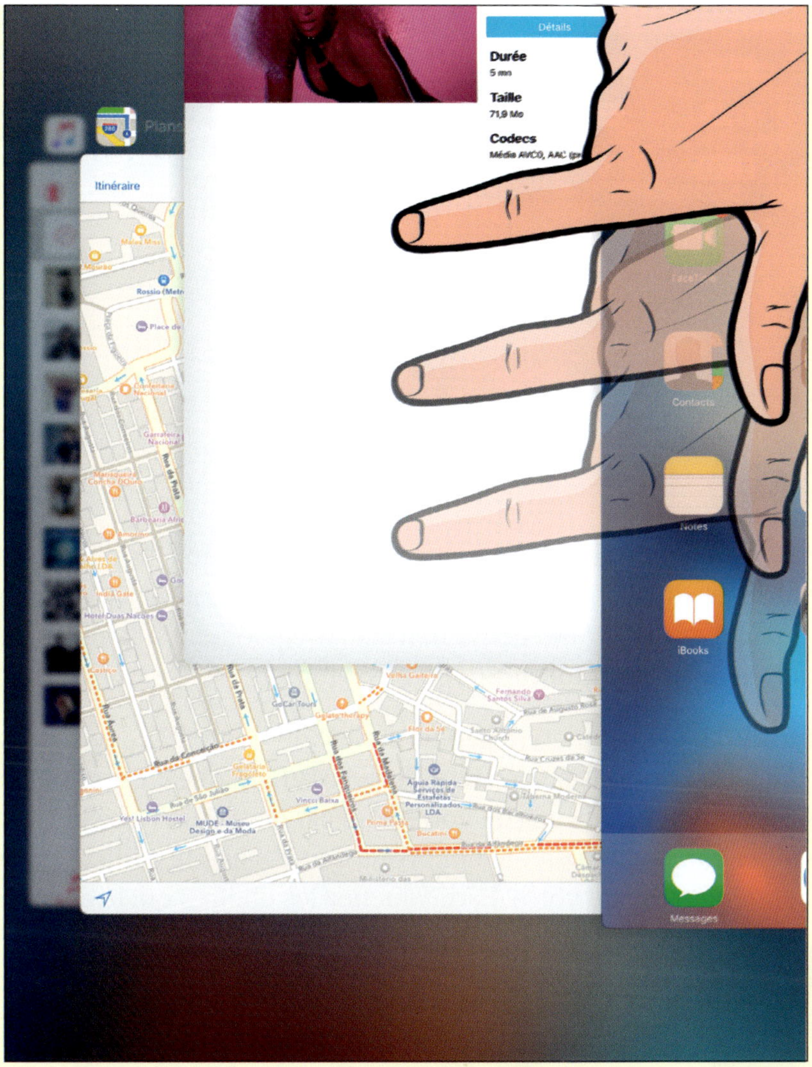

Cette manipulation consistant à fermer une application est aussi utile en cas de « plantage » d'une app en cours d'utilisation, lorsque la quitter simplement ne suffit pas. Forcez ainsi la fermeture de l'application et relancez-la.

Maîtriser l'usage du bouton Accueil

Observez à présent l'iPad de face. Premier constat : il n'y a qu'un seul et unique bouton ! C'est le **bouton principal** ou **bouton Accueil**.

Comme son nom l'indique, ce bouton a la faculté de vous faire revenir à l'écran d'accueil (dont nous allons très vite reparler) de votre iPad, à tout moment.

Ce bouton unique est toutefois très malin et doté de nombreuses fonctions. Tout dépend du contexte : le bouton Accueil se comporte différemment si l'iPad est en veille ou actif, si vous êtes en train d'utiliser une application ou déjà sur l'écran d'accueil. Il réagit également à la manière dont vous appuyez dessus : appui normal ou double appui rapide, par exemple.

1 **Faites sortir l'iPad de son sommeil !** C'est la fonction la plus simple du bouton Accueil, vous l'avez déjà rencontrée précédemment. Elle consiste à « réveiller » l'iPad lorsque c'est nécessaire. Appuyez simplement, une fois, sur le bouton Accueil. Si votre iPad est doté d'un capteur d'empreinte, il se déverrouille alors immédiatement. Si non, vous devez saisir le code que vous avez choisi suite au tout premier démarrage de votre iPad. Touchez les chiffres qui le composent.

2 **Quittez l'application en cours et revenez à l'écran d'accueil.** Sur l'iPad, il n'y a généralement pas de bouton « fermer » ou « terminer » : le bouton Accueil est parfois, et même souvent, le seul moyen de quitter un écran. Lorsque l'iPad est actif, si vous êtes par exemple en train d'utiliser une application, appuyer sur le bouton Accueil aura un effet radical : vous quitterez l'application en cours et reviendrez à l'écran d'accueil. Cela fonctionne d'ailleurs aussi lorsqu'un programme est bloqué en cours d'utilisation.

3 **Revenez à la première page d'icônes.** Si vous êtes sur une page d'icônes différente de la première page, que cela soit la deuxième ou la dernière, appuyez sur le bouton Accueil pour immédiatement revenir à la première page.

4 **Débloquez l'iPad.** Si l'iPad semble bloqué, appuyez longuement (au moins 6 secondes) sur le bouton Accueil. Cela devrait en principe vous sortir de la majorité des mauvais pas ! Consultez la section « Débloquer l'iPad » du chapitre 10 pour plus d'informations.

5 **Activez Siri.** Appuyez longuement sur le bouton Accueil pour lancer la fonction de contrôle vocal.

Consultez la section « Contrôler l'iPad avec Siri » du chapitre 2 pour en savoir plus.

6 **Libérez la mémoire de l'iPad et forcez la fermeture d'une application.** Il peut arriver que l'application rencontre un problème et se trouve bloquée au cours de son exécution. Si, même après avoir quitté et relancé l'application, celle-ci ne démarre pas correctement, affichez la barre des tâches en appuyant rapidement deux fois de suite sur le bouton Accueil. Faites glisser la fenêtre d'aperçu de l'application à fermer vers le haut de l'écran. Touchez le bouton Accueil puis relancez l'application.

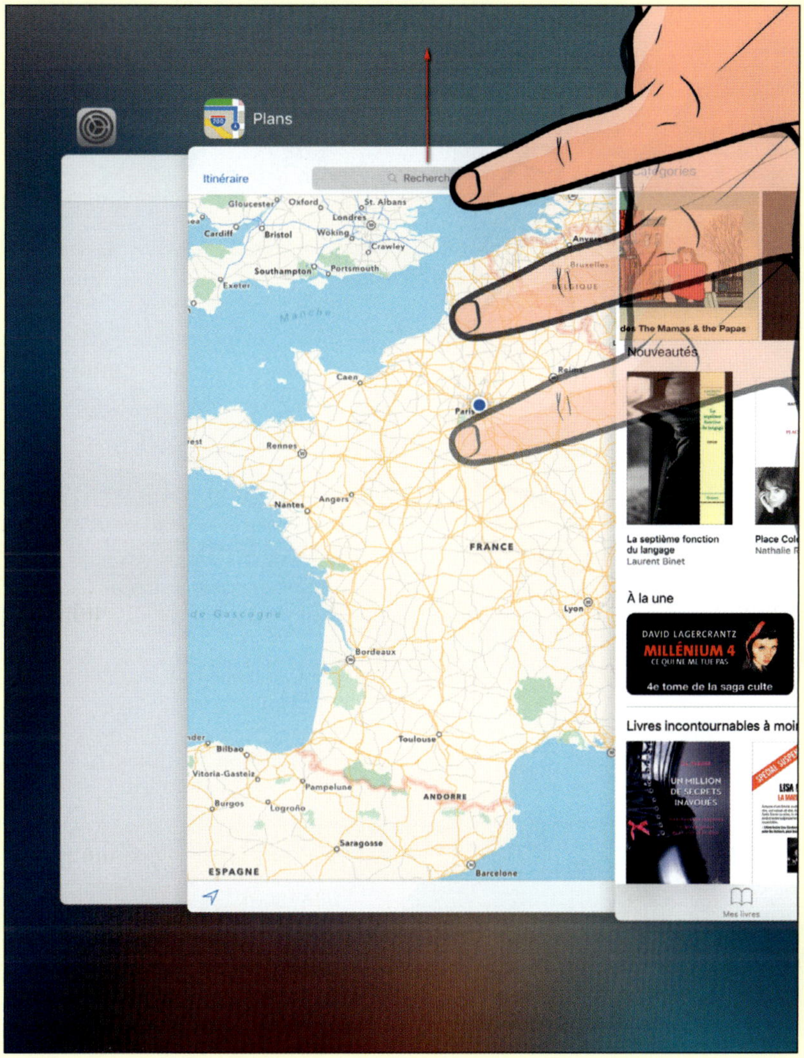

Éteindre votre iPad

Éteindre votre iPad de temps à autre lorsque vous ne l'utilisez pas n'est pas obligatoire, mais conseillé : cela permet de libérer la mémoire utilisée par les applications et d'éviter les ralentissements ou blocages indésirables.

1. Appuyez longuement sur le bouton d'allumage, qui sert aussi à démarrer l'iPad, jusqu'à l'apparition du curseur rouge.

2. Faites glisser le curseur **Éteindre** vers la droite.

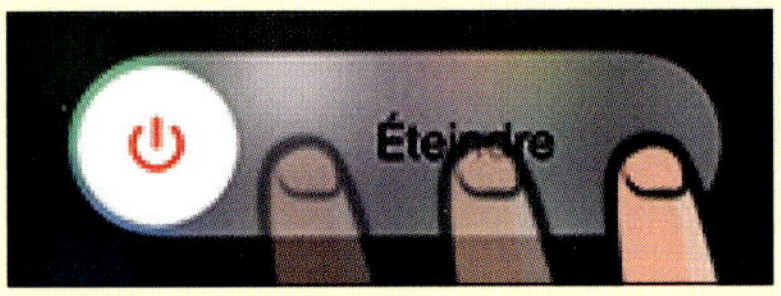

3. En cas d'erreur de manipulation ou si vous changez d'avis, touchez **Annuler** pour garder l'iPad allumé.

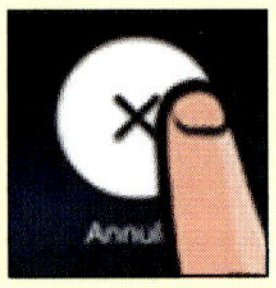

4. L'iPad s'éteint.

Autonomie et recharge de la batterie

L'iPad dispose d'une excellente autonomie ! Celle-ci a d'ailleurs été encore améliorée avec la dernière mise à jour d'iOS. Les applications et les composants sont optimisés pour être les moins gourmands possibles en énergie et des petites astuces préservent plus encore l'autonomie : par exemple, grâce aux capteurs de lumière ambiante, lorsque votre iPad est posé écran face à une table, l'écran restera éteint, même à l'arrivée d'une notification. Il vous faudra néanmoins le recharger de temps en temps. Observez le niveau de la batterie dans la barre d'état et rechargez l'iPad dès qu'il atteint les 20 % ou moins.

Afficher le niveau précis de la batterie

1. Si le niveau de la batterie n'est pas visible, rendez-vous dans les paramètres : touchez **Réglages** sur l'écran d'accueil.

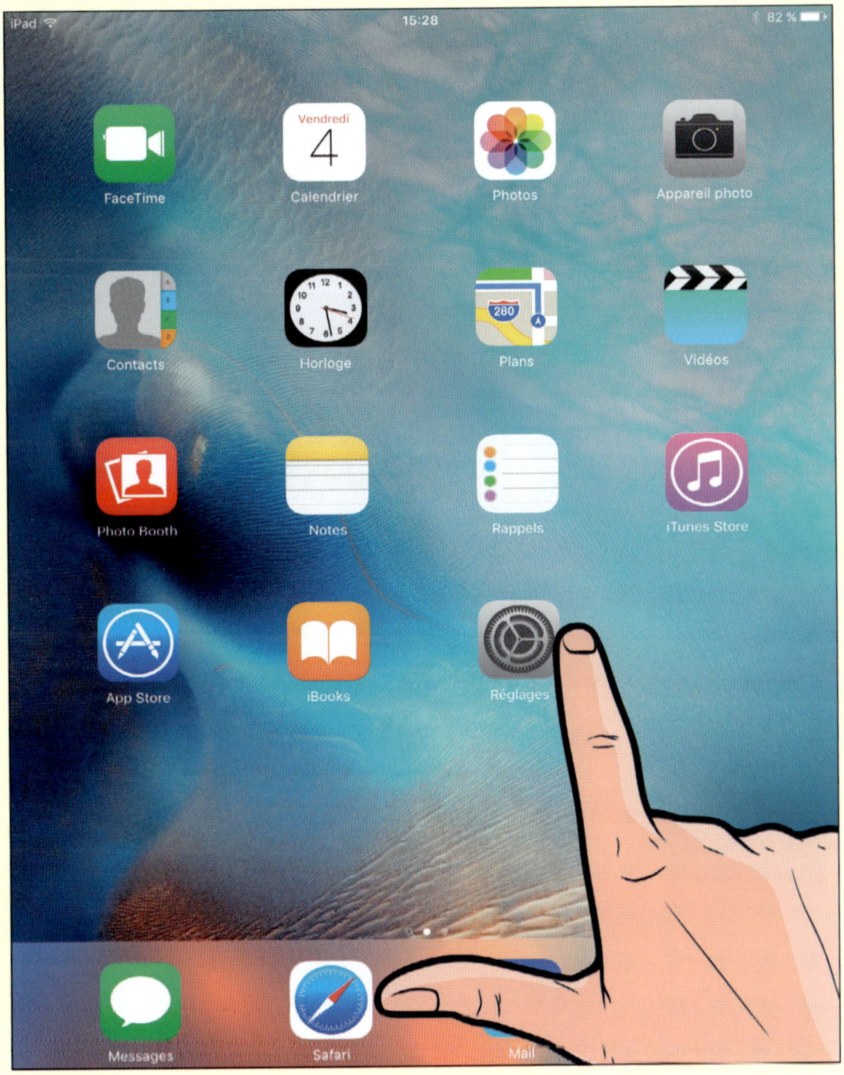

2 Touchez **Batterie** dans le menu latéral des réglages.

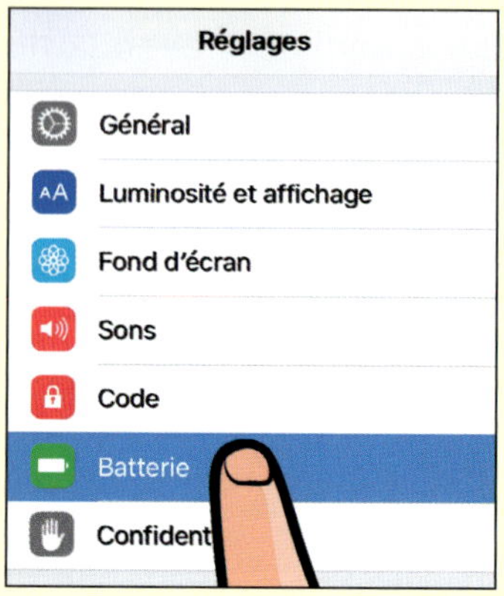

3 Activez l'option **Pourcentage de la batterie**.

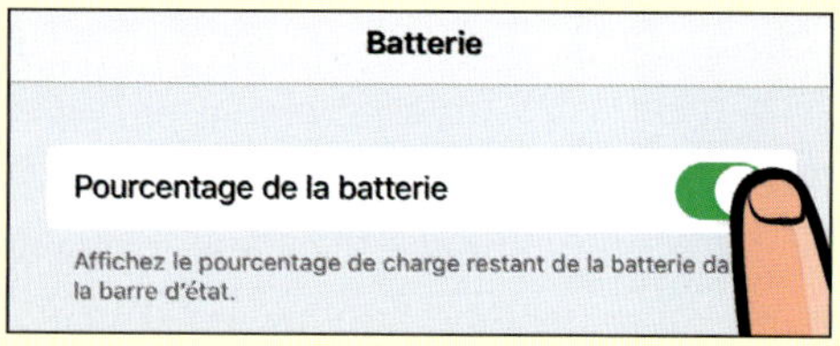

4 Le niveau précis de la batterie, en pourcentage, apparaît dans la barre d'état.

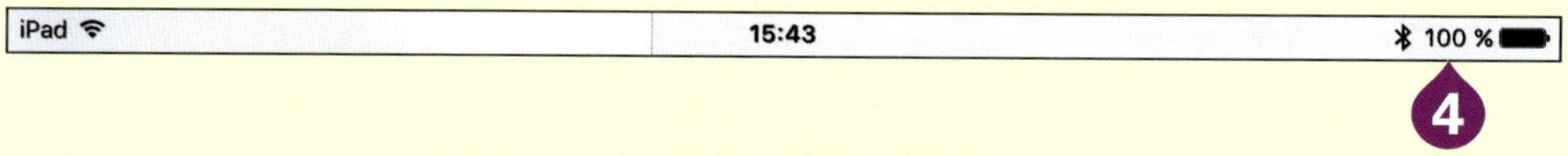

5 Vous pouvez aussi choisir ici d'appliquer des options d'optimisation de la batterie grâce aux réglages de luminosité et d'affichage. Enfin, des informations sur l'utilisation de la batterie par les applications vous sont proposées pour les 24 dernières heures ou les 7 derniers jours.

Mettre l'iPad en charge

Plusieurs solutions s'offrent à vous lorsqu'il s'agit de recharger votre iPad. Tout d'abord, quand devez-vous le faire ? Probablement tous les deux ou trois jours si vous vous servez de votre iPad de manière intensive, en particulier si vous utilisez beaucoup la 3G/4G ou le Bluetooth, gourmands en énergie !

1. Le niveau de la batterie apparaît dans la barre d'état, tout en haut à droite de l'écran. Lorsqu'il passe dans le rouge (moins de 20 % de charge restante), il est temps de recharger votre iPad !

> Quelle est l'autonomie de l'iPad ? D'après Apple, la batterie de l'iPad permet jusqu'à dix heures d'autonomie pour naviguer sur Internet, visionner des vidéos ou écouter de la musique. Ces chiffres sont théoriques mais l'iPad dispose, il est vrai, d'une excellente autonomie. La batterie durera même un peu plus si vous ne l'utilisez « que » pour lire des livres électroniques avec **iBooks**, ou d'autres activités hors connexion.

2. Pour recharger votre iPad, utilisez le câble de connexion fourni. Vous pouvez brancher l'iPad sur votre ordinateur avec le câble USB (l'ordinateur en question doit être allumé !). Vous pouvez aussi le brancher directement sur le courant *via* la prise électrique, avec ce même câble, en utilisant le petit connecteur fourni avec votre iPad.

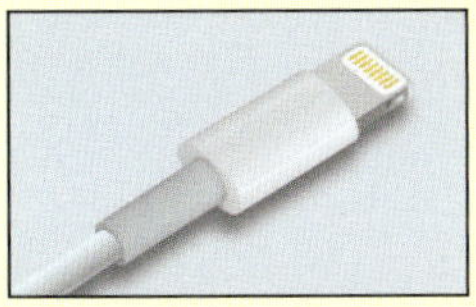

> La charge est moins rapide par le biais d'un port USB que *via* une prise électrique. Astuce : si vous n'utilisez pas l'iPad, pour accélérer la vitesse de charge, passez en mode Avion !

3. Le choix du câble USB relié en permanence à l'ordinateur est pertinent, car vous pourrez ainsi connecter votre iPad à **iTunes** pour effectuer des transferts de données et, surtout, des sauvegardes automatiques.

> Cela présente un autre avantage certain : en voyage, fini les problèmes d'adaptateur secteur, car les ports USB d'ordinateurs sont très répandus et universels ! Il vous suffira donc de trouver un ordinateur pourvu de ports USB pour pouvoir recharger votre iPad.

4 Attention toutefois : certains ports USB, en particulier sur les ordinateurs de type PC, ne sont pas assez puissants pour recharger l'iPad (cela n'empêche toutefois aucunement l'échange de données entre l'ordinateur et l'iPad, seule la charge est problématique). Dans ce cas, le message « Aucune recharge en cours » apparaît dans la barre d'état. Malheureusement, vous n'aurez alors que deux solutions : utiliser un ordinateur dont les ports USB sont assez puissants (c'est le cas des Mac, généralement) ou brancher votre iPad sur le courant, directement, grâce à la prise secteur.

5 Pour vous affranchir des fils, vous pouvez aussi acquérir une station d'accueil spécialement conçue pour l'iPad (il existe de nombreux modèles), qui fera office de chargeur.

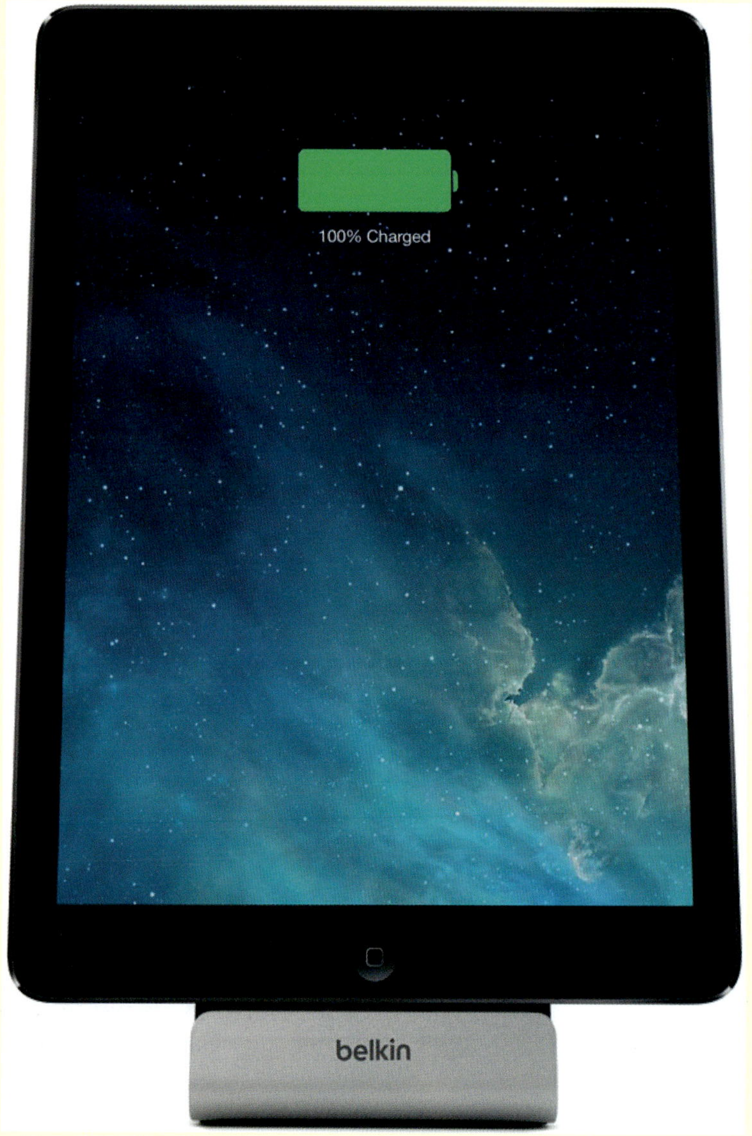

Si vous utilisez un étui pour protéger votre iPad et constatez que celui-ci provoque une surchauffe pendant la charge, pensez à systématiquement retirer cet étui avant de mettre votre tablette en charge. Cela préservera la durée de vie de la batterie.

Quelques conseils pour préserver la batterie de votre iPad

Nous avons évoqué précédemment des techniques pour améliorer l'autonomie de la batterie au quotidien (c'est-à-dire la durée d'utilisation avant nécessité de recharger votre iPad). Notez que, selon Apple, votre batterie est conçue de manière à conserver jusqu'à 80 % de sa capacité initiale au bout de 1000 cycles de charge complets (soit environ trois ans en cas d'utilisation intensive demandant une recharge chaque jour). Voici ce que vous devez savoir pour préserver sa durée de vie totale (c'est-à-dire la durée avant qu'il ne faille la changer, ce qui n'est pas chose aisée sur l'iPad) :

- Évitez d'exposer votre iPad à des températures extrêmes ; Apple recommande une utilisation dans un milieu ambiant entre 16 et 22 °C idéalement. Une exposition à une chaleur supérieure à 35 ° peut irrémédiablement endommager votre iPad et surtout sa batterie. De même si vous chargez l'iPad dans ce type de conditions. En revanche, notez qu'une température basse (jusqu'à 0 °) peut momentanément affecter les performances de la batterie et réduire son autonomie, mais de façon temporaire seulement. Une fois de retour à des températures plus clémentes, la batterie retrouvera en principe son fonctionnement normal.
- Mettez votre iPad à jour ! Chaque mise à jour d'iOS optimise l'autonomie de la batterie, et c'est particulièrement le cas de la dernière mise à jour. L'utilisation d'une version ancienne d'iOS peut de plus provoquer des ralentissements et donc une consommation d'énergie superflue pour certaines applications. Consultez le chapitre 10 pour plus d'informations sur les mises à jour du système.
- Si vous prévoyez de ne pas utiliser votre iPad pendant une longue période, il est important de l'éteindre, mais surtout de le faire avec la batterie chargée à 50 % : ni complètement chargée, ni complètement déchargée.

Et si la batterie de votre iPad a atteint sa fin de vie (impossible de rallumer l'iPad, et même branché, l'indicateur de batterie n'apparaît pas), il vous faudra faire appel à Apple ou passer par un Centre de services agréé pour procéder à son remplacement. La garantie d'un an couvre l'entretien d'une batterie défectueuse. Si l'appareil n'est plus sous garantie, Apple propose un service payant d'entretien ou de remplacement. Attention : des tutoriels expliquent comment le faire par vous-même sur le Web, mais cette opération n'est pas recommandée : en cas de problème, Apple n'assurera pas la réparation de votre matériel.

Faire recycler votre iPad

Ce n'est pas une situation dans laquelle nous vous souhaitons de vous trouver, mais si votre iPad est définitivement en panne et que vous deviez vous en débarrasser, n'oubliez pas que les composants de votre tablette, comme de tout matériel électronique, sont hautement toxiques pour l'environnement ! Vous devez donc impérativement faire recycler votre appareil. Apple propose d'ailleurs un programme spécifique de recyclage de ses machines et de leurs batteries, et offre même des avoirs pour acquérir un nouveau produit.

Consultez la page suivante sur le site Web d'Apple pour plus d'informations :

`http://www.apple.com/fr/recycling/`

Quelques concepts essentiels

2

Dans ce chapitre, vous ferez connaissance avec plusieurs concepts fondamentaux et apprendrez tout ce qu'il faut savoir pour que votre iPad vous obéisse au doigt et à l'œil. Vous explorerez l'écran d'accueil, apprendrez à saisir du texte et à l'éditer, et découvrirez Siri, l'assistant vocal. Vous saurez effectuer une recherche dans votre iPad, organiser les icônes comme bon vous semble et vous vous familiariserez au concept de notification. Enfin, pour clore ce chapitre, vous découvrirez plusieurs nouveautés introduites dans la dernière version d'iOS : Slide Over, Split View et Image dans l'image.

Dans ce chapitre :

- Découvrir et contrôler l'écran tactile
- Appuyer légèrement ou fortement
- Contrôler l'inclinaison de l'écran
- Explorer l'écran d'accueil
- Saisir du texte et des emojis
- Éditer le texte
- Contrôler l'iPad avec Siri
- Effectuer une recherche
- Organiser les icônes
- Les notifications
- Slide Over, Split View et Image dans l'image

Découvrir et contrôler l'écran tactile

S'il n'y a qu'un seul bouton « réel » sur la façade de l'iPad, c'est bien sûr parce que toutes les manipulations importantes se font grâce à l'écran tactile ! Très intuitive, cette approche demande simplement un peu de logique, et un peu de patience lorsque l'on débute avec l'iPad. Toucher, appuyer, défiler, faire glisser, zoomer : voici des termes qui vous sembleront bientôt plus que familiers, et des manipulations que vous effectuerez sans même vous en rendre compte ! Vous devez impérativement connaître et maîtriser ces gestes simples mais fondamentaux pour interagir avec l'écran tactile de votre iPad. Pour découvrir ces manipulations, faisons connaissance avec l'application **Plans**.

1. Localisez l'icône **Plans** sur l'écran d'accueil de votre iPad. 

2. *Touchez*-la du bout de votre index, autrement dit *appuyez* sur l'icône avec la pulpe du doigt. L'icône est mise en surbrillance. L'application **Plans** se lance ! Vous venez de faire connaissance avec la première manipulation importante sur un iPad : **toucher**.

3 Posez votre doigt n'importe où sur la carte et, sans relâcher, **faites glisser**. La carte **défile**, se déplace sous votre doigt. Essayez aussi de **défiler** plus rapidement en **feuilletant**, c'est-à-dire en faisant glisser le doigt d'un geste rapide dans la direction souhaitée, mais en lâchant l'écran en fin de course. Vous pouvez attendre que le défilement s'arrête ou toucher n'importe quel endroit de l'écran pour l'arrêter immédiatement. C'est la deuxième manière d'agir sur l'écran de l'iPad : **faire glisser** ou **défiler**.

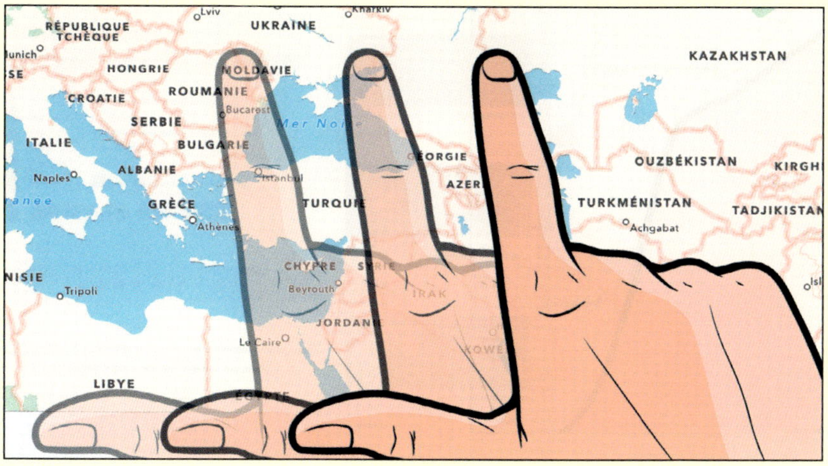

4 Vous remarquerez peut-être que certains détails de la carte sont trop petits pour être affichés. Plutôt que de coller votre nez sur l'écran, zoomez ! Pour cela, à l'aide du pouce et de l'index simultanément, touchez l'écran et écartez les doigts sans relâcher, comme si vous « lissiez » la surface : vous *zoomez en avant*. Recommencez pour zoomer encore plus en avant.

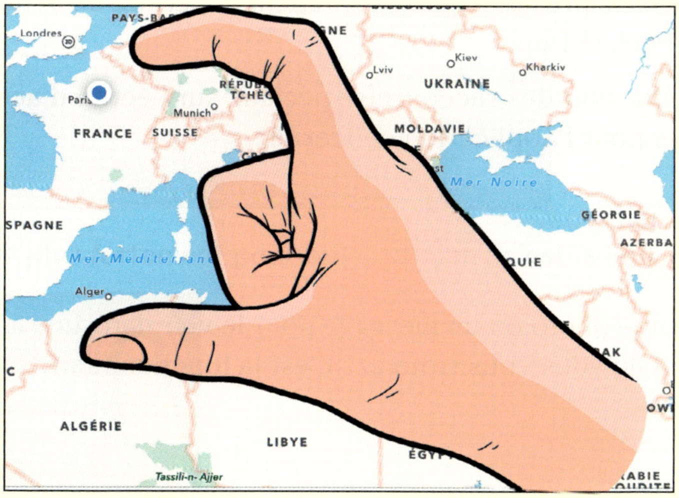

Quand vous utilisez 3D Touch, votre iPad vous répond par de légères pulsations. L'intérêt des fonctions Peek et Pop est de vous permettre de consulter des éléments extérieurs (liens, photos, plans, *etc.*) sans perdre le contexte dans lequel vous vous trouvez.

Contrôler l'inclinaison de l'écran

Autre caractéristique de l'écran de votre iPad, en plus d'être tactile, celui-ci est sensible à son inclinaison et son orientation dans l'espace. L'iPad détecte en effet les mouvements que vous effectuez avec votre tablette dans les mains, à l'aide d'un capteur appelé « accéléromètre ».

Étalonner l'iPad

Incliner votre tablette peut être un moyen de réaliser certaines actions, comme l'étalonnage de la boussole.

1. Lorsque vous utilisez **Plans**, si l'iPad a du mal à trouver le nord, un écran spécial d'étalonnage apparaît et vous demande de faire glisser la bille rouge à l'intérieur du cercle blanc.
2. En le tenant comme un plateau, inclinez votre iPad dans tous les sens, de façon à faire rouler la bille rouge le long des parois intérieures du cercle.

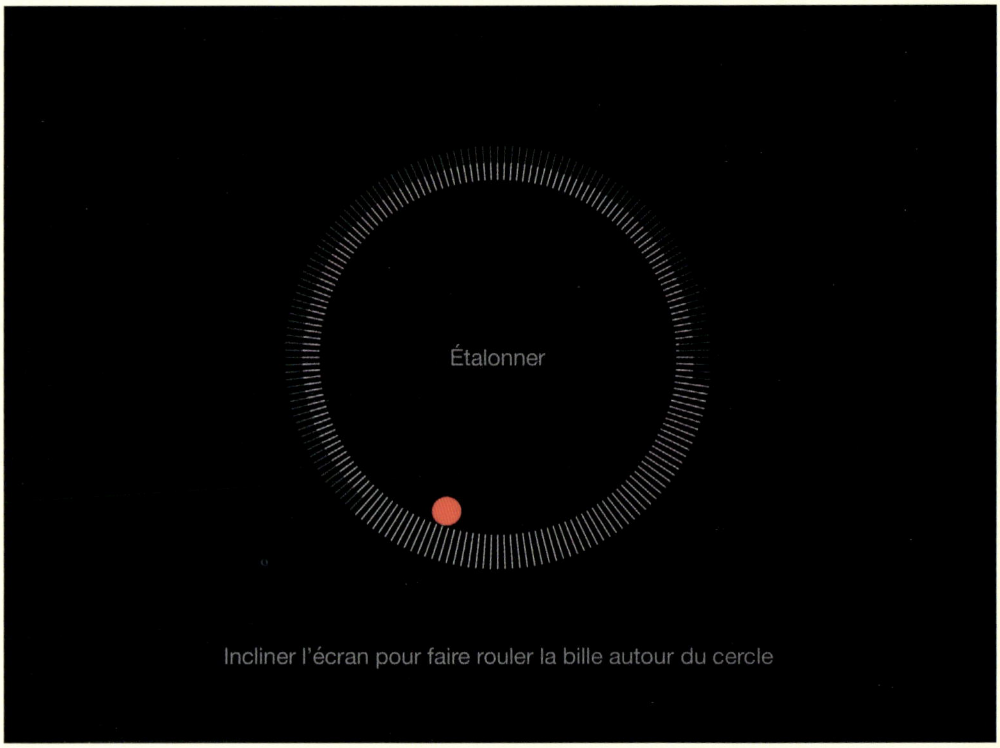

> L'inclinaison de l'écran est une capacité de l'iPad utilisée dans de nombreux jeux d'adresse, pour contrôler le déplacement d'une bille ou un personnage dans un labyrinthe ou sur un plateau, par exemple.

Changer d'orientation

Lorsque vous faites pivoter l'écran en orientation paysage ou même « tête en bas », le capteur de mouvement le détecte et l'affichage s'adapte automatiquement à la nouvelle orientation de l'écran !

1. Pour expérimenter cette fonctionnalité unique, continuons avec **Plans**. Faites pivoter l'iPad d'un quart de tour vers la gauche ou la droite.
2. La carte s'adapte et s'affiche désormais avec une largeur plus importante. C'est l'orientation paysage !

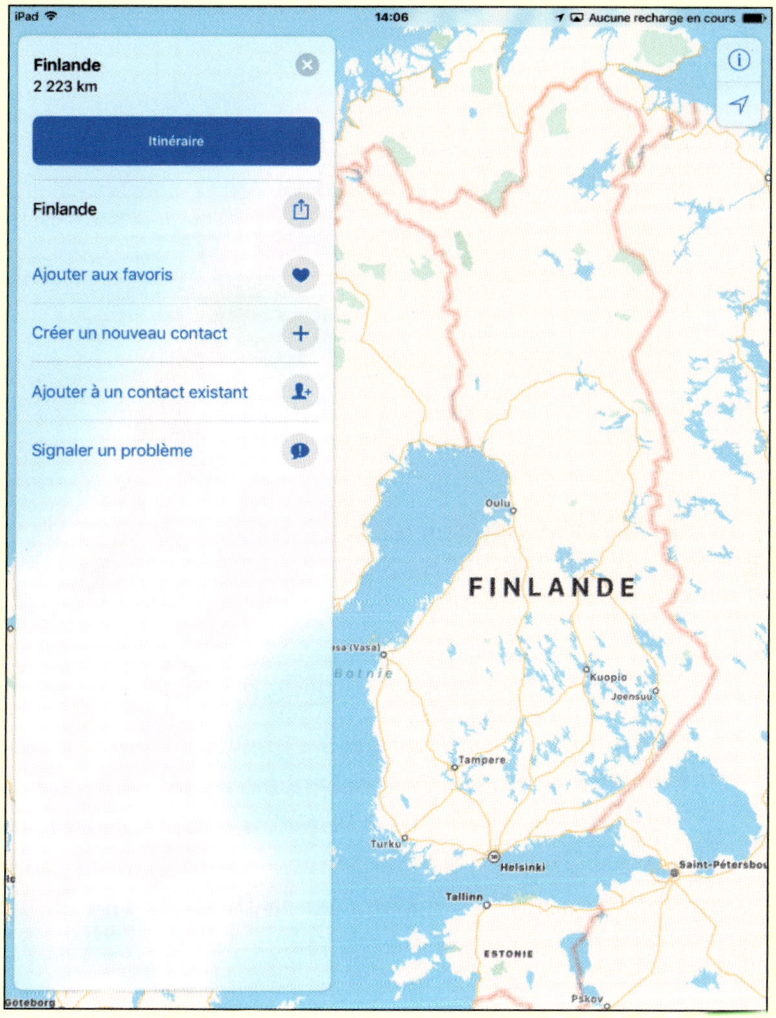

3 Vous pouvez faire pivoter l'écran autant que vous le souhaitez et dans tous les sens : il s'adaptera immédiatement.

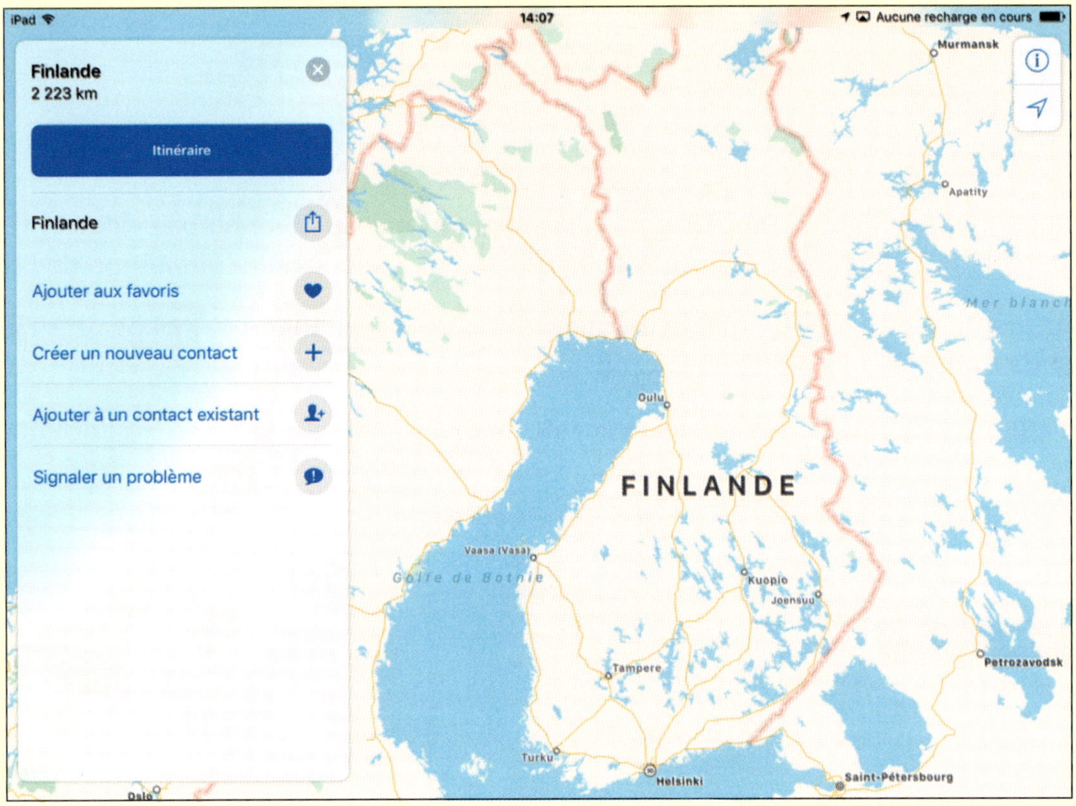

Si vous faites pivoter l'écran trop rapidement, l'iPad ne détectera pas forcément le changement d'orientation. Observez les boutons de contrôle pour le vérifier : ils suivent le mouvement et se réorientent pour toujours être « dans le bon sens » lorsque vous les observez. Dans ce cas, revenez en position initiale et recommencez, plus lentement !

Bloquer l'orientation

Même s'il est bien pratique que l'iPad détecte automatiquement les changements d'orientation, dans certains cas, vous pouvez vous en passer, voire souhaiter que cela n'arrive pas ! C'est le cas par exemple lorsque vous-même n'avez pas une orientation bien définie (allongé, par exemple) ou changez régulièrement de position (passage de debout à assis) : l'iPad peut alors détecter un changement d'orientation et pivoter à sa guise, sans que cela ne soit désiré. Dans ce cas, heureusement, il existe une solution : le **verrouillage manuel de l'orientation**.

1. Touchez l'écran (même s'il est verrouillé) et faites glisser vers le haut pour afficher le **Centre de contrôle**.

2. Touchez le bouton **Verrouillage de l'orientation** pour bloquer l'orientation actuelle de votre iPhone. Un message vous indique l'orientation choisie et verrouillée.

Le verrouillage manuel de l'orientation consiste à bloquer l'orientation de l'écran de l'iPad dans un sens : portrait ou paysage. Dès lors, et jusqu'au déverrouillage de l'orientation, vous pouvez faire pivoter l'iPad dans tous les sens, l'écran gardera l'orientation choisie au moment du verrouillage.

3. Appuyez sur le bouton Accueil pour reprendre votre activité sur l'iPad. Notez que l'icône de verrouillage de l'orientation apparaît dans la barre d'état.

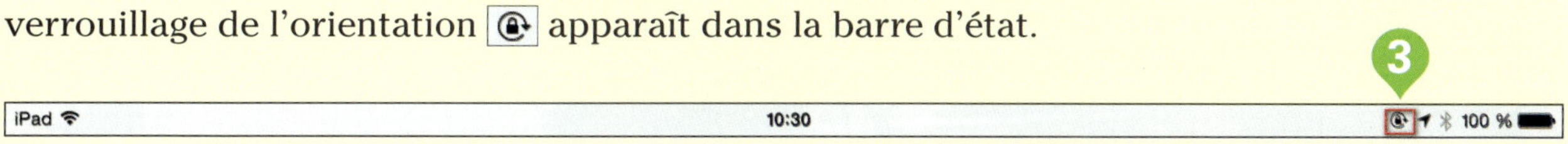

4. Vous pouvez alors faire pivoter l'iPad : l'écran ne change pas d'orientation.

5. Pour déverrouiller l'orientation, procédez de la même manière que pour le verrouillage : touchez l'écran et faites glisser vers le haut pour afficher le **Centre de contrôle**, puis touchez le bouton **Verrouiller l'orientation**. Un message vous indique que l'orientation est déverrouillée. Appuyez sur le bouton Accueil pour revenir à l'écran d'accueil de l'iPad : l'icône de verrouillage de l'orientation a disparu de la barre d'état.

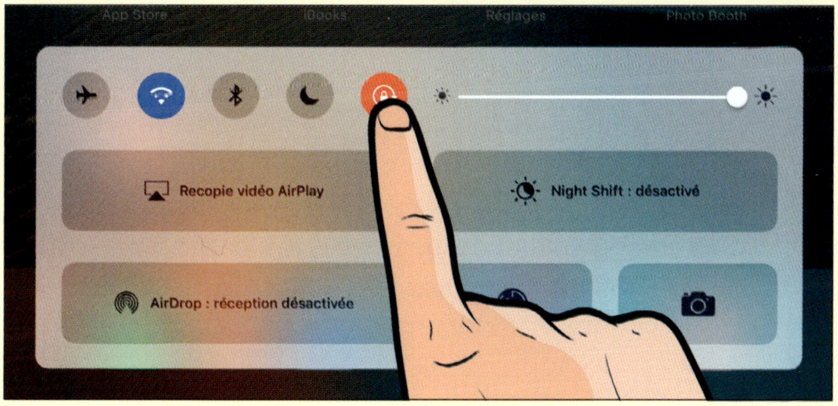

Explorer l'écran d'accueil

Revenons quelques instants sur l'écran d'accueil de votre iPad. C'est tout simplement l'écran qui s'affiche au démarrage de votre iPad et sur lequel s'affichent les icônes des applications. Celui-ci offre de la place pour une vingtaine d'icônes, vous l'aurez remarqué.

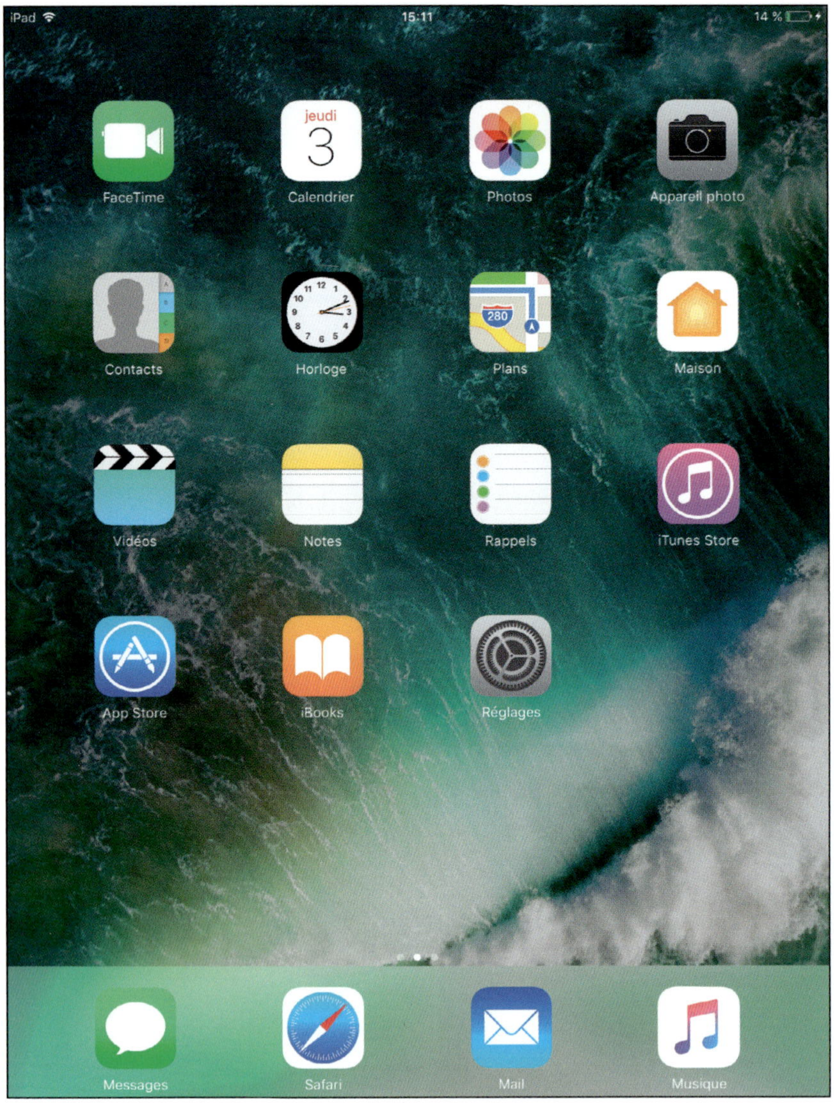

Ce n'est en fait que la première page d'une multitude possible : les pages se rempliront lorsque vous installerez de nouvelles applications (consultez le chapitre 9 à ce sujet).

L'organisation des icônes et des pages

Comme nous l'avons vu dans le chapitre 1, l'écran est composé de différentes zones :

1. En haut, la **barre d'état**, qui indique l'heure et fournit des informations concernant l'iPad.

2. Au milieu, la **zone des icônes** : vingt places pour vingt applications, sur chaque page.

3. En bas, le **dock de lancement rapide**, partie grisée pouvant accueillir jusqu'à six icônes. Les applications situées dans cette zone sont accessibles sur toutes les pages d'icônes.

Passez de page en page ! Lorsque vous aurez installé de nouvelles applications et aurez plus d'une page d'icônes, vous pourrez aussi naviguer d'une page à l'autre. Pour passer d'une page à l'autre, vous devez défiler ou feuilleter horizontalement, vers la droite. Vous pouvez faire pivoter l'écran en orientation paysage si vous le souhaitez.

iPad
15:11
14 %
jeudi
3
FaceTime
Calendrier
Photos
Appareil photo
Contacts
Horloge
Plans
Maison
Vidéos
Notes
Rappels
iBooks
Réglages
Messages

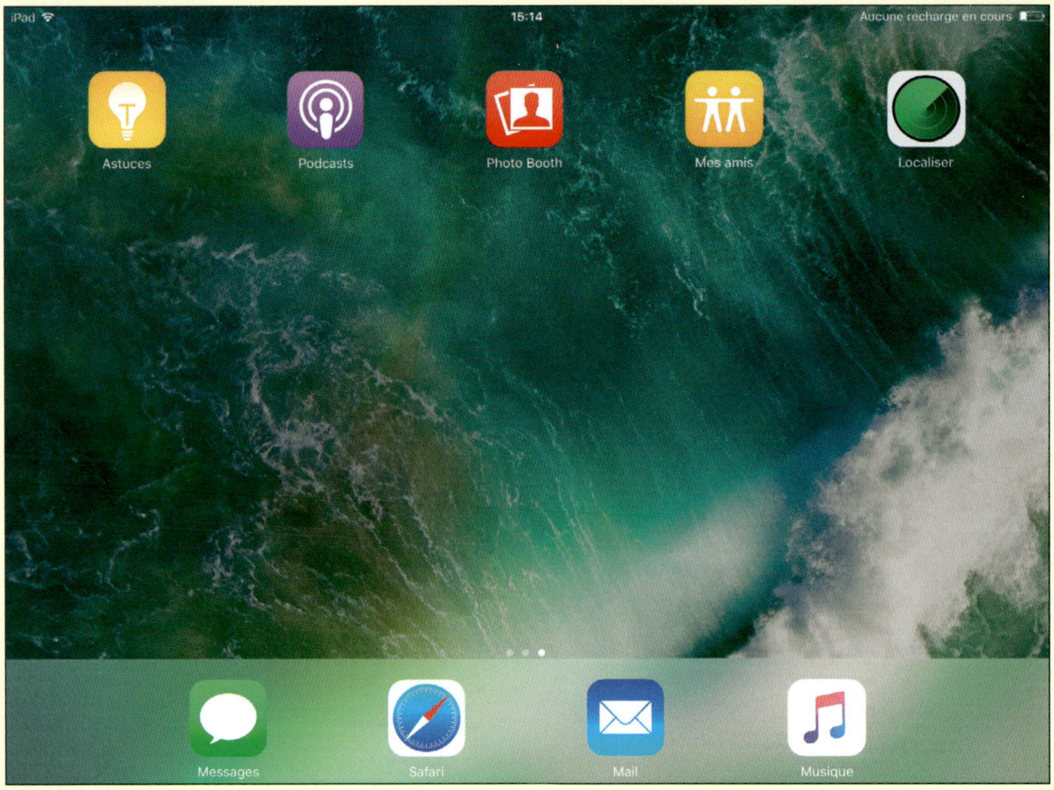
iPad
15:14
Aucune recharge en cours
Astuces
Podcasts
Photo Booth
Mes amis
Localiser
Messages
Safari
Mail
Musique

Vous pouvez aussi toucher la rangée de points en bas d'écran, juste au-dessus du dock de lancement rapide, qui indique d'ailleurs la page sur laquelle vous vous trouvez.

Les indicateurs de la barre d'état

La barre d'état située en haut de l'écran affiche des informations concernant l'iPad. Elle est constituée de plusieurs zones :

- **La zone de connexion au réseau Internet :** juste à côté du mot **iPad** apparaît une icône qui indique le réseau utilisé pour la connexion à Internet, ainsi que la puissance du signal (pour le Wi-Fi). Tout dépend à la fois des réseaux activés et de leur disponibilité à proximité de l'iPad : Wi-Fi, 3G, EDGE ou aucun. Si aucun réseau n'est disponible, cette zone reste vide. Si le mode Avion est activé (voir chapitre 9), l'indicateur s'affiche en lieu et place du mot **iPad** et de l'icône réseau.
- **La zone d'activité :** entre l'icône de connexion au réseau Internet et l'heure au centre de la barre d'état, la zone d'activité sert à vous indiquer qu'une opération est en cours sur l'iPad et qu'il faut patienter quelques instants. Elle affiche toujours la même icône, , ou reste vide lorsque l'iPad n'est pas en attente de la fin d'une opération. Cette zone est utile, car elle vous montre que l'iPad n'est pas bloqué, mais simplement en attente, réalisant un traitement ou une action qui prend du temps (à cause de la connexion à Internet ou d'un calcul, par exemple). Vous la verrez notamment au cours de l'affichage d'un plan ou d'une page Web, ou pendant que l'iPad récupère vos courriels, charge une vidéo, *etc.*
- **La zone centrale :** déjà rencontrée auparavant, la zone centrale de la barre d'état affiche toujours l'heure (sauf quand l'iPad est verrouillé, comme expliqué précédemment).

Si votre iPad n'est pas à l'heure, ce qui serait étonnant car en principe automatique, touchez **Réglages** puis **Général**, **Date et heure** et, enfin, **Régler la date et l'heure**.

- **La zone de notification :** à droite de l'heure, se trouve la zone la plus changeante de la barre d'état. Elle permet en effet d'afficher diverses icônes, selon l'activité en cours de l'iPad. Voici les icônes que vous pourrez y trouver : **Verrouillage** – l'orientation (portrait ou paysage) de l'iPad est verrouillée ; **Bluetooth** – Bluetooth est activé ; **Géolocalisation active** – le mode de localisation géographique est activé et en cours d'utilisation.

- **La zone de niveau de la batterie :** à l'extrémité droite de la barre d'état se trouve une zone réservée au niveau de la batterie ( ). Il est vrai que c'est une information primordiale pour tous les utilisateurs intensifs, car la batterie se décharge assez rapidement. Cette zone sert donc à vous alerter lorsqu'il est temps de recharger votre iPad. Reportez-vous à la section « Autonomie et recharge de la batterie » du chapitre 1 pour plus d'informations à ce sujet. Lorsque l'iPad est en charge, un éclair s'affiche en surimpression sur l'indicateur. L'icône change à nouveau lorsque l'iPad est rechargé à 100 %.

Mémo

Activité : une opération est en cours sur l'iPad et il faut patienter quelques instants.

Batterie : cette icône indique le niveau de la batterie ou l'état de la charge. Lorsque l'indicateur est de couleur jaune, c'est que le Mode d'énergie faible est activé.

Verrouillage de l'orientation : cette icône indique que l'orientation de l'iPad est verrouillée.

Géolocalisation active : le mode de localisation géographique est activé et en cours d'utilisation. C'est en particulier le cas lorsque vous utilisez l'application **Plans**, mais aussi certaines autres applications qui vous localisent géographiquement.

Wi-Fi : cette icône indique que l'iPad est connecté à Internet par un réseau Wi-Fi. Le nombre de barres est proportionnel à la qualité de la connexion. Consultez la section « Activer et utiliser le Wi-Fi » du chapitre 1 pour plus d'informations.

Bluetooth : cette icône indique que la connexion Bluetooth est active.

3G **3G/4G :** cette icône indique que le réseau 3G/4G de votre opérateur est disponible. Vous pouvez donc accéder à Internet *via* ce réseau.

Faire connaissance avec les icônes

Au milieu de l'écran se trouve la zone des icônes : elle offre de la place pour vingt icônes. Relisez la section « Les icônes » du chapitre 1 pour en savoir plus.

> Les icônes situées au bas de l'écran (au nombre de quatre par défaut et de six au maximum) bénéficient quant à elles d'un traitement un peu à part : cette zone s'appelle le **dock de lancement rapide** et fait l'objet de la section qui suit.

Profiter du dock de lancement rapide

Le dock de lancement rapide est la partie contrastée en bas d'écran. Elle peut accueillir jusqu'à six icônes.

1. Par défaut, le dock contient des applications dont vous vous servirez *a priori* souvent : **Messages**, **Mail**, **Safari** (qui permet d'accéder au Web) et **Musique**. Il y a une bonne raison à cela : les applications situées dans cette zone sont accessibles sur toutes les pages d'icônes. Cela signifie que vous pouvez accumuler des pages et des pages d'icônes, ces quatre applications seront toujours visibles et accessibles rapidement.

2. Vous pouvez personnaliser cette zone et décider d'y placer jusqu'à six applications de votre choix (il y en a quatre par défaut). Touchez longuement n'importe quelle icône : lorsque les icônes frémissent, vous pouvez les déplacer à votre guise.

3. Faites simplement glisser l'icône souhaitée depuis la zone centrale vers le dock. Vous pouvez placer six icônes en tout dans cette zone. Si le dock est plein, vous devrez d'abord en faire sortir une icône, vers la zone centrale, pour en ajouter une nouvelle.

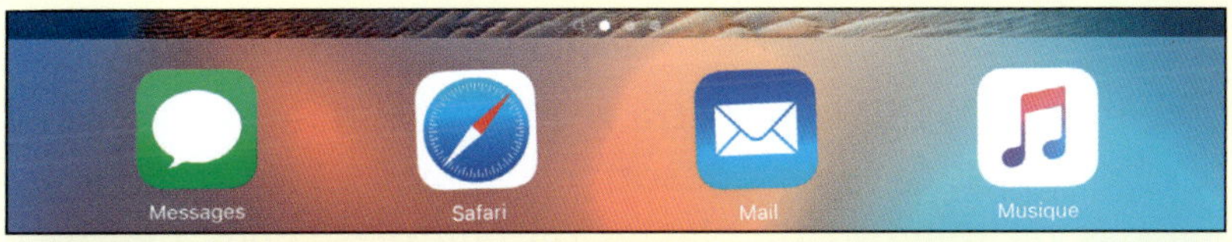

4. Appuyez sur le bouton Accueil pour enregistrer la nouvelle configuration.

Utiliser les points d'accès aux pages

Remarquez enfin, tout en bas de cette zone centrale, la rangée de points (un point blanc et plusieurs points gris). Peu d'utilisateurs de l'iPad le savent, mais cette zone n'est pas uniquement visuelle !

1. Cette rangée de points sert à se repérer au sein des multiples pages d'icônes de votre iPad, mais permet aussi de naviguer entre ces pages. Pour passer d'une page à une autre, vous pouvez faire glisser horizontalement, comme expliqué précédemment, mais vous pouvez aussi toucher cette rangée de points en bas de l'écran.

2 Si vous touchez l'écran à gauche du point actif (blanc), vous défilerez vers la page précédente, et si vous touchez à droite de ce point, vous défilerez vers la page suivante. Le concept de points peut troubler, dans le sens où le but n'est pas de toucher un point spécifique (cette zone est tout de même très petite !) pour accéder à une page en particulier. La fonction de cette rangée de points est de permettre d'aller à la page suivante ou à la page précédente : il est impossible de passer directement de la première page à la dernière en touchant le point correspondant.

N'oubliez pas que, depuis n'importe quelle page, pour revenir sur la première page de l'écran d'accueil, il suffit d'appuyer sur le bouton Accueil.

Saisir du texte et des emojis

Poursuivons ce chapitre par un élément spécial qui apparaîtra régulièrement sur l'écran d'accueil, dès que vous devrez saisir du texte : le clavier. Cela doit désormais sembler très clair pour vous : l'iPad n'ayant pas de boutons, donc pas de touches de clavier ou chiffrées, vous devrez utiliser l'écran tactile pour toute saisie de texte. Cela confère au clavier de l'iPad un avantage majeur par rapport au clavier traditionnel : en plus de s'afficher uniquement lorsque vous en avez besoin, et de disparaître lorsqu'il n'est plus utile, le clavier de l'iPad s'adapte au contexte dans lequel vous l'utilisez.

Le clavier de l'iPad est même plus qu'adaptable : il est intelligent ! Il sait, par exemple, si vous devez saisir des chiffres ou des lettres, et même mieux : il devine que vous allez avoir besoin des caractères spéciaux employés lorsque vous saisissez un e-mail (caractère **@** peut-être), ou une adresse Web (caractère **/** et touche spéciale **.com**). Ainsi, le clavier est différent selon les situations, pour optimiser la saisie et vous faire gagner du temps. Enfin, lorsque vous saisissez du texte, il est capable de vous suggérer des mots utiles selon le destinataire et le type de message (formel ou informel), ainsi que des corrections orthographiques !

Saisir du texte à l'aide du clavier

Saisir du texte sur le clavier ? Rien de plus facile ! Il suffit en effet de toucher du bout du doigt la touche portant le caractère à saisir.

1. À vous de décider la manière de faire, et tous les styles sont permis : du bout de l'index en tenant l'iPad dans l'autre main, avec les pouces de chaque côté et l'iPad dans les deux mains, avec les dix doigts lorsque l'iPad est à plat sur une table, *etc.*

2. Le choix peut aussi dépendre du contexte : que vous soyez debout dans les transports en commun ou tranquillement assis dans votre canapé, allongé au bord d'une piscine ou en pleine réunion de travail avec l'iPad posé devant vous, cela change tout !

3. Le fait de tenir l'iPad en orientation portrait ou en orientation paysage change aussi beaucoup les choses, puisque la zone de préhension n'a pas du tout la même taille, et le clavier non plus !

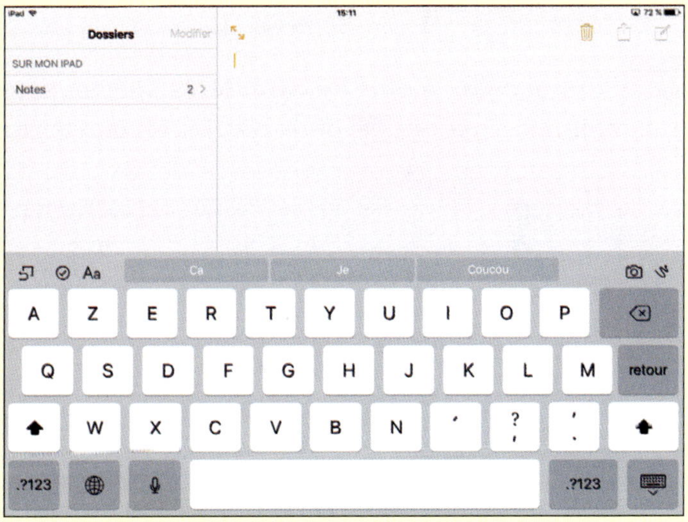

4. L'orientation paysage est très pratique dès qu'il s'agit de saisir du texte, on l'oublie souvent. Néanmoins, lorsque le clavier occupe plus de place en largeur, il est aussi plus envahissant, masquant une bonne partie de l'écran. Dans certains cas, cela n'est pas très avantageux, comme lorsque vous écrivez un long message, par exemple, ou si vous devez saisir des données dans un formulaire de page Web tout en regardant la page Web en question. Enfin, gardez également à l'esprit que vous pouvez changer d'orientation à volonté, même en cours de saisie !

5 Le clavier de l'iPad ressemble beaucoup à celui d'un ordinateur. Néanmoins, la place limitée à l'écran fait que seules les touches essentielles sont accessibles directement. Pour saisir des caractères spéciaux ou des signes de ponctuation moins usuels, vous devrez passer par une touche intermédiaire, qui affiche un clavier secondaire ; de même pour les chiffres. Comme sur un clavier d'ordinateur, les touches sont présentées selon le mode AZERTY et non par ordre alphabétique. Nombre de touches cachent plusieurs caractères ou variantes : il suffit de toucher longuement le caractère en question pour les afficher. C'est ainsi que vous pourrez saisir les caractères accentués et la plupart des caractères spéciaux (signes $, £, *etc.*).

6 Pour accéder à plus de caractères spéciaux, touchez #+=. Touchez 123 pour afficher les chiffres. Touchez ABC pour revenir au clavier initial.

7 En cours de saisie, remarquez les suggestions de mots qui s'affichent au-dessus du clavier. Il suffit de toucher l'une d'elles pour insérer le mot au niveau du curseur. Sinon, ignorez-les, tout simplement !

8 Voici enfin quelques manipulations importantes à retenir :

- Pour saisir une majuscule, touchez .
- Pour saisir tout en majuscules, touchez deux fois rapidement . Touchez à nouveau cette touche pour déverrouiller les majuscules.
- Effacez le dernier caractère saisi en touchant . Pour effacer toute la saisie, touchez Effacer.
- Effectuez un retour à la ligne en touchant le bouton **Retour**.
- Pour masquer le clavier à tout moment, touchez .
- Touchez longuement un caractère pour afficher ses variantes : caractères accentués ou symboles de la même famille.

Utiliser des emojis ou émoticônes

Le clavier de l'iPad permet aussi d'insérer facilement des petites images amusantes : les **emojis**, parfois aussi appelés « émoticônes ».

1 Touchez plusieurs fois, jusqu'à afficher le clavier spécial des emojis.

2 Il existe plusieurs catégories d'emojis, elles-mêmes constituées de plusieurs pages : faites glisser latéralement ou touchez une catégorie en bas du clavier, puis touchez un emoji pour l'insérer dans votre texte.

3 Touchez longuement un emoji pour voir ses variantes.

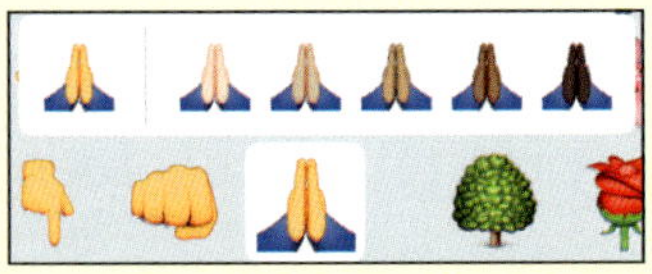

4 Touchez pour afficher la liste des emojis récemment utilisés : c'est pratique si vous insérez régulièrement les mêmes.

5 Touchez pour revenir au clavier classique.

ACTIVER LES CLAVIERS INTERNATIONAUX

Si vous saisissez parfois ou même souvent du texte dans une autre langue que le français, pensez à activer les claviers internationaux adaptés à vos besoins. Non seulement vous disposerez des caractères spéciaux utiles pour la langue concernée, mais de plus, les suggestions et corrections orthographiques seront dans la bonne langue. Rendez-vous dans les réglages : touchez **Général → Clavier → Claviers**. Vous pourrez y désactiver les claviers que vous n'utilisez pas (touchez **Modifier**) ou en ajouter d'autres (touchez **Ajouter un clavier**), du chinois traditionnel au russe. Dès lors, pour basculer d'un clavier à un autre, ou accéder aux emojis, touchez .

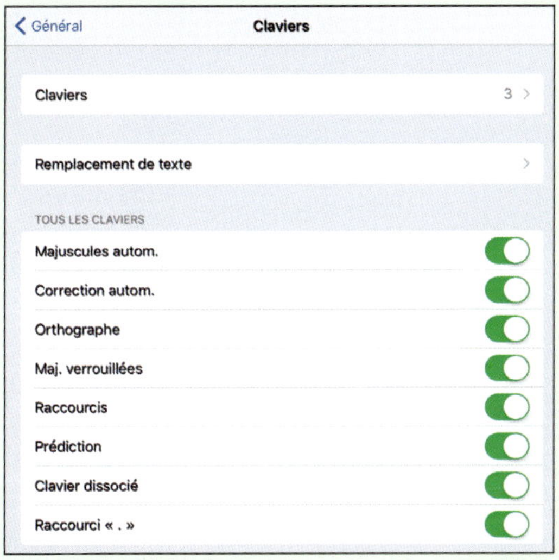

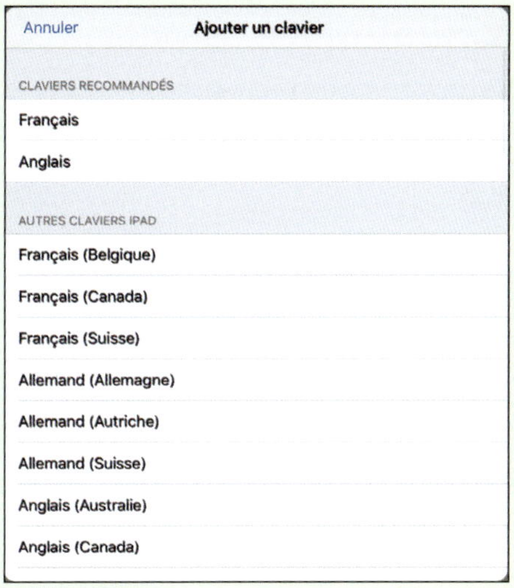

Utiliser la saisie vocale

N'oubliez pas que votre iPad dispose d'un assistant vocal capable de comprendre ce que vous lui dictez ! Vous pouvez faire appel à lui pour saisir du texte à l'aide de votre voix :

1. Pour activer la saisie vocale, touchez .
2. Dictez votre texte de façon intelligible.

3 Touchez **OK** une fois que vous avez terminé.

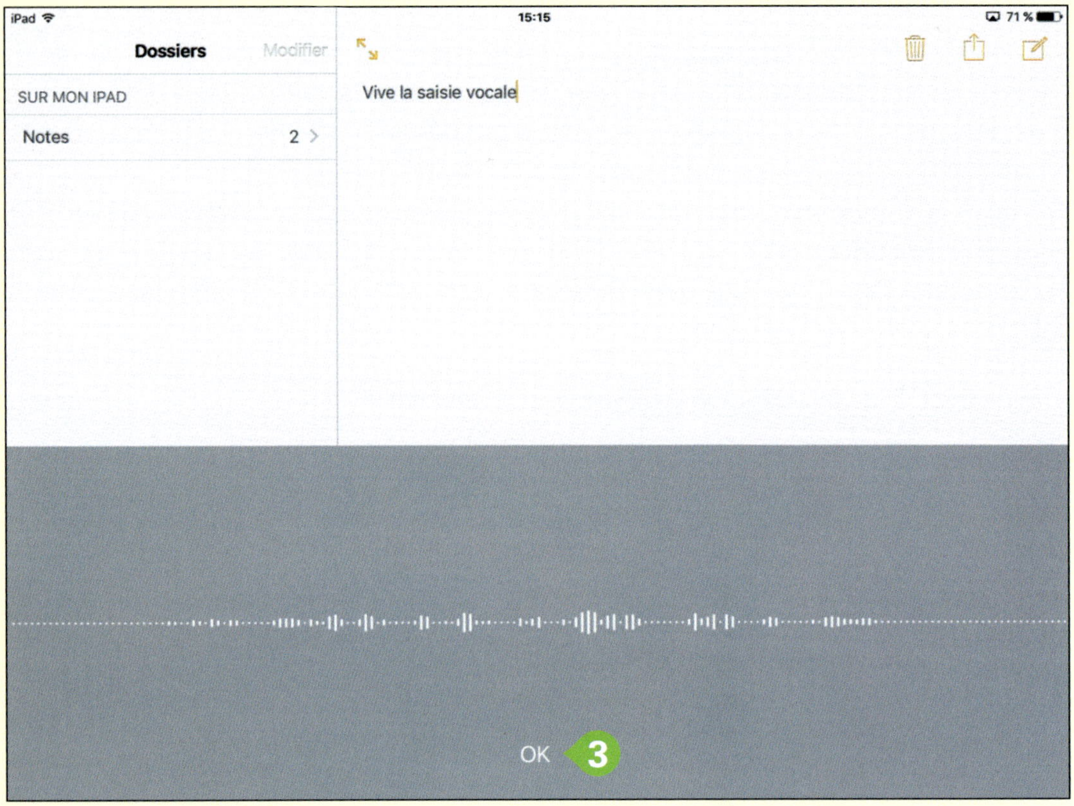

Éditer le texte

Pour modifier le texte déjà saisi, vous pouvez utiliser la loupe, mais aussi les outils de sélection et la technique du copier-coller. La nouvelle barre de raccourcis introduite dans la dernière version d'iOS permet d'effectuer cette opération encore plus rapidement et simplement qu'avant.

Sélectionner du texte, copier et coller

La technique du copier-coller est incontournable. Elle permet de copier du texte et des images d'une application dans une autre. Concrètement, cela veut dire que vous pouvez copier une image depuis une page Web dans un courriel, copier une carte depuis l'application **Plans** pour la coller dans un MMS, copier un numéro de téléphone depuis un SMS vers une fiche contact, et ainsi de suite !

1 Touchez longuement le texte, sans relâcher, pour activer la loupe.

2 Faites glisser la loupe pour placer le curseur à l'endroit précis que vous souhaitez éditer.

3 Vous pouvez alors saisir du texte ou effacer des caractères.

4. Touchez l'endroit où vous souhaitez reprendre la saisie avant de continuer.

5. Pour utiliser le mode de sélection *multi-touch*, posez deux doigts (le majeur et l'index) en même temps sur l'écran. Vous pouvez poser les doigts sur la zone de saisie ou même sur le clavier. Le curseur se déplace.

6. En gardant un doigt fixe sur l'écran, faites glisser le deuxième pour effectuer une sélection. Cette technique demande un peu d'entraînement, mais est très efficace !

7. Pour sélectionner tout le texte ou une image à copier, touchez le curseur d'insertion. Les boutons de sélection apparaissent. Touchez **Tout sélectionner**. Vous pouvez aussi utiliser cette technique pour effectuer une sélection de texte si celle du *multi-touch* vous semble moins facile. La sélection s'affiche en surbrillance. Vous pouvez la modifier en faisant glisser les curseurs symbolisés par des points bleus ou en utilisant la technique présentée à l'étape précédente avec deux doigts. Une bulle affiche la zone en détail pour vous aider à effectuer une sélection précise.

> Lorsque vous saisissez du texte, touchez l'écran deux fois de suite pour sélectionner un mot, trois fois pour sélectionner un paragraphe. Touchez **Sélectionner** pour sélectionner le mot adjacent.

8. Une fois la sélection définie, touchez **Copier** ou le bouton , puis de la barre de raccourcis pour copier la sélection dans le presse-papiers.

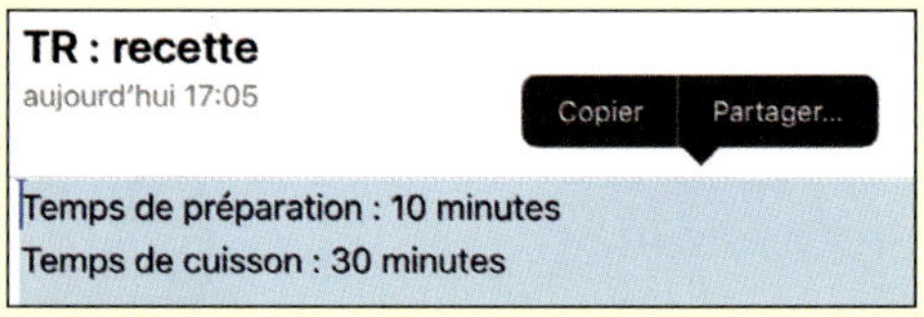

9. Vous pouvez dès lors coller le texte autant de fois que vous le souhaitez, y compris dans d'autres applications. Lorsque vous souhaitez coller le texte, touchez le curseur d'insertion. Touchez le bouton **Coller** ou le bouton , puis de la barre de raccourcis.

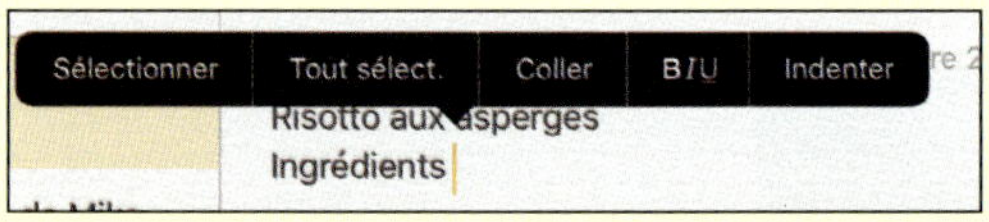

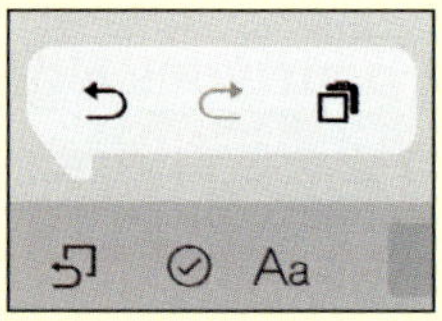

10. Le texte ou l'image précédemment copié est inséré.

> Vous pouvez aussi couper la sélection, c'est-à-dire la copier dans le presse-papiers tout en la supprimant de l'endroit où elle se trouvait. Une fois la sélection définie, touchez **Couper** ou le bouton , puis de la barre de raccourcis.

11. En cas d'erreur, secouez l'iPad et touchez le bouton **Oui** pour annuler la dernière action.

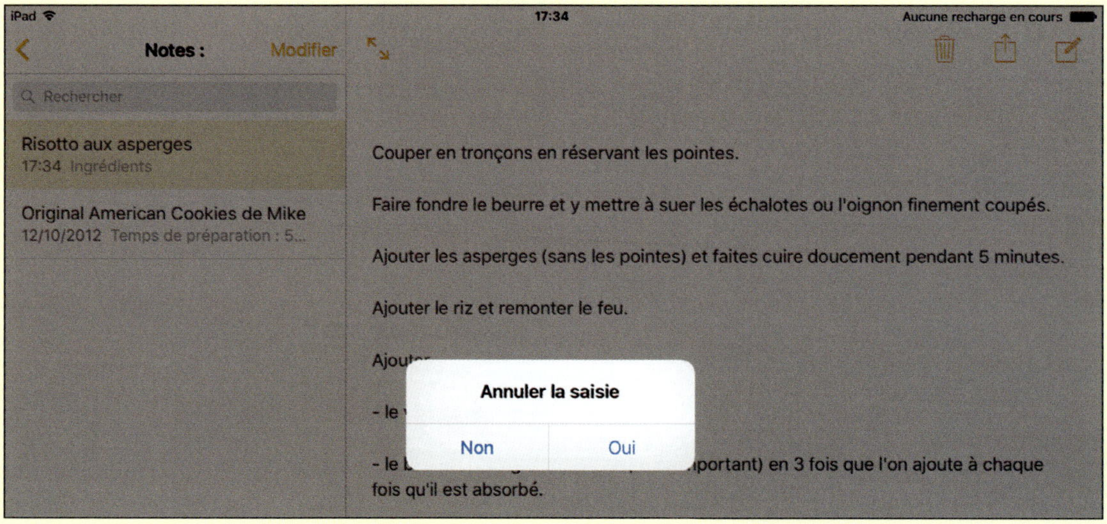

Appliquer une mise en forme au texte

Grâce à la barre de raccourcis et d'outils d'édition de texte, la mise en forme de texte – en gras, en italique ou souligné – est aisée.

1. En utilisant l'une des techniques de sélection présentées à la section précédente, sélectionnez le texte à mettre en forme.
2. Pour mettre le texte sélectionné en gras, touchez BIU, puis B.
3. Pour mettre le texte sélectionné en italique, touchez BIU, puis I.
4. Pour mettre le texte sélectionné en souligné, touchez BIU, puis U.

5. Dans certaines applications, la barre de raccourcis ne propose pas les boutons de mise en forme. Vous pouvez alors utiliser le bouton BIU visible sur la barre d'outils qui apparaît suite à une sélection.

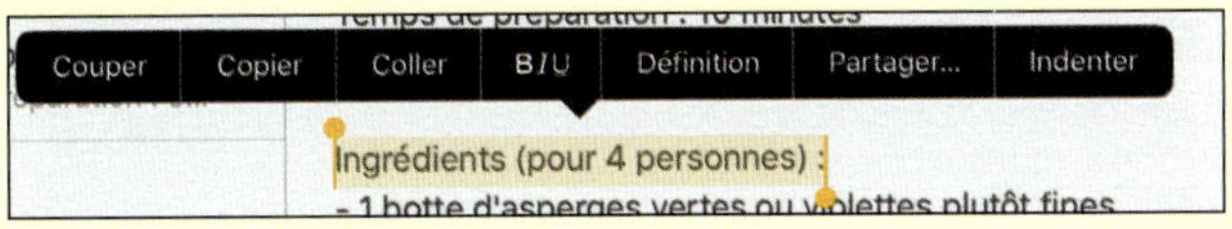

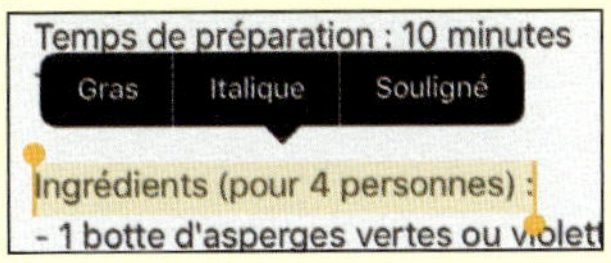

Utiliser les suggestions et les corrections

Le clavier, allié au dictionnaire, peut aussi vous aider à taper encore plus vite, grâce à ses propositions de corrections pour les mots mal orthographiés.

1. Le correcteur de texte insère automatiquement une majuscule en début de phrase et repère aussi les fautes d'orthographe usuelles : les mots mal orthographiés sont soulignés en pointillé rouge.

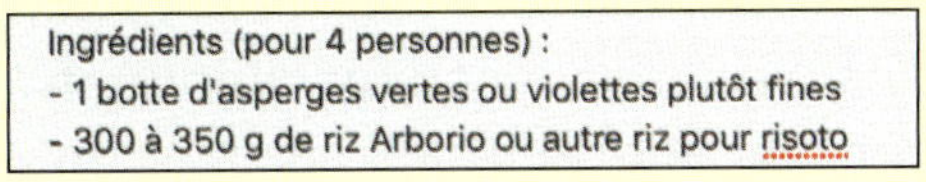

2. Remarquez aussi les suggestions intelligentes au cours de la saisie, qui s'affichent au-dessus du clavier et ont été évoquées précédemment : lorsqu'un mot en cours de saisie est mal orthographié, vous pouvez toucher la suggestion pour le remplacer immédiatement par le mot bien orthographié.

3 Le dictionnaire vous propose une correction si vous touchez le mot concerné. Touchez le mot souligné, puis **Remplacer** pour voir des suggestions de corrections. Touchez ensuite le mot à utiliser comme remplacement du mot mal orthographié.

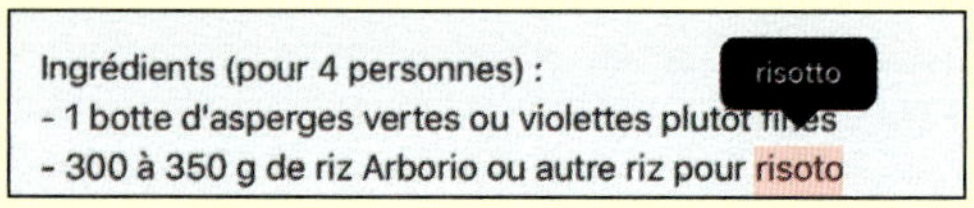

Pour certains utilisateurs, les corrections automatiques sont agaçantes. Notez que vous pouvez les désactiver en touchant **Réglages** puis **Généraux** et **Clavier**. Consultez le chapitre 9 pour plus d'informations sur les réglages relatifs au clavier.

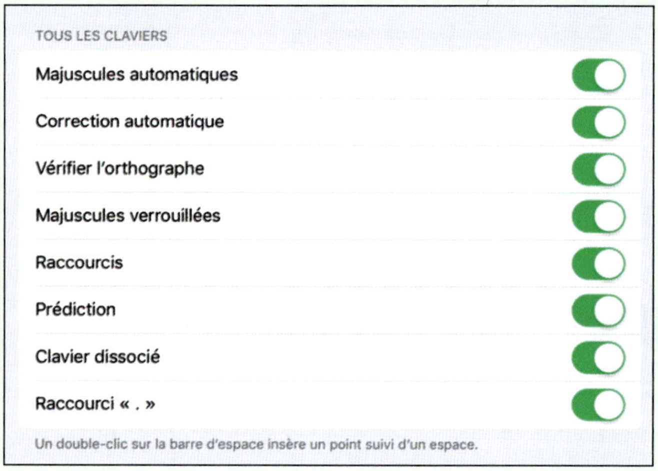

Contrôler l'iPad avec Siri

Siri est le nom de l'assistant vocal caché dans l'iPad. Cet outil très puissant de contrôle vocal permet non seulement de « donner des ordres » à votre iPad, mais aussi de l'interroger sur des choses diverses et variées. Siri est par exemple sensible au contexte : ses suggestions anticipent vos souhaits et actions, comme vous rappeler des choses que vous consultez dans des applications et sur lesquelles vous souhaitez revenir par la suite, trouver des informations sur un contact en scannant vos messages, *etc.*

À chaque nouvelle version d'iOS, Siri devient plus efficace et intelligent. C'est particulièrement le cas avec la version 10 d'iOS, qui voit Siri devenir compatible avec de nombreuses applications tierces : apps de messagerie, de transport, de paiement et même d'exercice physique ! Enfin, les apps de constructeurs automobiles compatibles avec CarPlay sont aussi prises en charge, et permettent d'utiliser Siri pour ajuster la température, régler la radio, les sièges, *etc.*

1 Siri est disponible à tout moment, à condition que l'iPad soit connecté à Internet. Pour l'utiliser, appuyez longuement sur le bouton Accueil. Si vous activez l'option **Dis Siri**, vous pouvez même simplement interpeller Siri lorsque votre iPad est en charge, sans rien toucher. Pour cela, activez l'option **Général → Siri → Autoriser « Hey Siri »**.

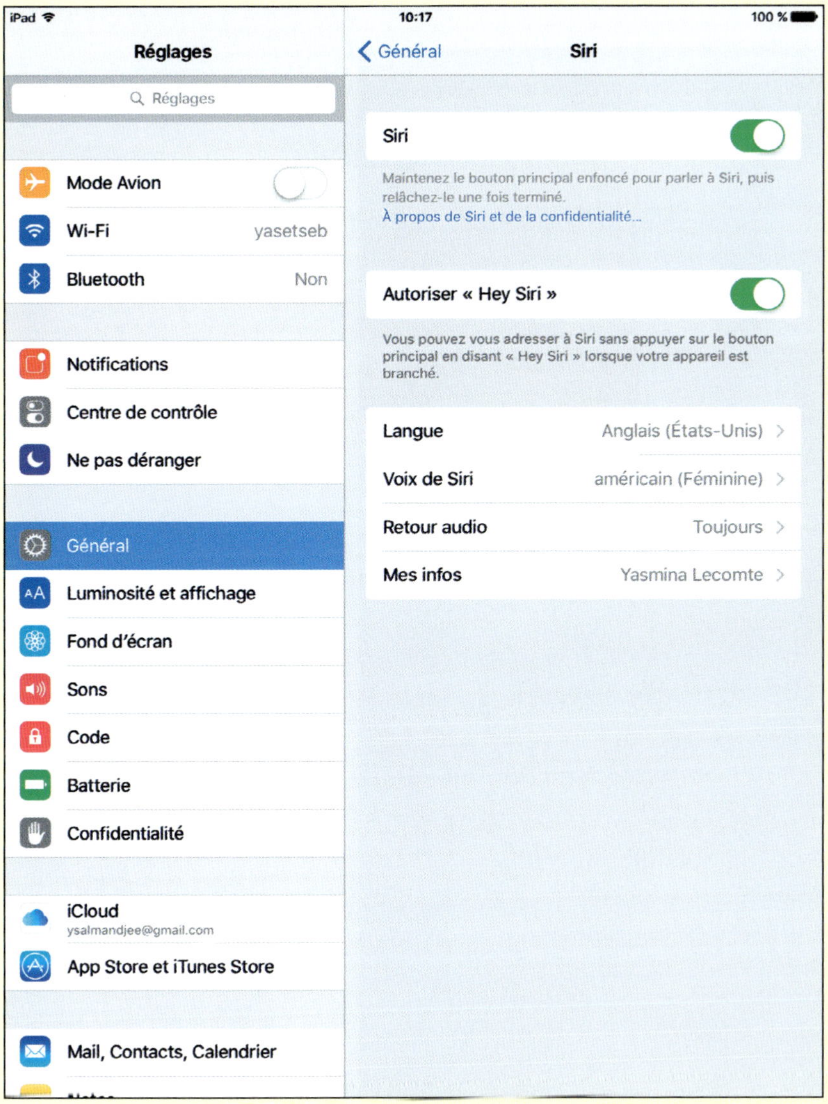

2 Profitez-en pour vérifier que Siri est bien configuré pour le français. À défaut, touchez **Langue** et modifiez l'option. Notez que vous pouvez aussi choisir une voix masculine pour Siri. Quittez les réglages en appuyant sur le bouton Accueil.

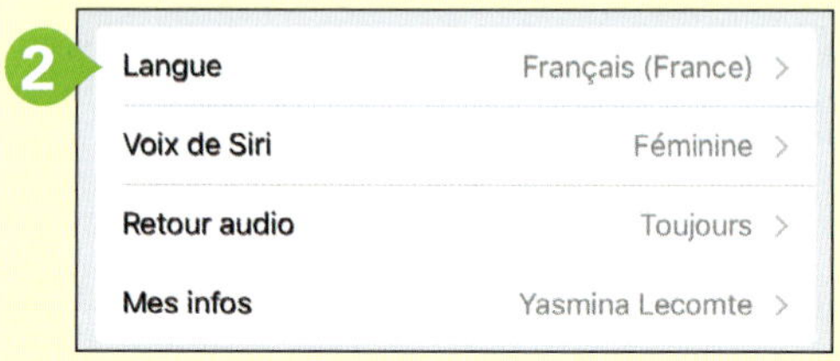

3 Lancez Siri en appuyant longuement sur le bouton Accueil. Si vous avez activé l'option correspondante et que votre iPad soit branché, vous pouvez aussi prononcer « Dis, Siri » (et pas une autre phrase).

4 Siri se met en route et vous écoute. Parlez de la manière la plus intelligible possible (les sons autour de vous peuvent troubler sa compréhension : bruit de fond, circulation, musique, *etc.*).

5 Siri interprète chaque commande de votre part et vous propose des solutions ou, à défaut, indique qu'il n'a pas compris.

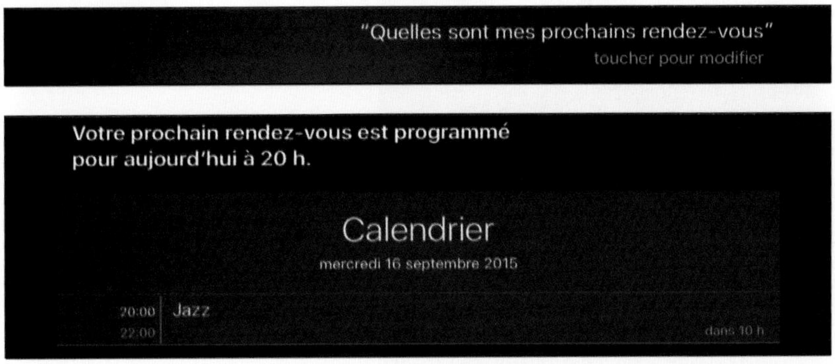

6 Les instructions interprétées par Siri peuvent être relativement complexes. Ses réponses peuvent être surprenantes de perspicacité et vous feront souvent gagner un temps précieux. Quelques exemples d'utilisation de Siri : « Quel temps fera-t-il mardi à Londres ? » : Siri affiche la météo à Londres pour la journée demandée ; « Lance Spotify » : Siri lance l'application **Spotify** ; « Dis à Papa que je serai en retard de 5 minutes » : Siri crée un message destiné au contact mentionné, avec le contenu dicté ; « Rappelle-moi d'acheter du pain en quittant le bureau » : Siri crée un rappel comme demandé, *etc*. Demandez à Siri « que puis-je demander à Siri ? » pour obtenir des exemples. Siri sait reconnaître des morceaux de musique *via* **Shazam**, acheter du contenu sur **iTunes**, mais aussi vous fournir les résultats sportifs de vos équipes préférées, ainsi que des prévisions météo pour des villes du monde entier.

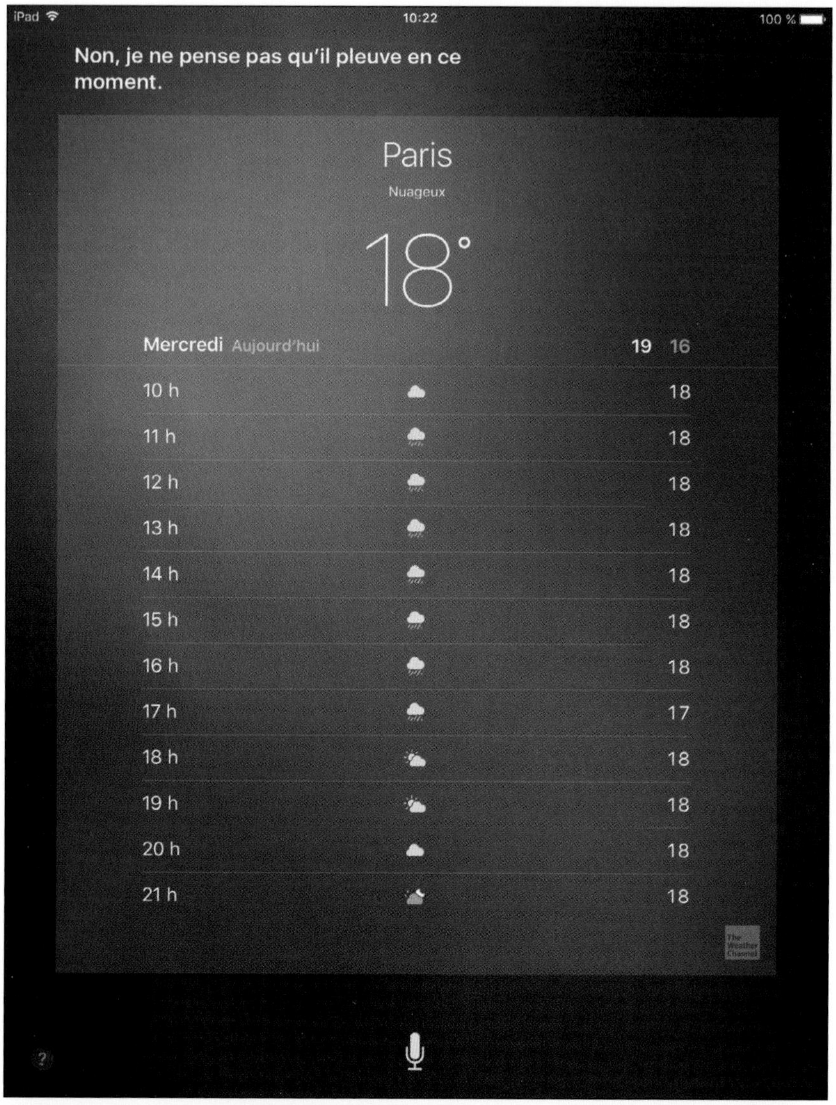
iPad
10:22
100 %
Non, je ne pense pas qu'il pleuve en ce moment.
Paris
Nuageux
18°
Mercredi Aujourd'hui
19 16
10 h 18
11 h 18
12 h 18
13 h 18
14 h 18
15 h 18
16 h 18
17 h 17
18 h 18
19 h 18
20 h 18
21 h 18

"Quelle est cette chanson"
toucher pour modifier
Je tends l'oreille...

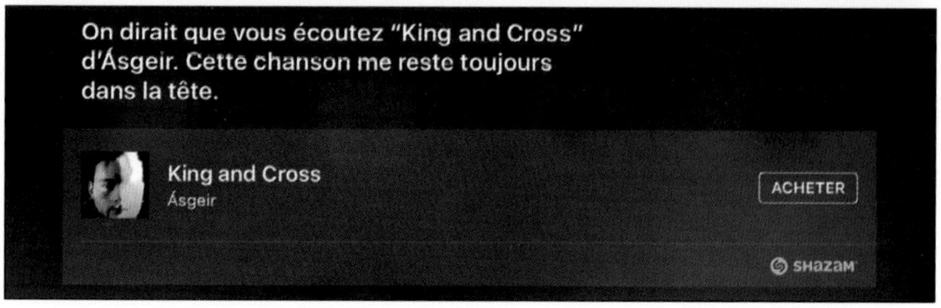
On dirait que vous écoutez "King and Cross" d'Ásgeir. Cette chanson me reste toujours dans la tête.
King and Cross
Ásgeir
ACHETER
SHAZAM

7 Relancez Siri ou touchez le bouton en bas d'écran pour dicter une nouvelle commande. Lorsque Siri comprend de travers, ou même pas du tout, touchez ou dites **Annuler**.

8 Siri est aussi présent dans de nombreuses autres applications de l'iPad, sous la forme d'un bouton sur le clavier. Touchez ce bouton pour avoir accès à la saisie vocale. Vous pouvez ainsi dicter un message, un e-mail ou une note, effectuer une recherche vocale dans l'iPad ou sur Google, *etc*.

Effectuer une recherche

Plus votre iPad contiendra d'éléments, qu'il s'agisse de contacts, de morceaux de musique, de vidéos, de notes, d'évènements ou d'applications, et plus la recherche pourra vous être utile. La recherche répond intelligemment en analysant au préalable des éléments tels que le contexte et le lieu. Depuis la dernière mise à jour d'iOS, la recherche est encore plus performante et intelligente qu'avant. Elle affiche, par exemple, les contacts avec lesquels vous communiquez le plus, ceux à qui vous avez parlé en dernier et même ceux que vous devez bientôt voir *via* une analyse des évènements de votre agenda. La liste des applications suggérées en réponse à une recherche est elle aussi améliorée et contextuelle : par exemple, si vous consultez la météo tous les matins, cette application s'affichera dans les résultats de recherche à l'heure habituelle de votre réveil.

1 Touchez l'écran (n'importe où en dehors de la barre d'état) sur une page d'icônes et faites glisser vers le bas pour accéder à l'outil de recherche. Saisissez le mot à trouver dans la zone **Rechercher**, à l'aide du clavier. Vous pouvez aussi toucher pour utiliser la recherche vocale.

2 Les résultats contenant les caractères saisis s'affichent au fur et à mesure, classés par types. Touchez l'élément recherché. L'application correspondante (**Contacts**, **Mail** ou **Notes**, par exemple) va se lancer et afficher l'élément.

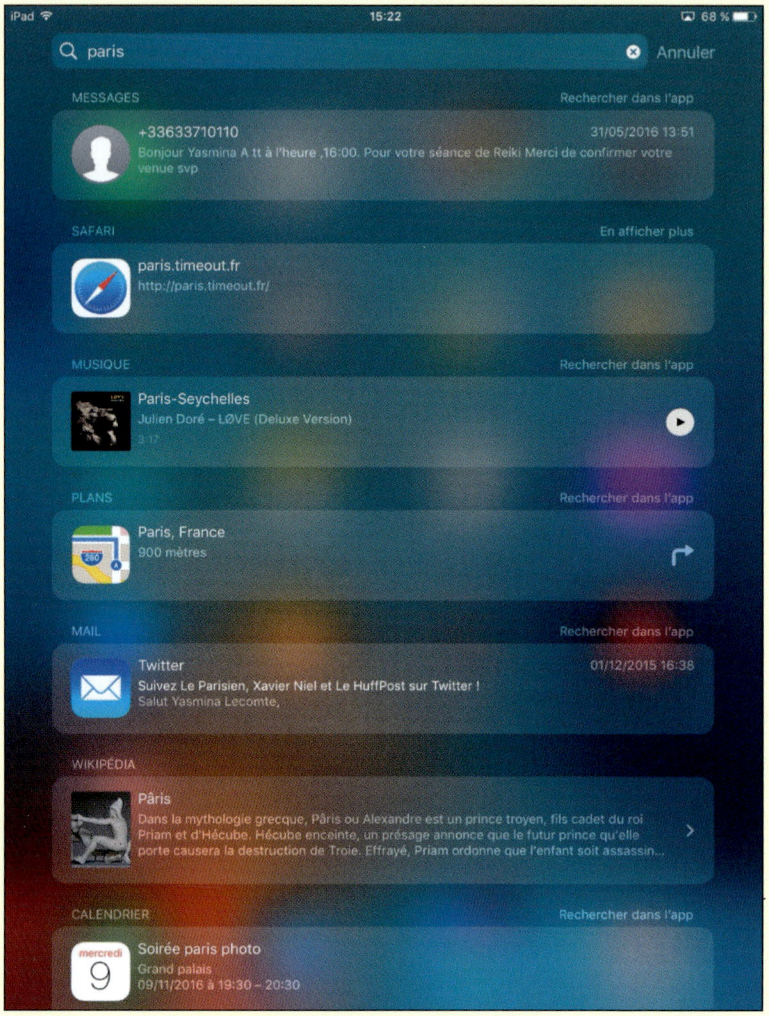

Organiser les icônes

L'écran d'accueil est entièrement personnalisable : vous pouvez en effet agencer les icônes selon vos souhaits, y compris dans le dock du bas de l'écran. Vous pouvez créer des groupes pour organiser vos icônes par thèmes.

Organiser vos icônes, en particulier le dock de lancement rapide et la première page, vous fera gagner un temps précieux : vous accéderez ainsi facilement aux applications que vous utilisez le plus souvent.

1. Touchez n'importe quelle icône sur l'écran d'accueil.
2. Maintenez le doigt appuyé quelques secondes. Les icônes « frémissent » ? Vous pouvez alors les déplacer !

3. Réorganisez les icônes en les faisant glisser. Si vous faites glisser vers la droite au niveau de la dernière page, vous créerez une nouvelle page. Vous pouvez ainsi créer jusqu'à onze pages. Attention à ne pas faire glisser une icône sur une autre icône, vous créeriez un groupe ! Tant que vous ne relâchez pas le doigt de l'écran, vous pouvez déplacer l'icône en mouvement. Relâchez-la pour qu'elle occupe son nouvel emplacement.

4. Vous pouvez placer votre application préférée dans le dock de lancement rapide pour un accès direct. Faites simplement glisser l'icône souhaitée depuis la zone centrale vers le dock. Vous pouvez placer six icônes en tout dans cette zone.

5. Si vous souhaitez justement créer un groupe, faites simplement glisser une icône sur une autre. Un cadre vous indique la création du groupe et les icônes en faisant partie s'affichent en miniature à l'intérieur. Le concept de groupe d'icônes est très pratique, surtout lorsque vous possédez de très nombreuses applications, mais peut aussi devenir relativement pesant lorsqu'il s'agit de réorganiser vos icônes du bout du doigt.

6. Pour renommer le groupe d'icônes, touchez la zone affichant le nom et saisissez le nouveau nom. Vous pouvez faire glisser des icônes dans un groupe existant pour le compléter ou déplacer un groupe entier vers un nouvel emplacement. N'oubliez pas : vous créez autant de groupes que vous le souhaitez ! Pour modifier le nom d'un groupe, touchez simplement la zone de saisie.

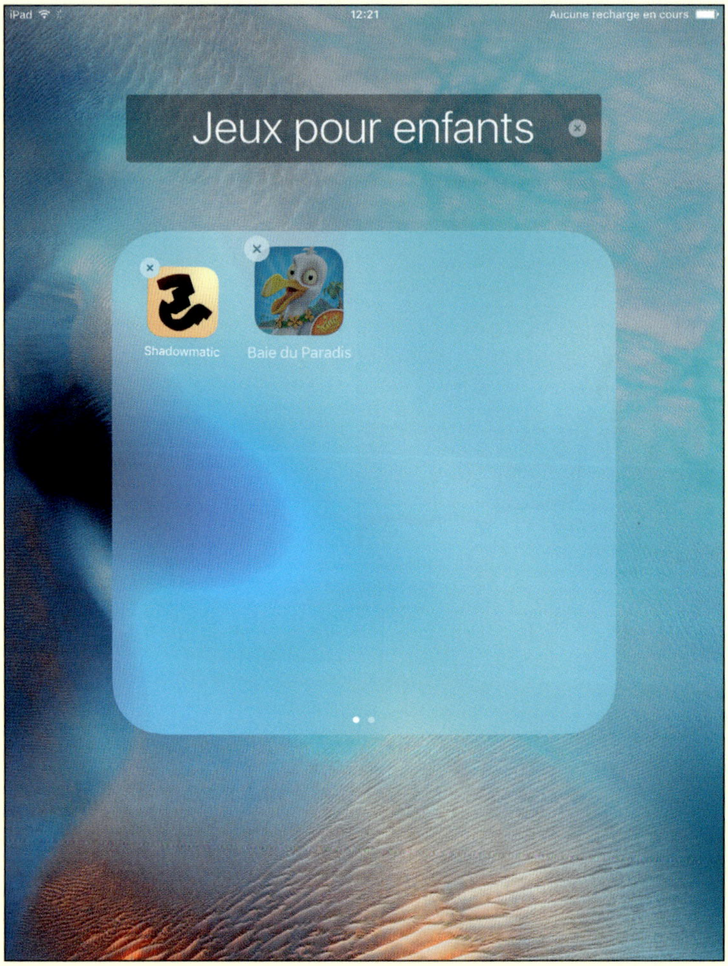

7. Pour extraire des applications d'un groupe, affichez son contenu puis maintenez le doigt appuyé sur une des icônes jusqu'à ce qu'elles frémissent. Faites alors glisser les icônes hors du groupe vers la zone principale des icônes. Pour dissocier un groupe, faites sortir toutes les applications du groupe une par une jusqu'à l'avant-dernière.

8. Lorsque vous avez terminé, appuyez sur le bouton Accueil. Les icônes redeviennent stables et la nouvelle configuration est automatiquement enregistrée.

Vous pouvez recommencer aussi souvent que souhaité !

> Pour supprimer une application, touchez la croix située en haut à droite de son icône. Il est impossible de supprimer les icônes des applications de base, mais vous pouvez toujours les déplacer. Conservez ainsi uniquement celles dont vous vous servez souvent sur les premières pages. Autre idée : créez un groupe avec toutes les applications dont vous vous servez peu souvent, il occupera la place d'une seule icône à l'écran.

Les notifications

Une notification est un message d'alerte envoyé par l'iPad pour vous avertir de quelque chose : un message reçu, un appel manqué, un rappel ou une mise à jour disponible pour une application. Il existe plusieurs types de notifications et le Centre de notifications vous permet de consulter les notifications reçues *a posteriori*.

Les différents types de notifications

Il existe plusieurs types de notifications : les bannières, les alertes et les pastilles. Lorsque l'iPad est en veille, un message s'affiche sur l'écran chaque fois que vous recevez une notification.

Plusieurs notifications peuvent ainsi s'accumuler jusqu'à ce que vous déverrouilliez l'iPad. Il suffit alors de toucher celle qui vous intéresse pour ouvrir directement l'élément concerné (message, e-mail, évènement du Calendrier, *etc.*).

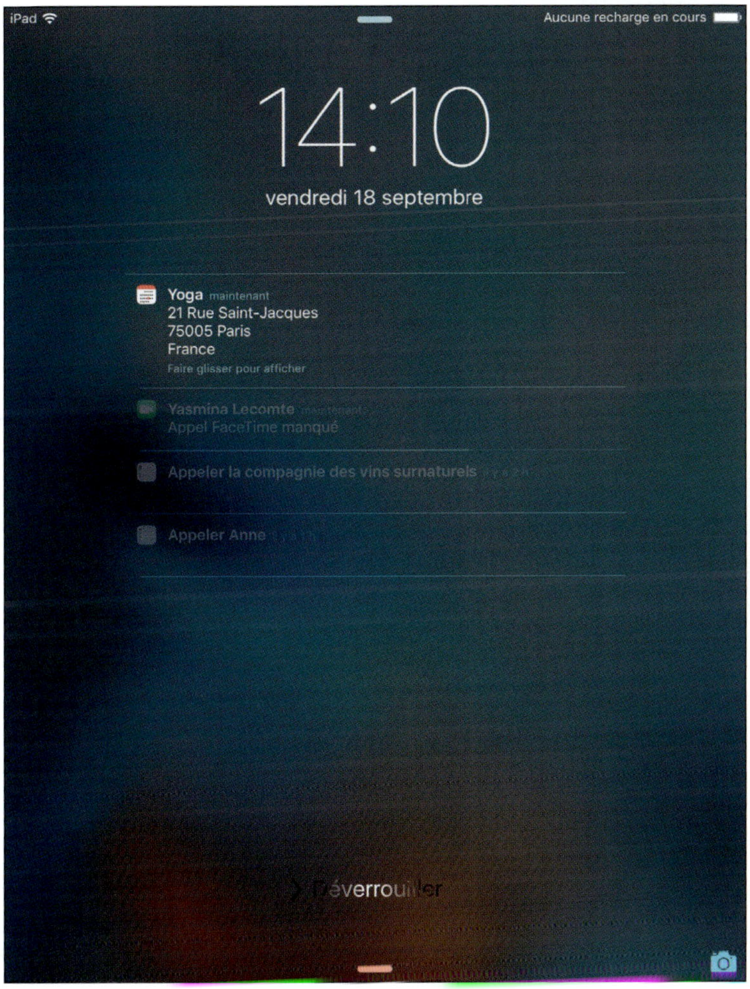

Lorsque l'iPad est en cours d'utilisation, les messages peuvent apparaître discrètement, pendant quelques secondes, en haut de l'écran, pour ne pas interrompre le travail en cours : ce sont les notifications de type **bannières**. Vous pouvez toucher la notification pour voir l'élément concerné ou l'ignorer pour y revenir plus tard.

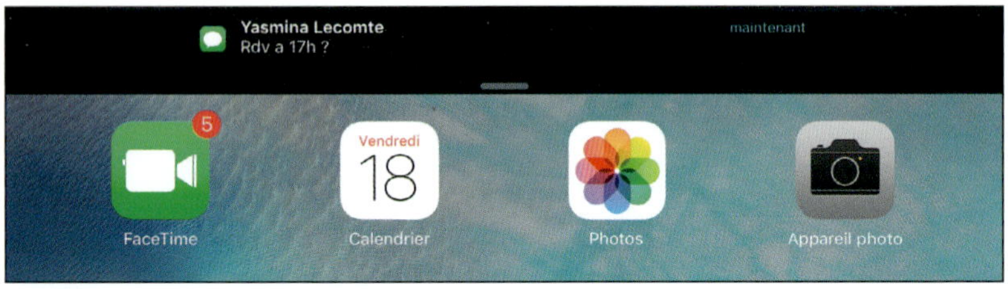

Les notifications peuvent aussi s'afficher sous la forme d'une fenêtre avec deux boutons, l'un permettant d'ouvrir l'élément et l'autre de fermer la fenêtre : ce sont les **alertes**.

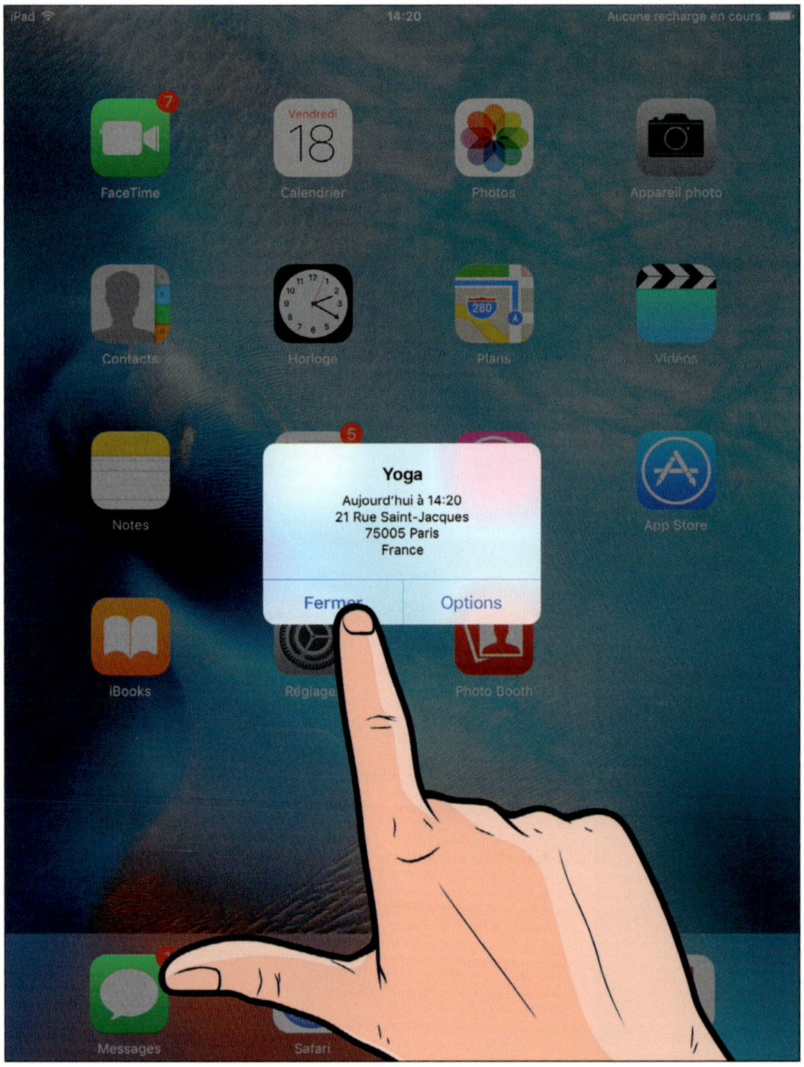

Les **pastilles**, quant à elles, sont beaucoup plus discrètes. Tant qu'une notification d'une application donnée n'a pas été vue, une pastille rouge avec le nombre d'éléments à consulter apparaît sur l'icône de l'application. Il suffit alors de toucher l'icône pour afficher les nouveaux éléments et la pastille disparaît.

Certaines applications affichent des alertes et des pastilles, certaines uniquement des alertes, d'autres uniquement des pastilles.

Le Centre de notifications

Comme vous le constaterez, les notifications sous forme d'alertes apparaissent et disparaissent parfois trop rapidement de l'écran pour vous laisser le temps d'agir. Retrouvez ces notifications après leur affichage initial grâce au Centre de notifications. Le **Centre de notifications** regroupe toutes les informations importantes que souhaite vous communiquer votre iPad : alertes reçues, appels manqués, mais aussi, à travers la section **Aujourd'hui**, les notifications et évènements de la journée. Ce sont les différentes applications de votre iPad qui envoient ces notifications.

1. À tout moment, sur l'écran déverrouillé, touchez la barre d'état en haut et faites glisser vers le bas pour faire apparaître le **Centre de notifications**.

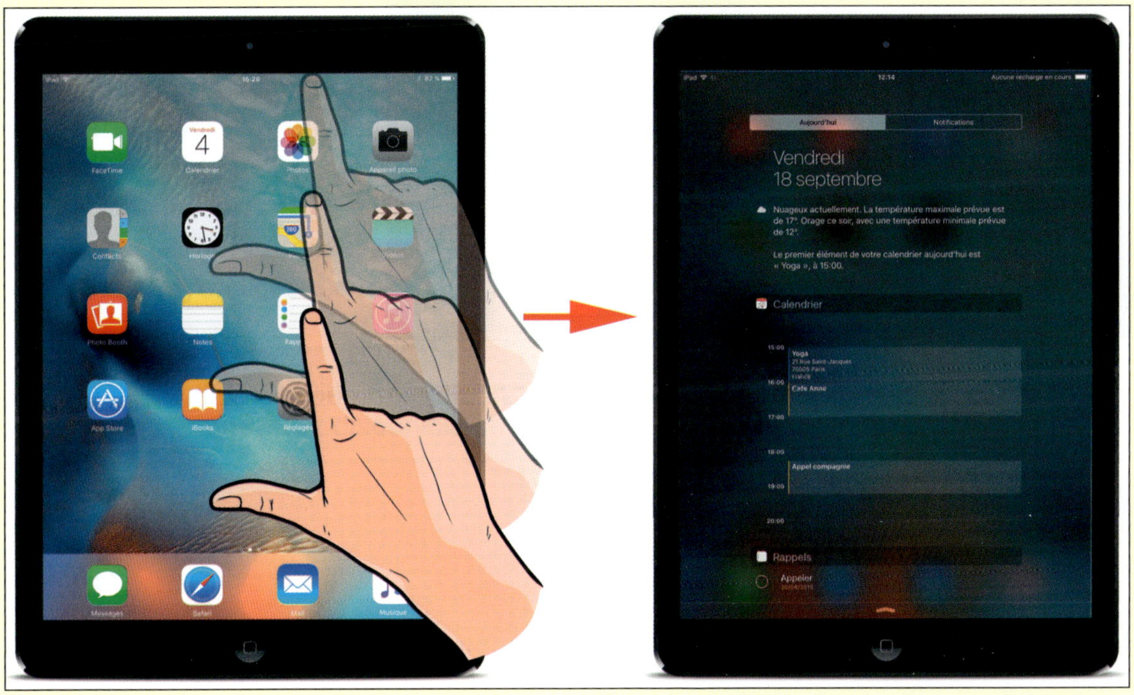

1 Lorsqu'une application est active, faites glisser du bord droit de l'écran vers la gauche : les applications disponibles pour Slide Over s'affichent.

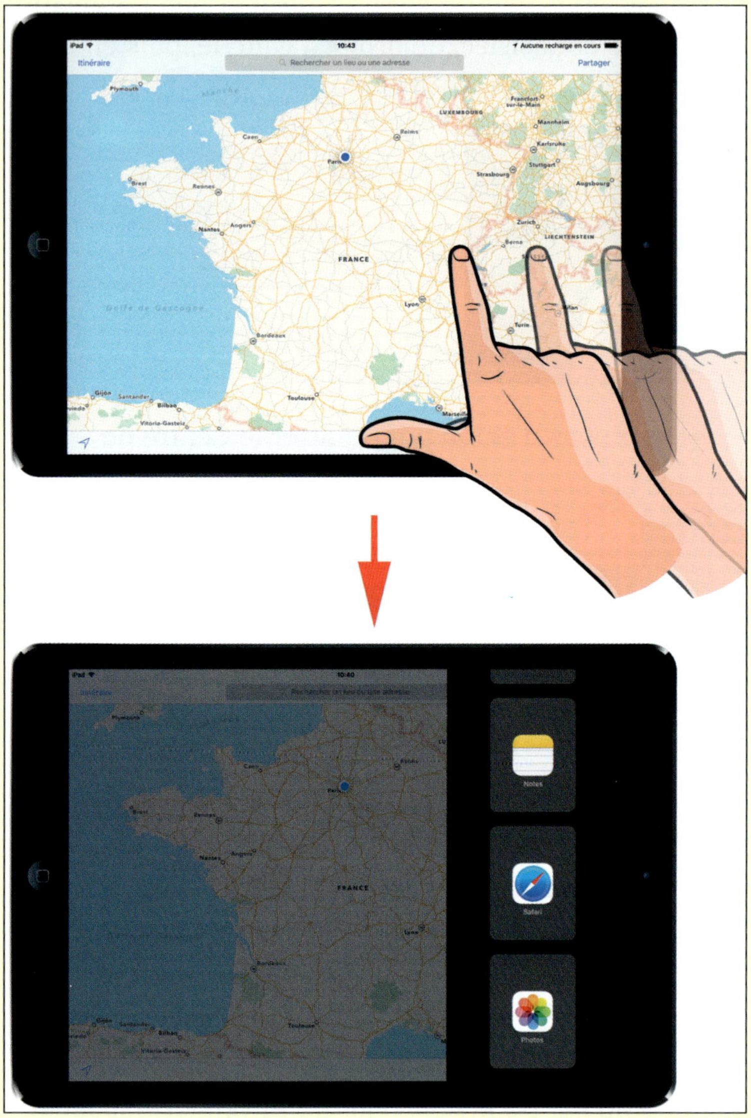

2 Choisissez une application en touchant son icône. Le panneau d'affichage latéral affiche une version « allégée » de l'application concernée mais tout à fait fonctionnelle :

- Touchez **Mail** pour créer un nouveau message ou accéder à votre boîte de réception.
- Touchez **Safari** pour voir un aperçu de la page Web en cours d'affichage dans Safari (celle-ci peut ne pas être très lisible dans la largeur du panneau latéral).
- Touchez **Messages** pour afficher la dernière conversation active dans Messages. Vous pouvez saisir un message et l'envoyer instantanément. Touchez < **Messages** pour revenir à l'ensemble des discussions.

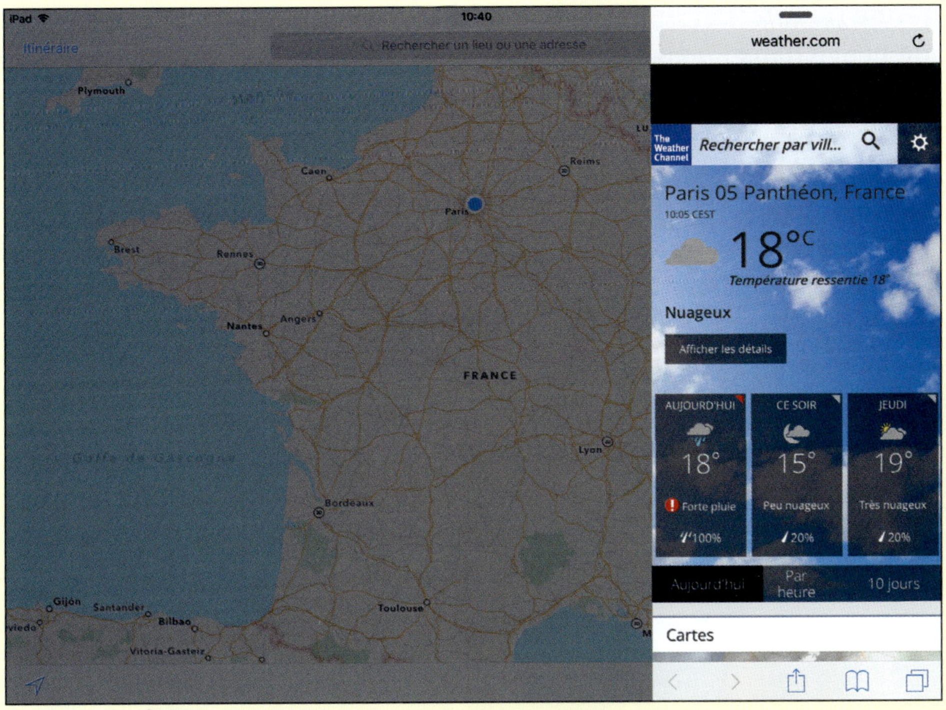

- Touchez **Notes** pour afficher la dernière note active et l'éditer. Touchez < **Notes** pour afficher la liste des notes et éventuellement créer une nouvelle note.
- Touchez **Horloge** pour afficher les horloges programmées, accéder aux alarmes, au chronomètre ou au minuteur.

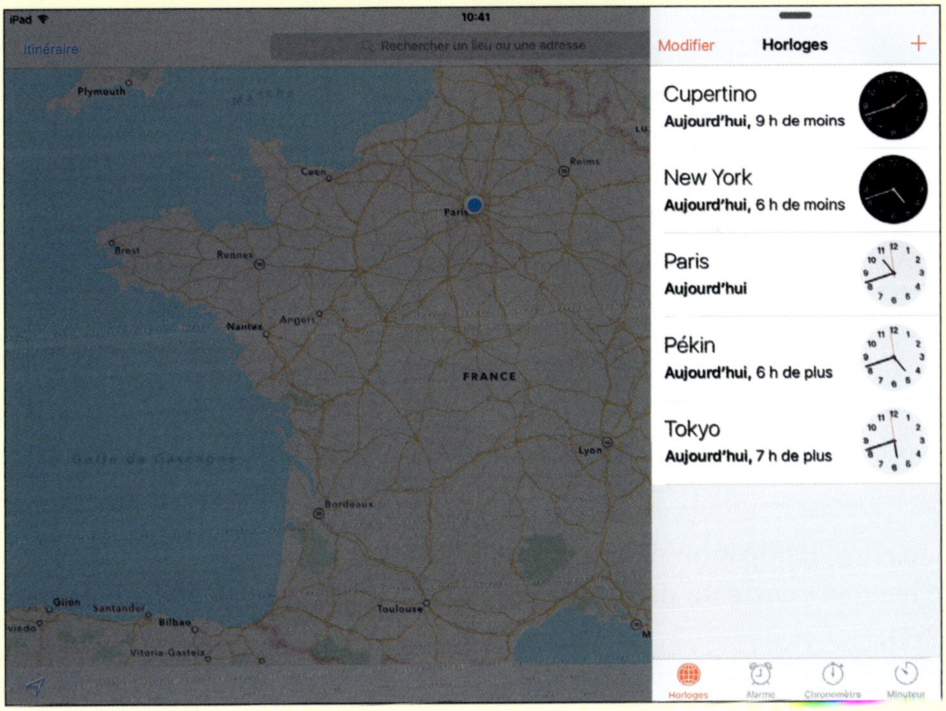

- Touchez **FaceTime** pour lancer une conversation vidéo (notez que vous pouvez aussi utiliser le mode Image dans l'image pour suivre une conversation vidéo en parallèle d'une autre activité sur l'iPad : consultez la section « Image dans l'image » plus loin dans ce chapitre).
- Touchez **Photos** pour afficher votre bibliothèque de photos.
- Touchez **Rappels**, **Calendrier** ou **Contact** pour afficher votre liste de rappels, votre agenda ou votre carnet d'adresses.

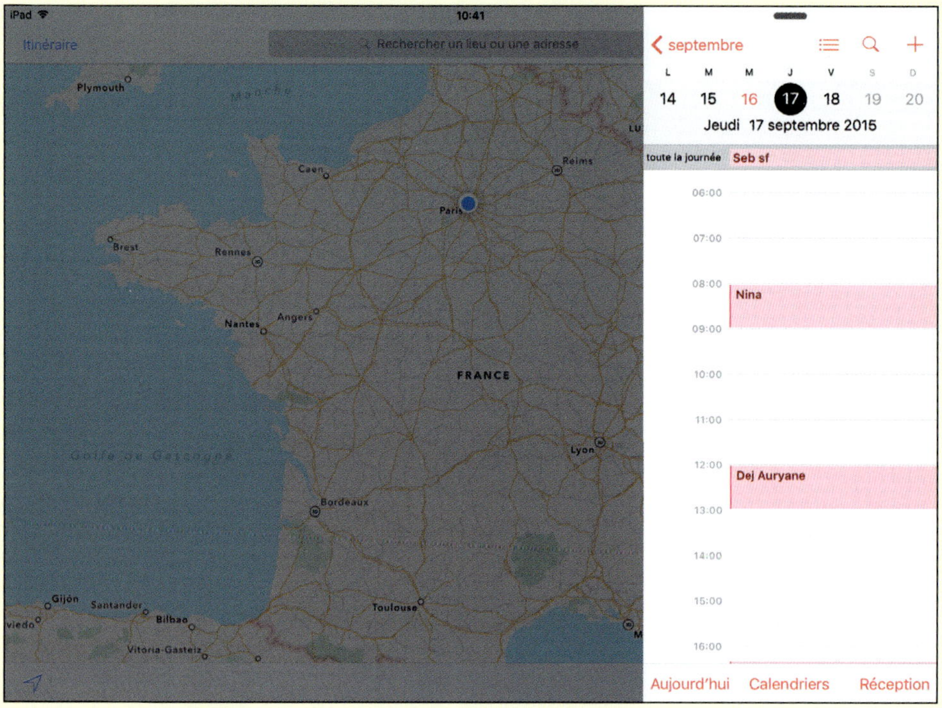

- Touchez **Plans** pour afficher la carte et trouver un lieu, ou calculer un itinéraire.

> Plusieurs autres applications, y compris des applications tierces téléchargées sur l'App Store, seront compatibles avec Slide Over au fil du temps.

3 Lorsque le mode Slide Over est en cours, c'est le panneau latéral qui est actif. L'affichage de l'application en cours d'utilisation est légèrement grisé, mais vous pouvez toujours voir son contenu.

4 Vous pouvez changer d'application dans le panneau latéral à tout moment : faites glisser le curseur situé en haut au centre du panneau vers le bas pour choisir une autre application en mode Slide Over.

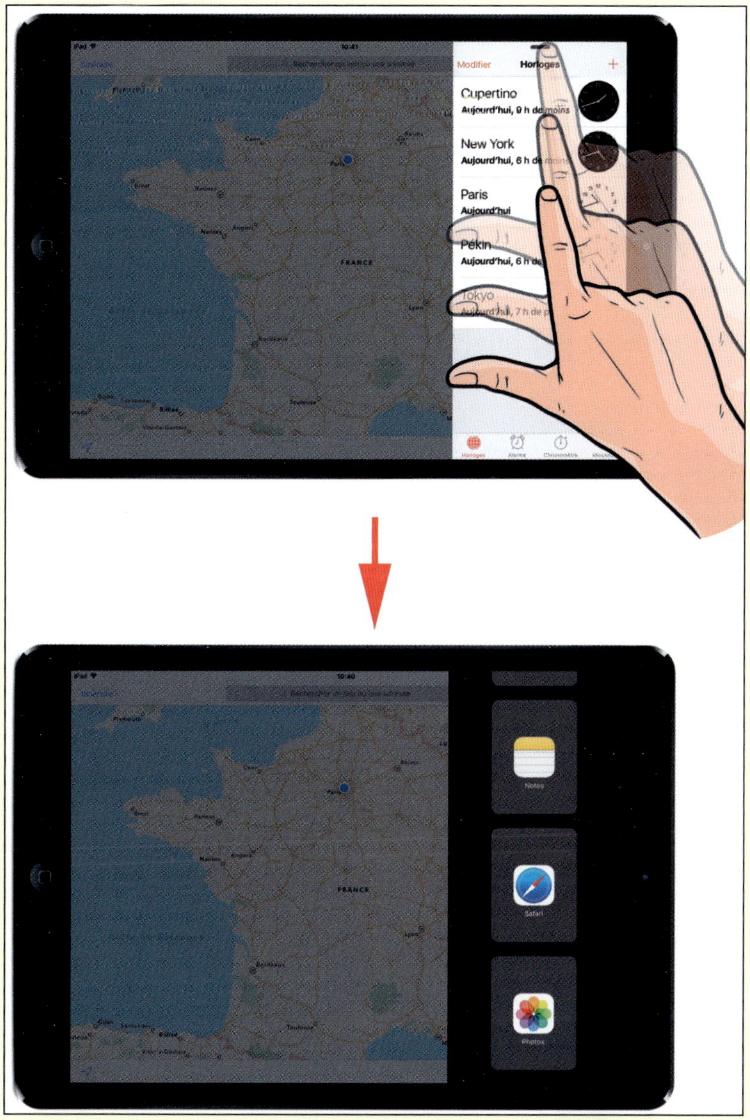

5 Touchez l'écran n'importe où dans la zone de l'application active en arrière-plan pour masquer le panneau latéral et quitter le mode Slive Over.

> Rappel : Slide Over n'est compatible qu'avec les iPad Air 1/2 et iPad mini 2/3 et versions supérieures.

Split View

Split View permet de tirer parti de toute la largeur de l'écran de votre iPad pour utiliser simultanément deux applications. Oui, vous avez bien lu : il s'agit ici d'utiliser réellement deux applications en même temps. L'iPad est désormais enfin vraiment multitâche (jusqu'ici, plusieurs applications pouvaient bien fonctionner simultanément, mais il n'y avait toujours qu'une seule application visible à l'écran, et toutes les autres en arrière-plan). Vous pouvez scinder l'écran au tiers ou à 50 %. Et vous pouvez même faire glisser des éléments d'une application vers une autre !

1. Pour activer le mode Split View, commencez par ouvrir le panneau Slide Over, comme expliqué à la section précédente.

2 Le curseur blanc apparaît sur la ligne de délimitation du panneau, uniquement si votre iPad prend en charge le mode Split View.

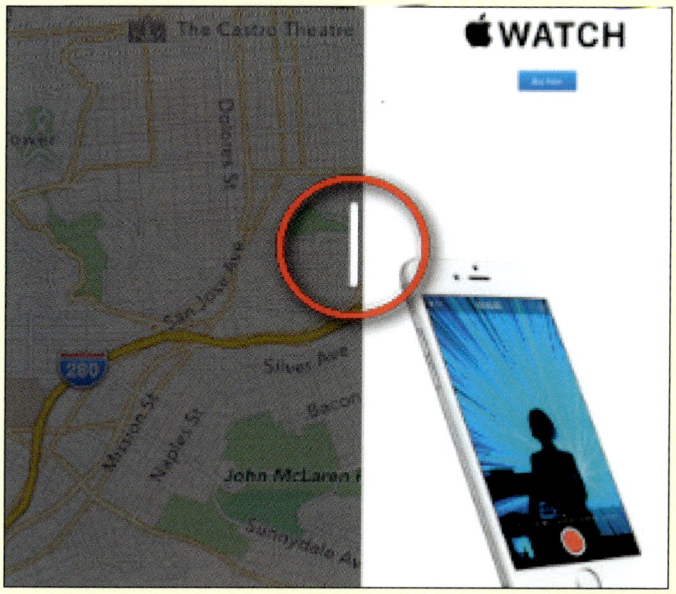

3 Faites glisser le curseur blanc vers la gauche. Vous pouvez faire glisser afin de scinder l'écran au tiers ou à moitié. L'iPad passe en mode Split View : les deux applications sont désormais actives, dans leur panneau respectif, et en vue compacte. Notez toutefois que l'application principale, celle qui se trouve dans le panneau de gauche, est celle qui conserve ses fonctionnalités complètes. L'autre application propose des fonctionnalités réduites. Pour faire de l'application secondaire l'application principale, faites glisser le curseur blanc Split View complètement à gauche.

Rappel : Split View est uniquement disponible sur iPad Air 2 et versions supérieures.

Image dans l'image

Si vous utilisez l'application iPad ou iPhone **YouTube**, ou si vous possédez une télévision dotée d'une fonctionnalité **Image dans l'image** (aussi connue sous le nom de *Picture in picture* ou *PiP*), ce mode vous semblera familier : il permet de regarder une vidéo en format vignette dans un coin de l'écran tandis que vous continuez à faire autre chose avec une autre application en arrière-plan. Disponible depuis la dernière mise à jour d'iOS seulement, Image dans l'image fonctionne avec FaceTime et Vidéos, permettant ainsi de mener une conversation de visioconférence ou de lire une vidéo tout en utilisant votre iPad.

Pour l'utiliser :

1 Lancez une vidéo ou une conversation FaceTime.

2 Touchez le bouton . La vidéo est réduite et s'affiche dans un coin de l'écran.

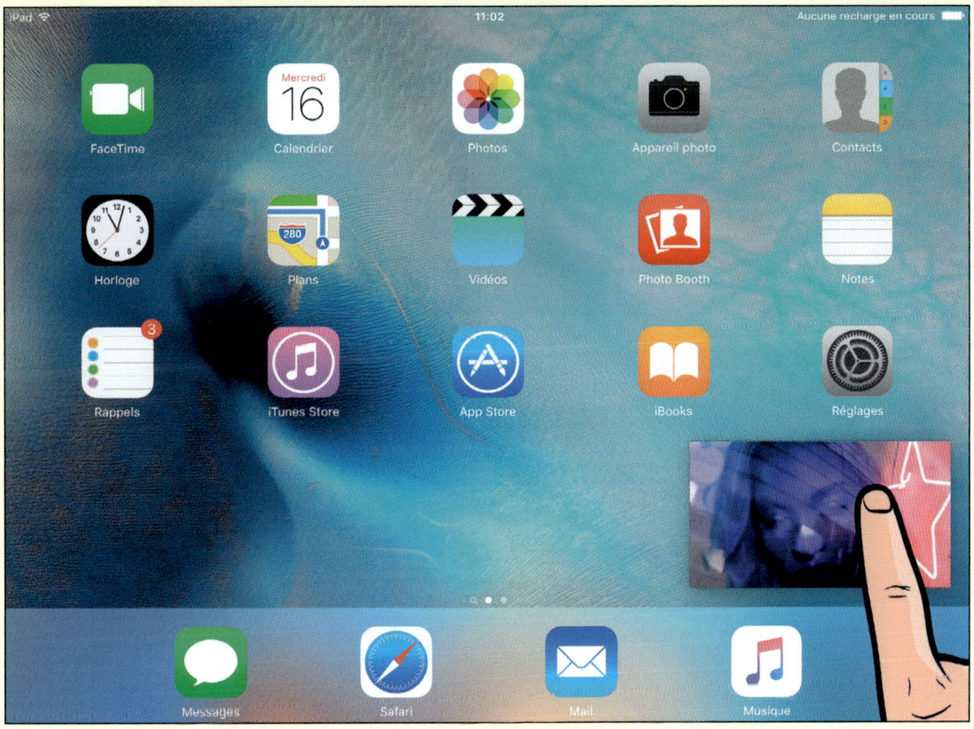

3 Vous pouvez revenir à l'écran d'accueil, lancer une autre application, *etc.* La vignette reste visible à l'écran et la vidéo en lecture. Touchez la vignette et faites glisser pour la positionner dans un des autres coins de l'écran.

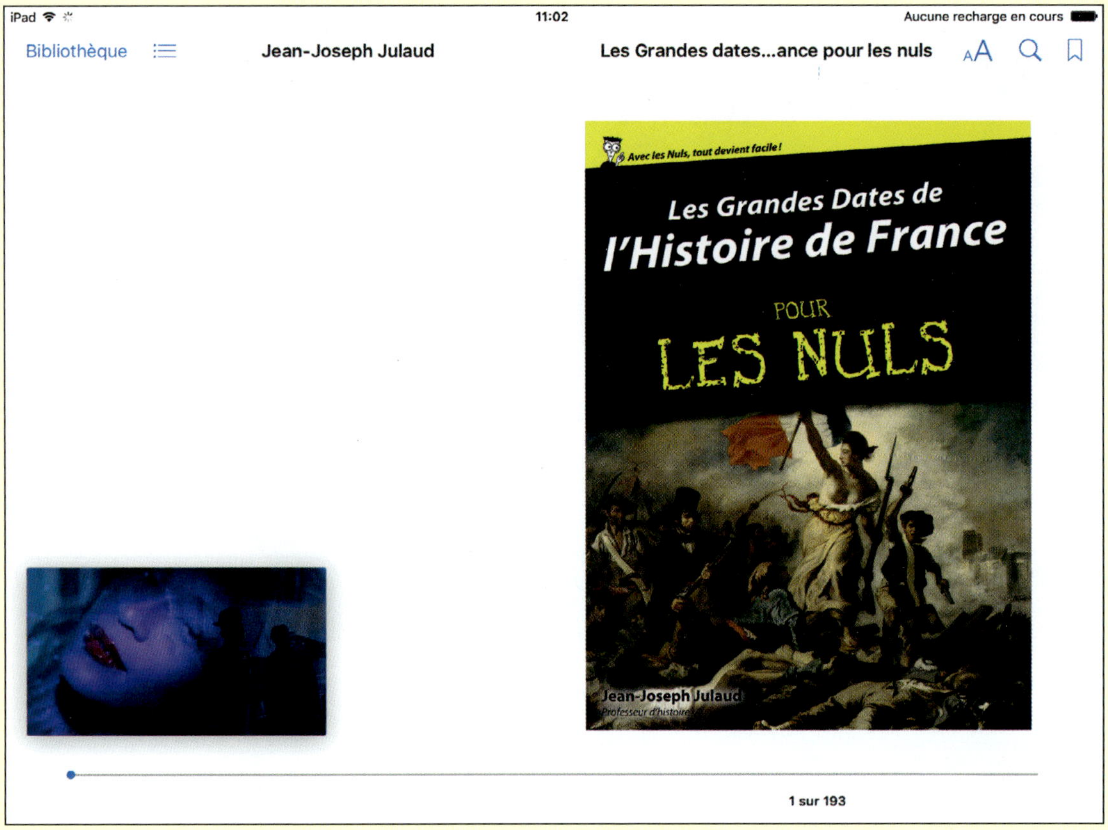

4 Touchez la vignette pour faire apparaître les contrôles de lecture. Touchez le bouton pour revenir à l'affichage de la vidéo en plein écran. Touchez le bouton pour mettre la lecture en pause et pour reprendre la lecture. Touchez le bouton pour interrompre la lecture et fermer la vignette.

5 Si vous verrouillez manuellement votre iPad, la lecture de la vidéo s'interrompt et les contrôles sont visibles sur l'écran verrouillé. La vidéo en mode Image dans l'image reprendra lorsque vous déverrouillerez l'iPad.

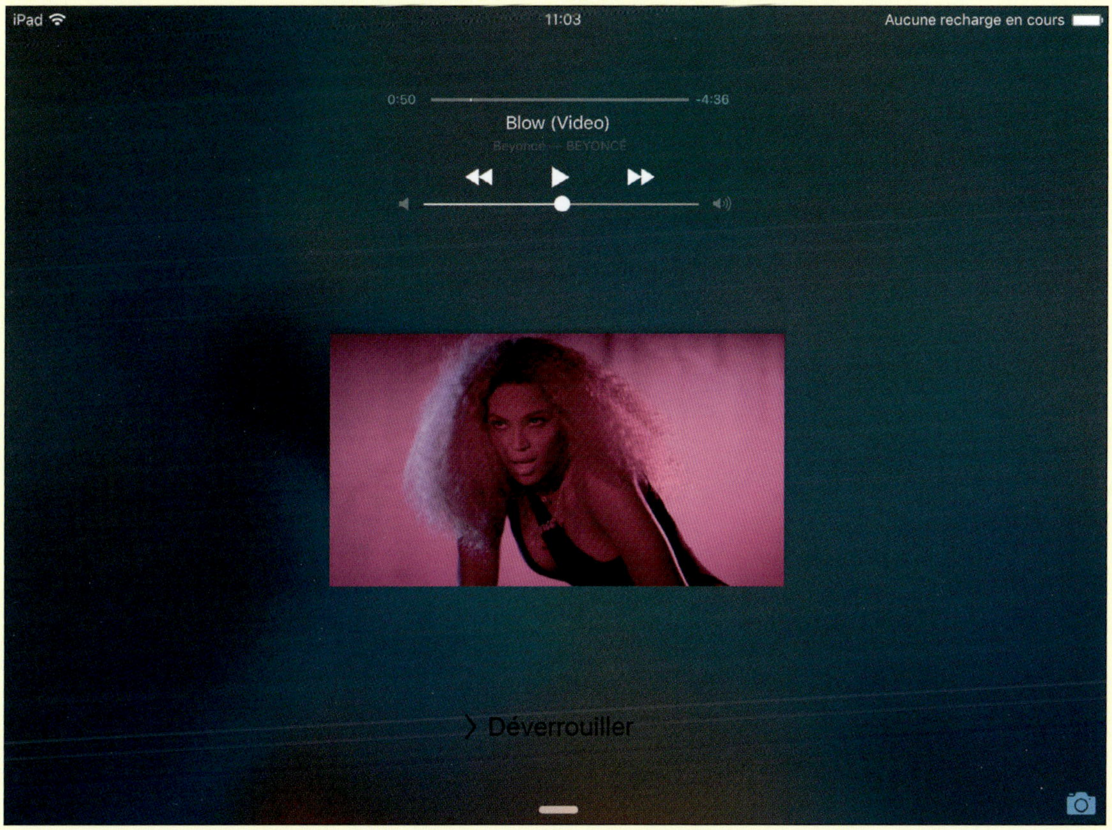

Explorer le Web avec Safari

3

Quoi de plus agréable que de surfer sur Internet avec l'iPad sur les genoux, confortablement installé dans un fauteuil ou à la terrasse d'un café ? Accéder au Web avec l'iPad et naviguer du bout des doigts est une expérience bien différente de celle que vous avez vécue jusqu'ici sur un ordinateur « classique » !

Dans ce chapitre :

- Embarquer pour le Web !
- Naviguer à l'aide de plusieurs fenêtres
- Utiliser les signets, l'historique et la liste de lecture
- Activer la navigation privée
- Partager une page Web
- Des astuces pour Safari

Embarquer pour le Web !

La navigation sur Internet se fait *via* l'application **Safari**, dont l'icône se trouve par défaut en haut dans le dock de lancement rapide. La manière la plus simple et la plus rapide d'accéder à un site Web est d'afficher sa page d'accueil à l'aide de Safari. Vous devez bien entendu connaître précisément l'adresse du site Web.

Afficher une page Web

1. Lancez **Safari** en touchant son icône.

2. L'application **Safari** s'ouvre. Des suggestions de sites et vos signets favoris sont accessibles directement depuis cette fenêtre : touchez une icône pour lancer le site.

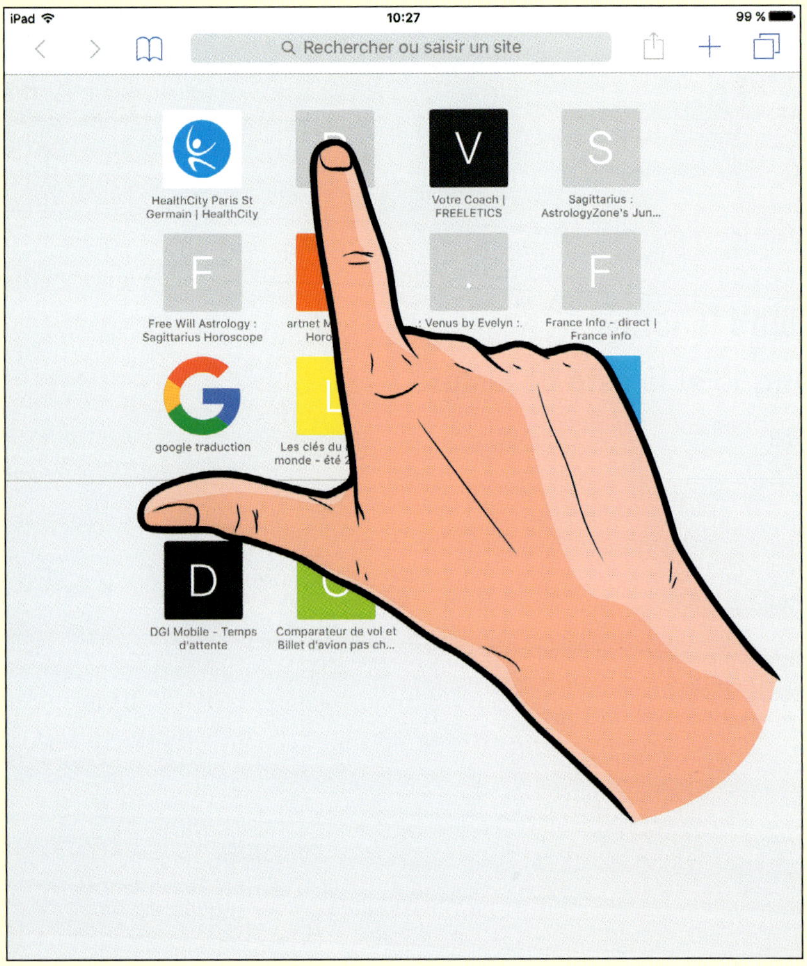

3 Touchez la zone **Recherche ou adresse** (si elle n'est pas visible, touchez la barre d'état en haut de l'écran). Ce champ permet à la fois de rechercher des pages et de saisir des adresses Web.

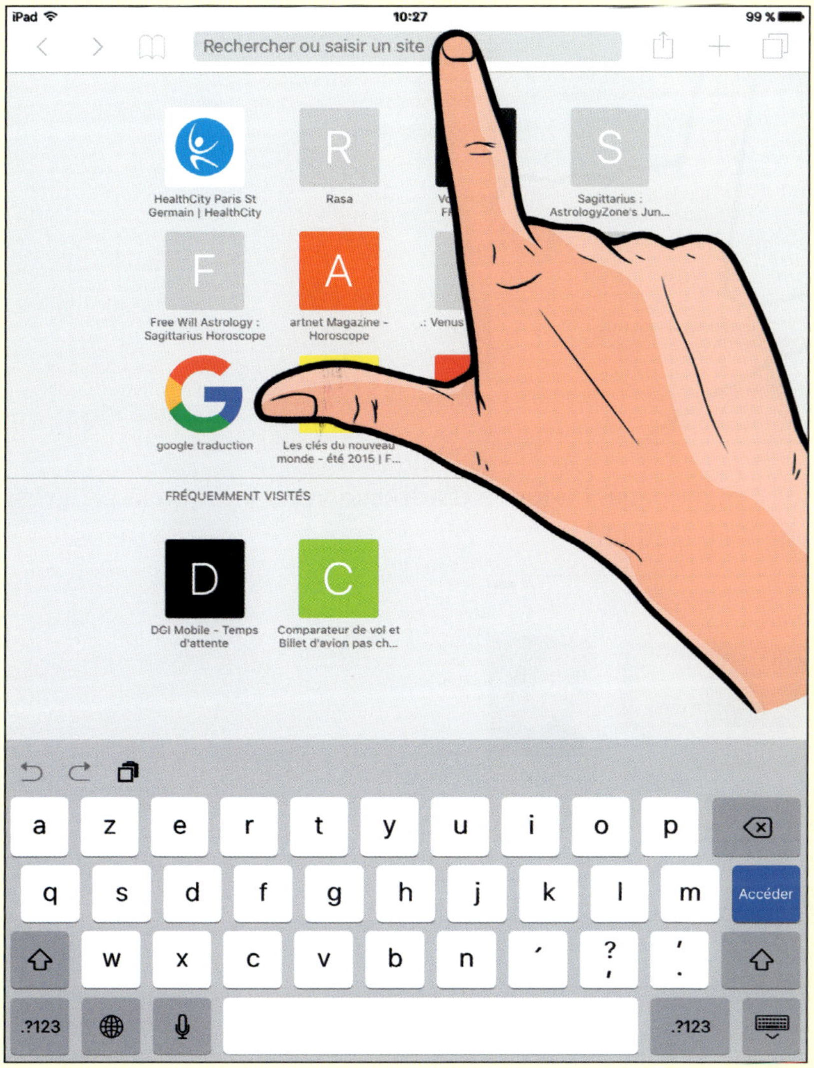

4 Saisissez l'adresse du site Web à afficher ou les mots-clés à rechercher. Plusieurs types de résultats vous sont proposés : **Safari** effectue une « recherche intelligente » en analysant vos signets et l'historique récent, et les premiers résultats de la recherche sur Google. Vous pouvez toucher une de ces suggestions pour y accéder directement. Si le site Web à afficher ne figure pas dans la liste, continuez à saisir l'adresse puis touchez **Accéder**.

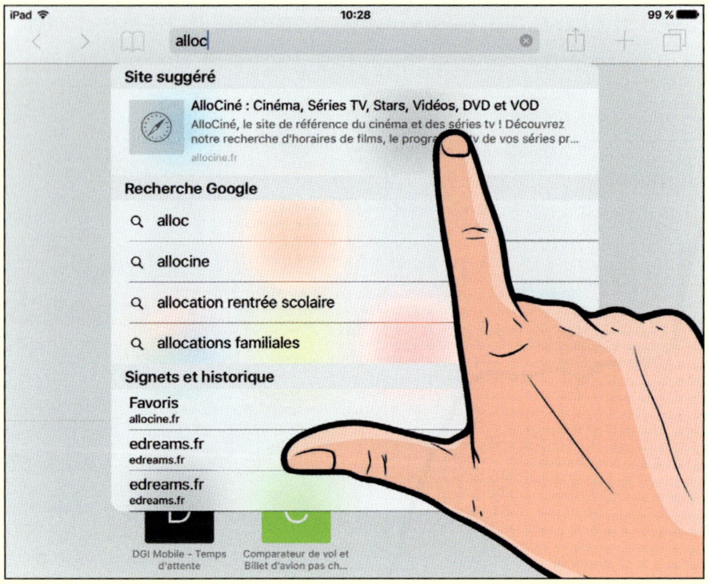

5 Patientez pendant le chargement de la page. La barre d'adresse vous indique la progression du chargement en bleu. La page Web s'affiche.

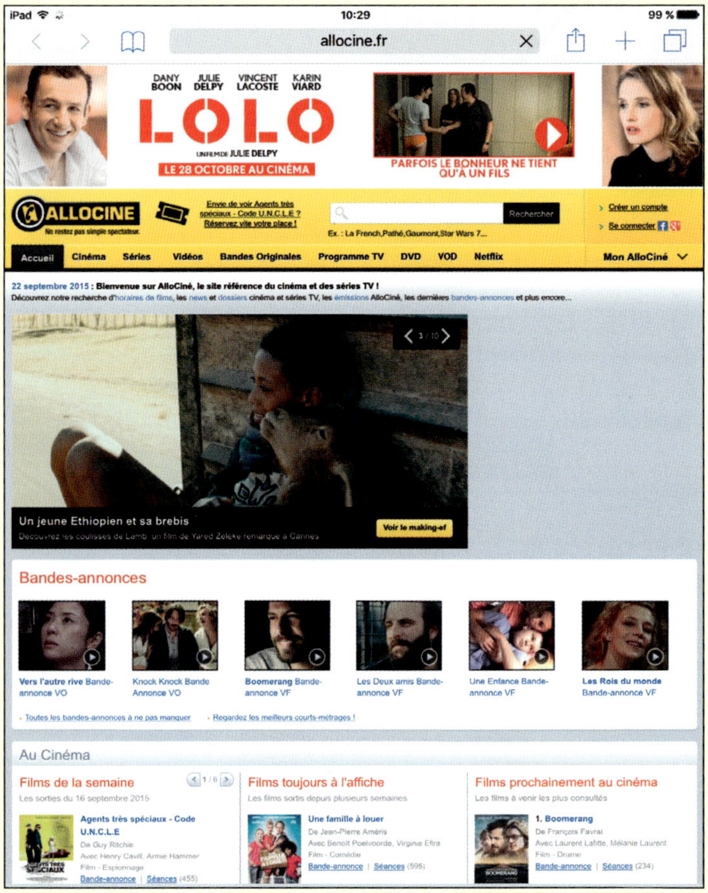

6 Vous pouvez aussi saisir des mots-clés en lieu et place d'une adresse puis toucher **Accéder** sur le clavier en bas d'écran pour lancer une recherche Google.

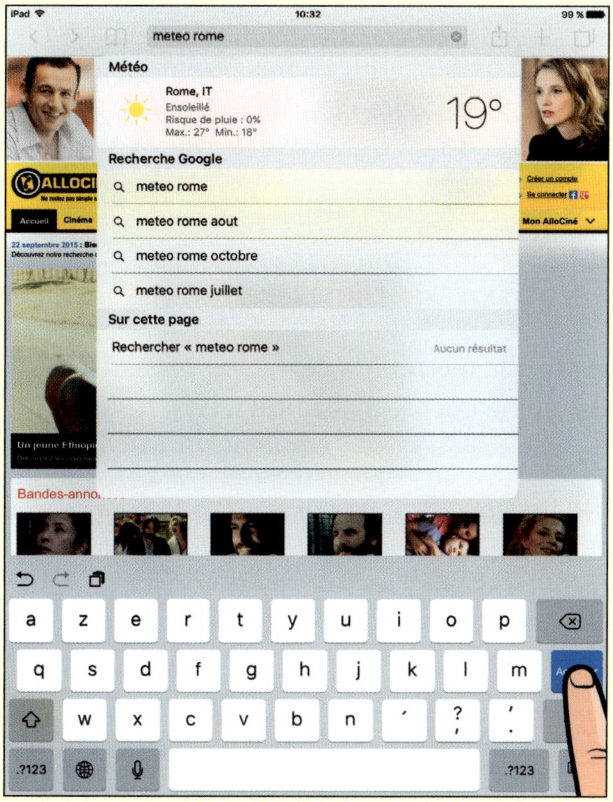

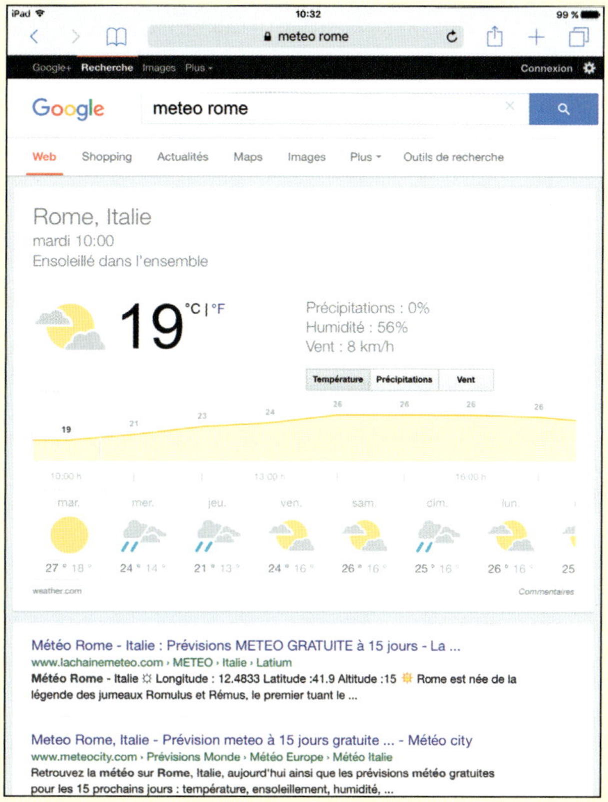

7 Consultez l'image ci-dessous pour connaître les fonctions des boutons de la barre d'outils :

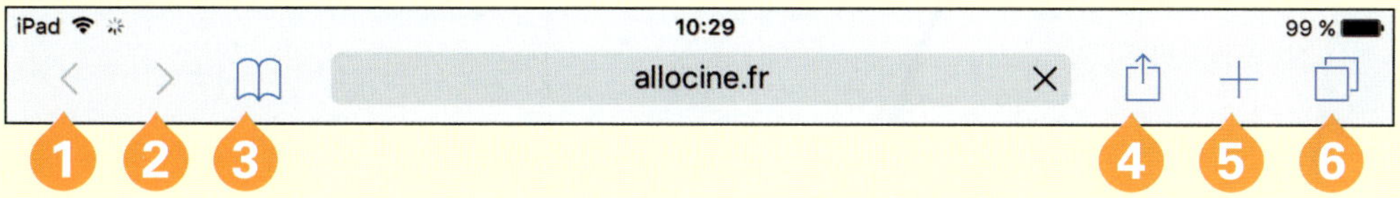

1 Page précédente

2 Page suivante

3 Signets et historique

4 Partager, imprimer ou ajouter aux signets ou à la liste de lecture

5 Ouvrir une nouvelle page

6 Autres pages

> Une seule différence notable existe bel et bien entre l'accès au Web sur n'importe quel ordinateur et celui sur l'iPad (en dehors du côté tactile de la manipulation) : le contenu Flash. Essentiellement utilisé pour des animations ou certains formats vidéo, le format Flash n'est pas pris en charge par l'iPad. Il ne s'agit pas là d'une limite technique, mais d'un choix stratégique de la part d'Apple. Dommage pour les utilisateurs car, en lieu et place de tout contenu Flash, vous aurez droit à un message d'erreur ou un espace vide dans la page.

Afficher une page Web optimisée pour la lecture

Safari est capable d'afficher une version optimisée pour la lecture de certaines pages Web, mettant l'accent sur le texte de la page, et supprimant par la même occasion les publicités. Il s'agit du mode Lecteur.

1 Lorsque la page Web affichée est concernée, le bouton ≡ apparaît dans la barre d'adresse. Touchez ce bouton pour afficher la page en mode **Lecteur**.

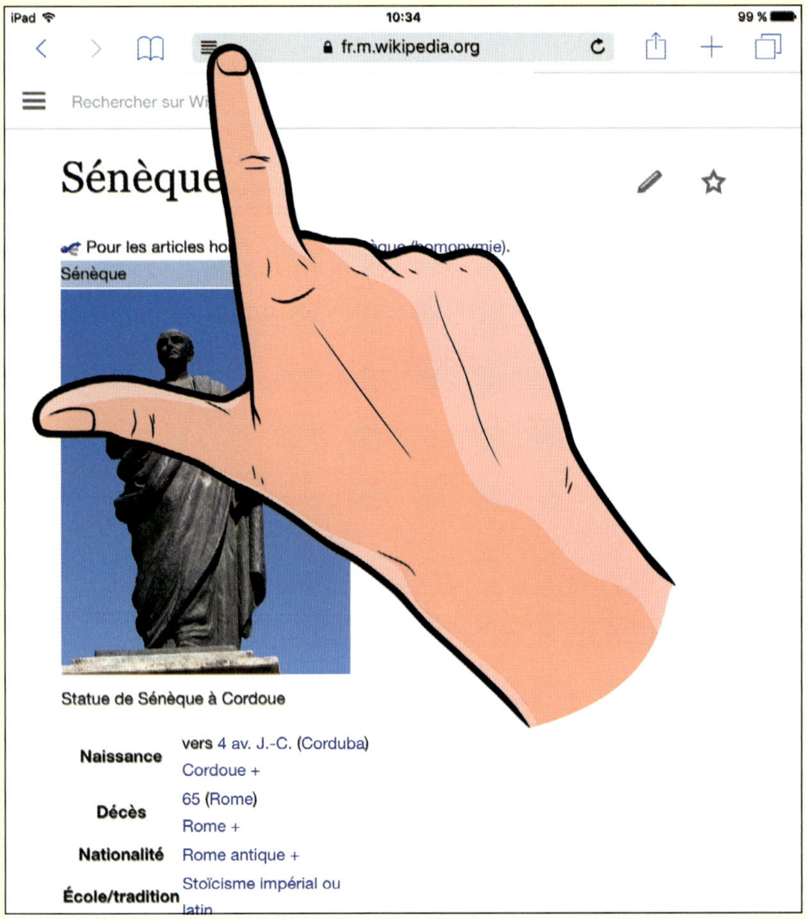

2 La page s'affiche en mode Lecteur, sans fioritures, optimisée pour la lecture et la navigation sur l'écran de l'iPad.

iPad 10:35 99 %

fr.m.wikipedia.org

Sénèque

Sénèque (en latin *Lucius Annaeus Seneca*), né dans l'actuelle Cordoue au sud de l'Espagne entre l'an 4 av. J.-C. et l'an 1 ap. J.-C., mort le 12 avril 65 ap. J.-C., est un philosophe de l'école stoïcienne, un dramaturge et un homme d'État romain du Ier siècle. Il est parfois nommé **Sénèque le Philosophe**, **Sénèque le Tragique** ou **Sénèque le Jeune** pour le distinguer de son père, Sénèque l'Ancien.

Conseiller à la cour impériale sous Caligula et précepteur de Néron, Sénèque joue un rôle important de conseiller auprès de ce dernier avant d'être discrédité et acculé au suicide. Ses traités philosophiques comme *De la colère*, *De la vie heureuse* ou *De la brièveté de la vie*, et surtout ses *Lettres à Lucilius* exposent ses conceptions philosophiques stoïciennes. Pour lui :

> « Le souverain bien c'est une âme qui méprise les événements extérieurs et se réjouit par la vertu.[1] »

Ses tragédies constituent l'un des meilleurs exemples du théâtre tragique latin avec des œuvres qui nourriront le théâtre classique français du XVIIe siècle comme *Médée*, *Œdipe* ou *Phèdre*.

Biographie

Sénèque est né à Corduba en Bétique (actuelle Andalousie). La date précise de sa naissance n'est pas connue, mais on la situe habituellement entre l'an 4 av. J.-C. et 1 ap. J.-C.[2]. Sa famille n'était pas espagnole, mais semble avoir été originaire d'Italie du Nord[3],[4]. Il était le deuxième fils d'Helvia et de Marcus Lucius Annaeus Seneca (dit « Sénèque l'Ancien »), un rhéteur aisé de rang équestre. Gallion, son frère aîné, fut proconsul d'Achaïe à

Sénèque (Antikensammlung

Si certaines publicités peuvent être masquées en mode Lecteur, il ne s'agit pas à proprement parler d'un blocage de la publicité. Pour cela, vous devez installer une application spécifique : consultez la fin de ce chapitre pour plus d'informations.

3 Touchez à nouveau le bouton ≡ pour quitter le mode Lecteur.

5 Vous pouvez aussi fermer une fenêtre en touchant la croix située dans l'onglet.

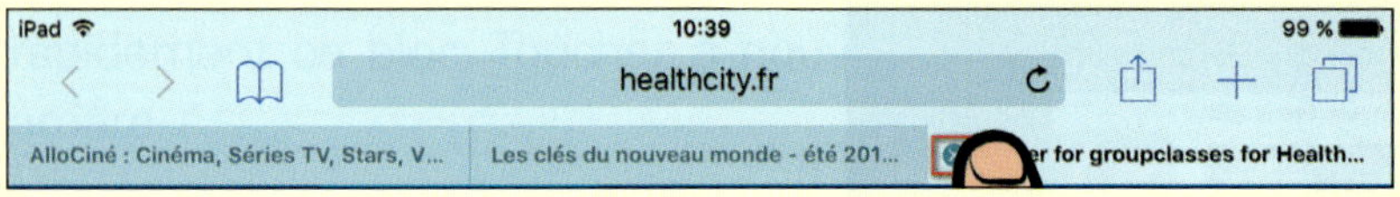

Le bouton **Privée** permet d'activer la navigation privée, c'est-à-dire sans enregistrement dans l'historique. Consultez les sections qui suivent pour plus d'informations à ce sujet.

Utiliser les signets, l'historique et la liste de lecture

Dans **Safari**, vos sites préférés sont appelés « signets ». Il existe d'autres possibilités pour conserver une trace d'une page intéressante (la liste de lecture) ou accéder aux sites que vous visitez souvent (l'historique).

Ajouter une page Web aux signets

Pour ajouter une page Web aux signets, cette dernière doit d'abord être affichée dans **Safari**. Toute page peut être ajoutée aux signets.

1 Touchez dans la barre en haut d'écran.

2 Touchez .

3 Dans la fenêtre **Ajouter un signet**, touchez éventuellement la première ligne pour modifier le titre du signet. Touchez **Lieu** pour choisir un sous-dossier. Les nouveaux signets sont enregistrés par défaut dans vos signets favoris et ainsi accessibles rapidement depuis l'accueil de **Safari**.

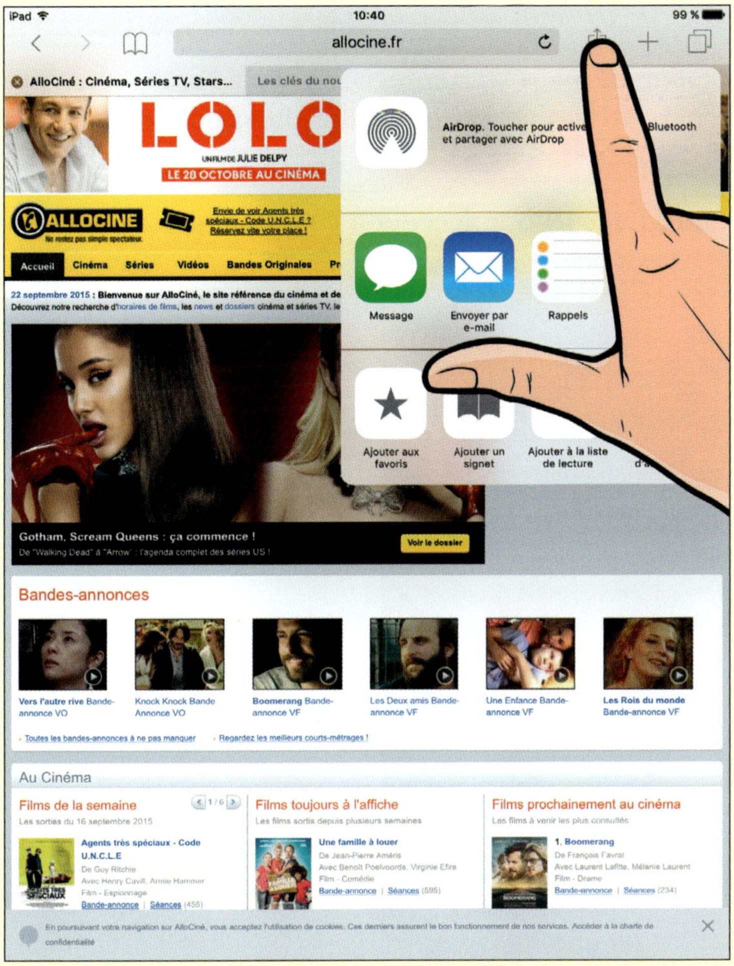

4 Touchez **Enregistrer** pour sauvegarder le signet.

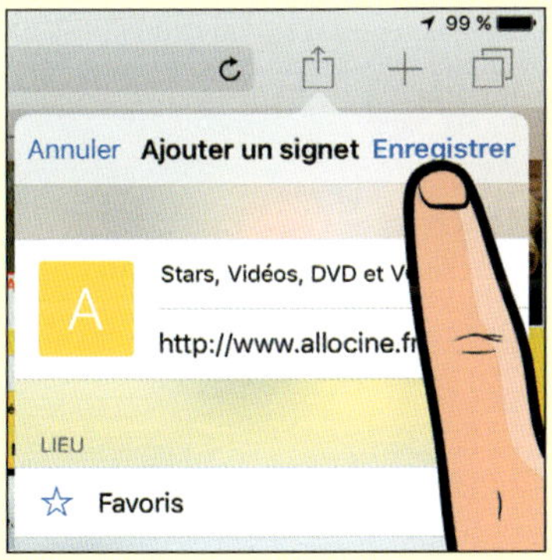

Les sites enregistrés dans vos signets favoris bénéficient aussi d'une icône sous la barre d'adresse et de recherche de **Safari**, pour un accès encore plus rapide. Vous pouvez modifier la liste et même supprimer les sites proposés par défaut par **Safari**. Consultez la section qui suit.

Accéder à une page enregistrée dans les signets

Vous pouvez retrouver et ouvrir à tout moment une page Web enregistrée dans vos signets. Attention ! Le fait qu'elle soit enregistrée dans les signets ne la rend pas disponible hors connexion : l'iPad doit être connecté à Internet.

1 Touchez [icône signets] en haut de la barre d'outils Safari. Pour accéder à vos signets, touchez **Favoris**.

Si vous utilisez **Safari** en tenant votre iPad en orientation paysage, vous remarquerez que le volet **Signets** occupe la partie gauche de l'écran, tout en laissant la page active visible. Cette orientation offre un confort de lecture appréciable.

2. Localisez le signet sous le nom que vous avez choisi.
3. Touchez le signet. La page s'ouvre immédiatement dans **Safari**, remplaçant la page déjà affichée.
4. Pour supprimer l'un des signets ou en modifier l'ordre, touchez le bouton **Modifier** en bas à droite de la liste des signets.
5. Touchez le bouton ⊖ pour effacer un signet. Touchez le bouton ☰ et faites glisser pour en modifier l'ordre. Enfin, touchez le bouton > pour éditer les détails d'un signet.

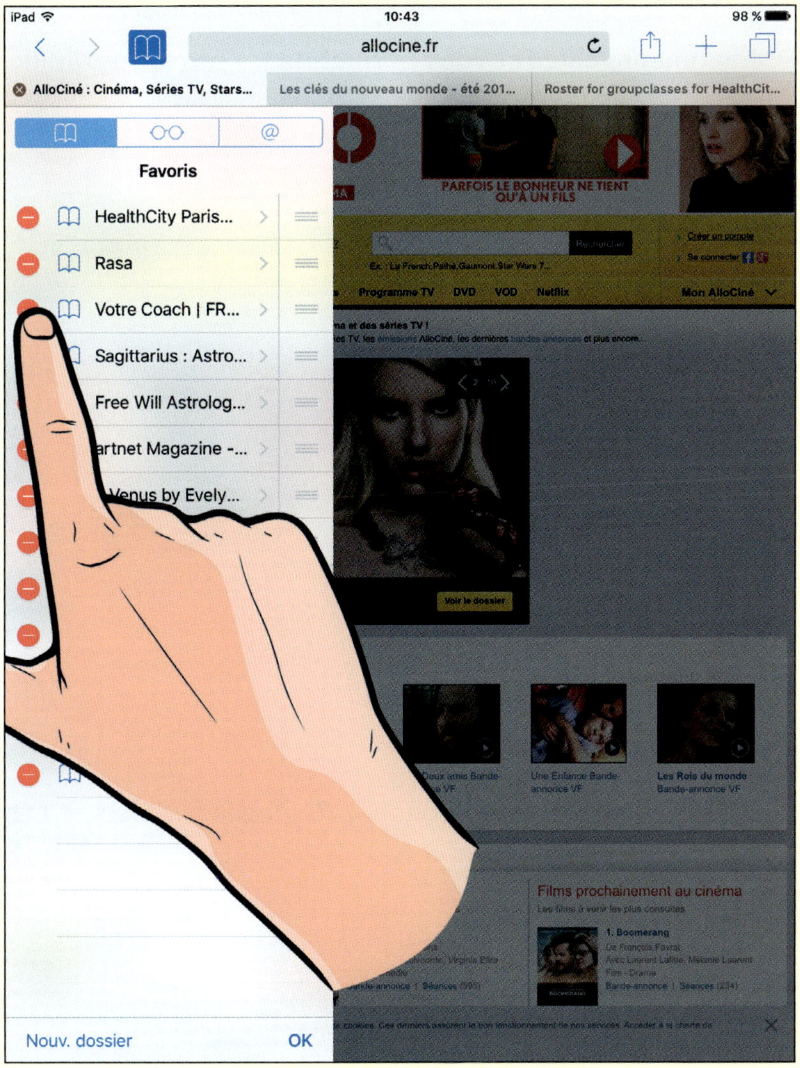

La liste « @ » tient un registre des pages partagées, c'est-à-dire consultées sur vos différents appareils Apple, pour que vous puissiez, par exemple, explorer un site sur l'un d'eux, puis reprendre votre navigation sur un autre. Vous pouvez aussi ajouter manuellement une page aux liens partagés (consultez la section « Partager une page Web » plus loin dans ce chapitre) Touchez le bouton @ pour voir les pages récemment ouvertes sur vos appareils Apple.

Consulter l'historique

Safari enregistre aussi les sites précédemment visités et vous permet de les retrouver rapidement.

1. Touchez dans la barre d'outils de **Safari**.
2. Touchez **Historique**.

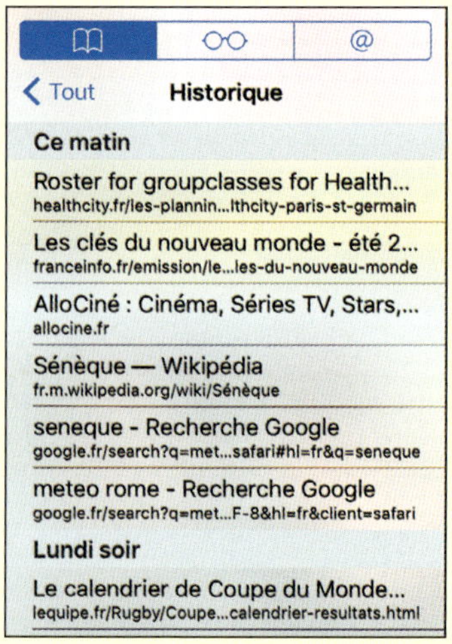

3. Pour effacer l'historique, touchez **Effacer** en bas d'écran.
4. Pour effacer les cookies et les données de navigation, touchez **Réglages** → **Safari** → **Effacer historique et données de site**.

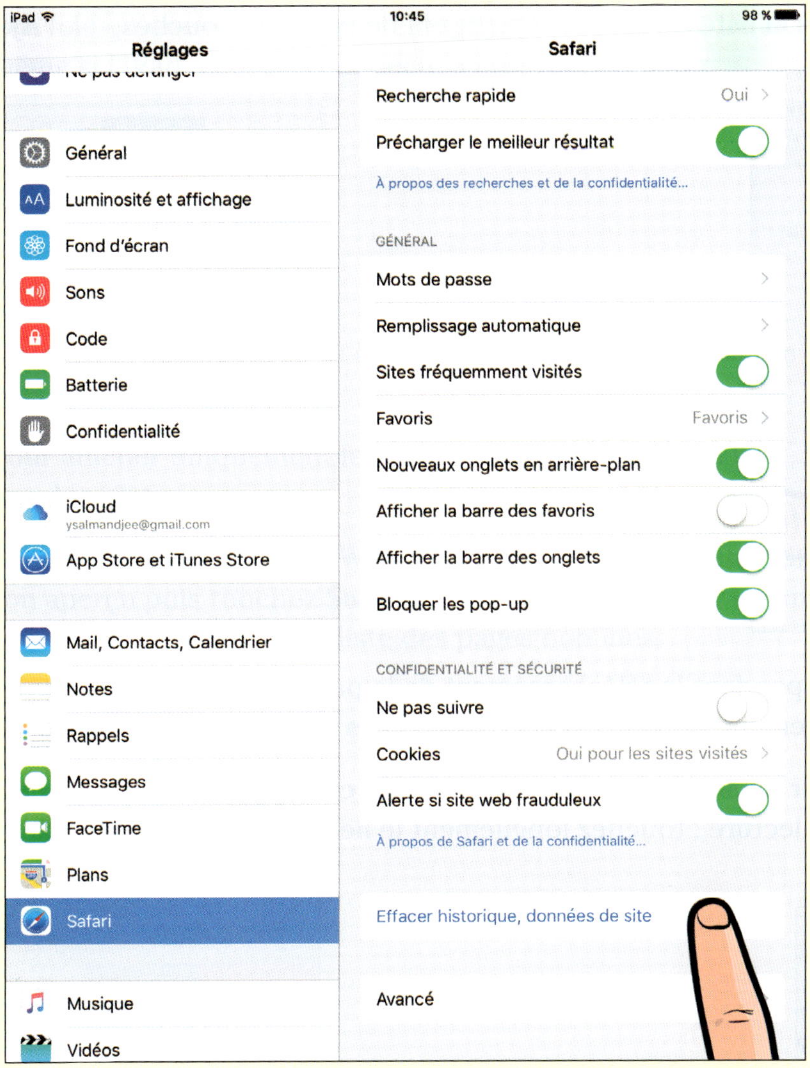

Pensez aussi à activer l'option de navigation privée si vous préférez que **Safari** ne garde plus en mémoire les données et l'historique de navigation à l'avenir. Consultez la section « Activer la navigation privée » pour plus d'informations.

Utiliser la liste de lecture

La liste de lecture permet de « mettre des pages de côté » pour les lire plus tard. Les pages de cette liste sont entièrement enregistrées et disponibles hors connexion (autrement dit, elles sont accessibles même si vous n'avez pas de connexion Internet au moment de leur consultation).

Activer la navigation privée

La navigation privée de **Safari** est un mode de navigation qui empêche l'enregistrement des données personnelles (cookies, mots de passe, *etc.*) et de l'historique.

1 Touchez ⧉ puis **Privée**.

2 Commencez la session de navigation privée. Les fenêtres précédemment ouvertes sont masquées et s'afficheront à nouveau lorsque vous quitterez la navigation privée.

3 Lorsque la navigation privée est activée, les barres Safari apparaissent en noir ou dans une couleur sombre, au lieu d'être bleues ou grises.

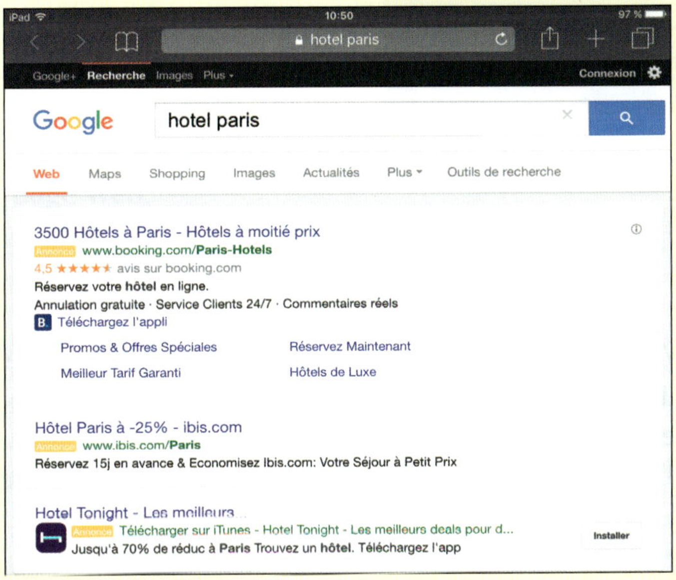

Une fois installée, l'application vous permettra non seulement de bloquer les contenus « indésirables » (plus de 7000 filtres : publicités, sites pour adultes, *etc.*), mais aussi de paramétrer l'affichage des pages Web afin de minimiser la consommation de données, si vous le souhaitez.

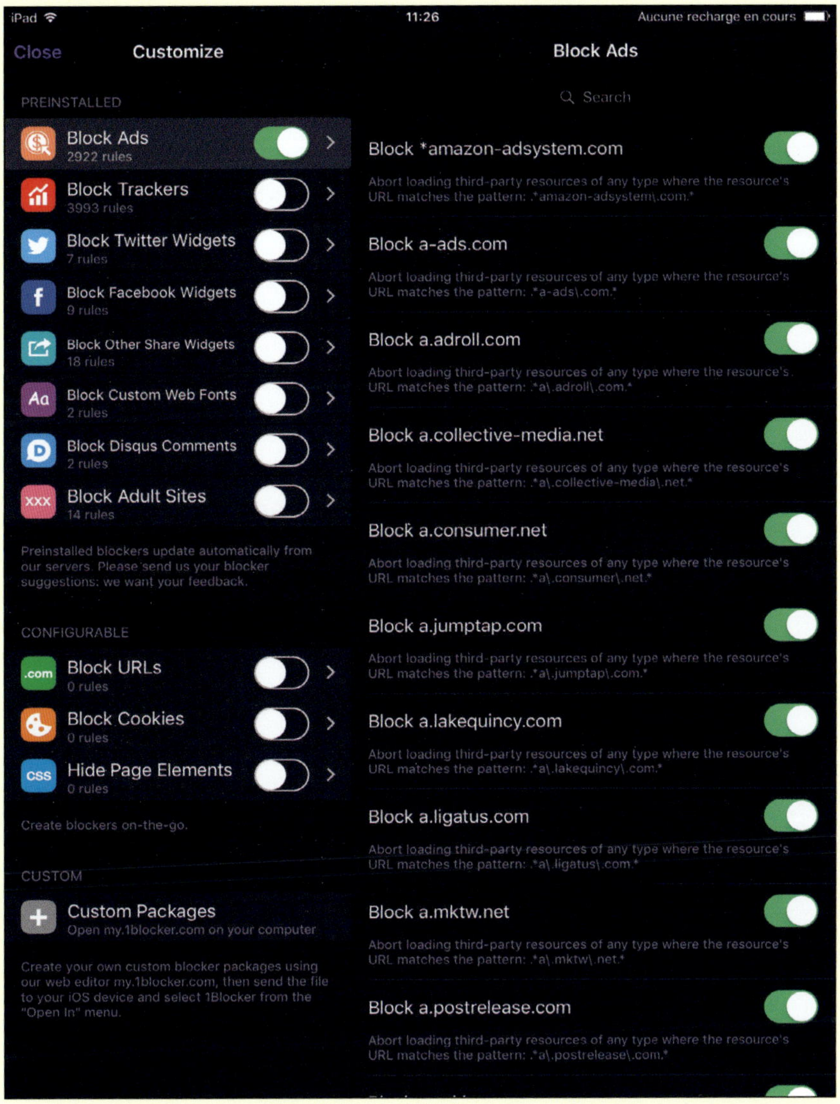

Vous devez autoriser les bloqueurs de contenu dans les réglages de Safari : touchez **Réglages → Safari** puis, dans **Général → Bloqueurs de contenu**, touchez le curseur correspondant à l'application que vous avez installée.

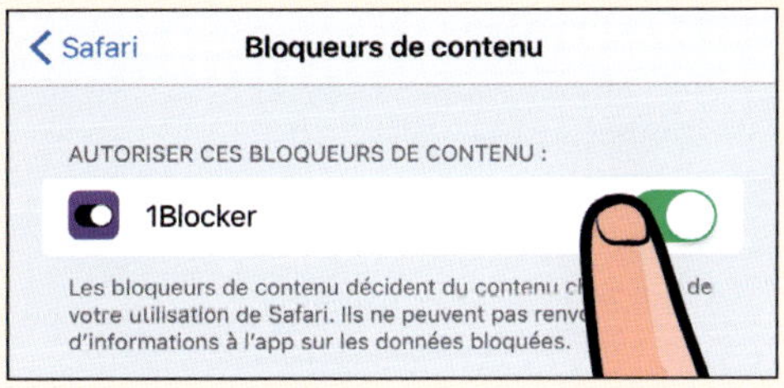

Échanger des courriels avec Mail

4

Consulter votre messagerie électronique depuis l'iPad est chose aisée. Plutôt classique, tout en étant simple et pratique, l'application **Mail** permet, comme son nom l'évoque, d'échanger des courriels (ou e-mails). Elle sert aussi à partager des photos, des vidéos et d'autres éléments depuis votre iPad.

Dans ce chapitre :

- Paramétrer l'application Mail
- Consulter vos e-mails
- Envoyer un e-mail
- Joindre des photos ou des vidéos
- Répondre à un e-mail reçu
- Transférer un e-mail
- Partager des éléments par e-mail
- Ajouter rapidement un expéditeur aux contacts
- Effectuer une recherche dans les e-mails
- Classer, supprimer et marquer des e-mails
- Désactiver ou supprimer une boîte de réception
- Ajuster les options avancées de Mail
- Paramétrer la liste de réception VIP

Paramétrer l'application Mail

Si vous utilisez l'un des principaux prestataires de messagerie (iCloud, Microsoft Exchange, Mobile Me, Gmail, Yahoo!, AOL, Microsoft Hotmail), la configuration de **Mail** est très rapide : les réglages ont déjà été effectués pour l'iPad. Vous pouvez ajouter autant de comptes que vous le souhaitez.

Ajouter un compte de messagerie

1. Touchez **Réglages → Mail, Contacts, Calendrier → Ajouter un compte**. Si aucun compte n'est configuré sur votre iPad, vous pouvez aussi lancer **Mail** et l'écran de paramétrage s'affichera directement.

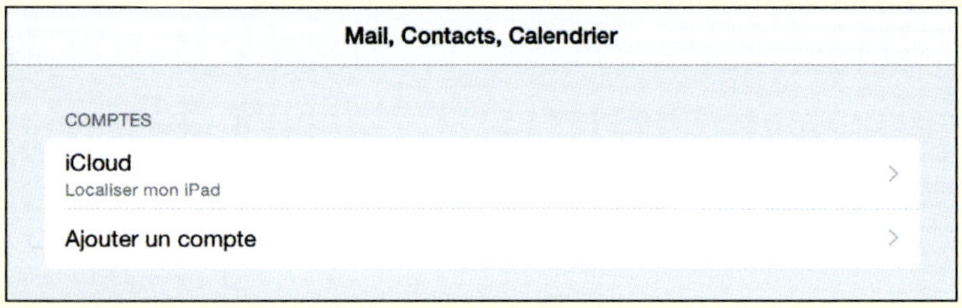

2. Touchez le nom de votre prestataire.

3. Saisissez les informations relatives à votre compte de messagerie : votre nom, l'adresse et le mot de passe. Dans **Nom**, saisissez votre nom complet, tel que vous souhaitez qu'il apparaisse lorsque vous envoyez des courriels.

4. Dans **Description**, choisissez l'intitulé de votre compte, pour le repérer facilement parmi tous vos autres comptes sur votre iPad. Le libellé choisi en tant que description du compte au moment de sa création est important, car c'est sous ce nom que votre boîte de réception sera listée dans **Mail**. Or, la mention par défaut qui reprend le nom du prestataire de messagerie n'est pas toujours explicite, *a fortiori* si vous utilisez plusieurs adresses fournies par ce même prestataire. Il est donc judicieux de choisir un libellé plus explicite : copiez-collez l'adresse de messagerie elle-même, par exemple.

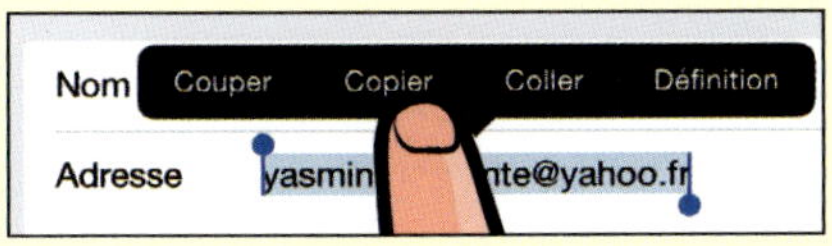

5. Touchez **Suivant**. L'iPad vérifie que les informations fournies sont correctes.

6. Vous pouvez alors éventuellement aussi synchroniser les contacts, le calendrier, les rappels ou les notes associés à votre compte de messagerie (les services offerts dépendent des prestataires : certains proposent uniquement les contacts, d'autres permettent la synchronisation des notes ou des rappels, *etc.*). Touchez **Enregistrer**.

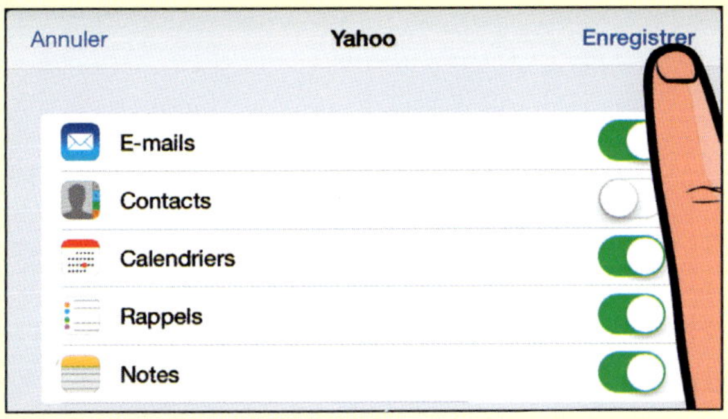

7 Si vous avez plusieurs comptes de messagerie, réitérez cette procédure d'ajout de compte pour chacun d'eux : touchez à nouveau **Ajouter un compte**. Vos différents comptes paramétrés sont listés dans la zone **Comptes** des réglages de **Mail, Contacts, Calendrier**.

8 À partir du moment où vous avez configuré plusieurs comptes de messagerie, vous devez choisir le compte par défaut. C'est en principe le premier des comptes enregistrés. Pour en changer, touchez **Compte par défaut** dans les réglages de **Mail, Contacts, Calendrier**.

Apple offre gratuitement une messagerie sur simple inscription, du type *nomutilisateur@me.com*. Celle-ci présente l'avantage d'être synchronisée par iCloud sur toutes vos machines Apple (iPhone, iPad, *etc.*) : tous vos e-mails sont ainsi disponibles et à jour sur tous vos appareils, à tout moment. Pour créer et configurer une adresse de ce type, touchez **iCloud** dans l'écran de réglages de **Mail**.

Configurer un compte de messagerie manuellement

Si votre messagerie ne figure pas dans la liste des principaux prestataires dont les réglages ont déjà été configurés, vous devez paramétrer votre compte Mail manuellement.

1 Dans l'écran **Ajouter un compte**, touchez **Autre**.

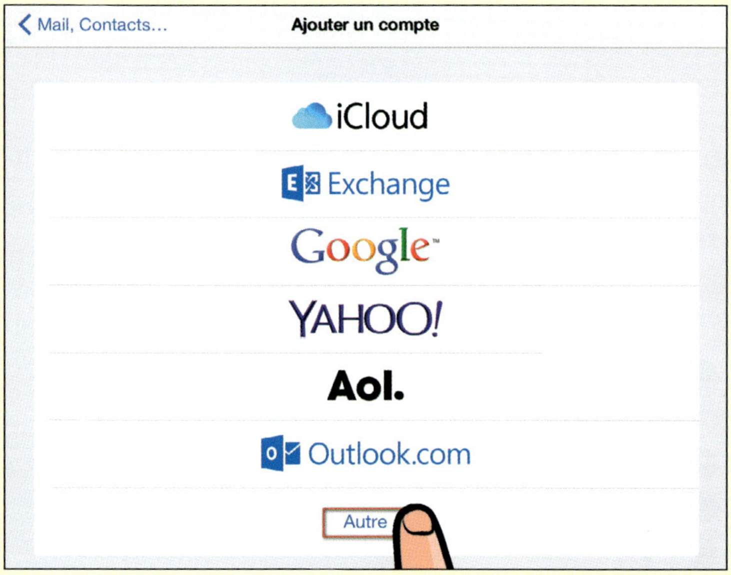

2 Touchez **Ajouter un compte Mail**.

3 Remplissez les champs du formulaire de paramétrage.

4 Touchez **Suivant**.

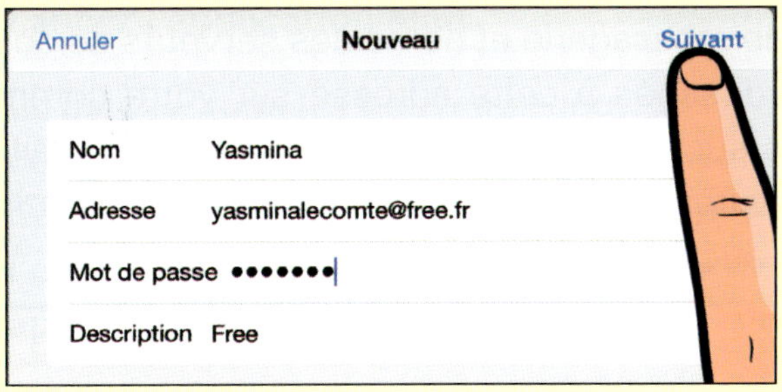

4 Si l'iPad parvient de lui-même à identifier les paramètres de votre serveur de messagerie, il effectue une vérification de votre mot de passe et la création du compte est terminée. Sinon, vous devez indiquer manuellement les noms des serveurs : munissez-vous de la documentation fournie par votre prestataire de messagerie.

6 Touchez **Suivant**.

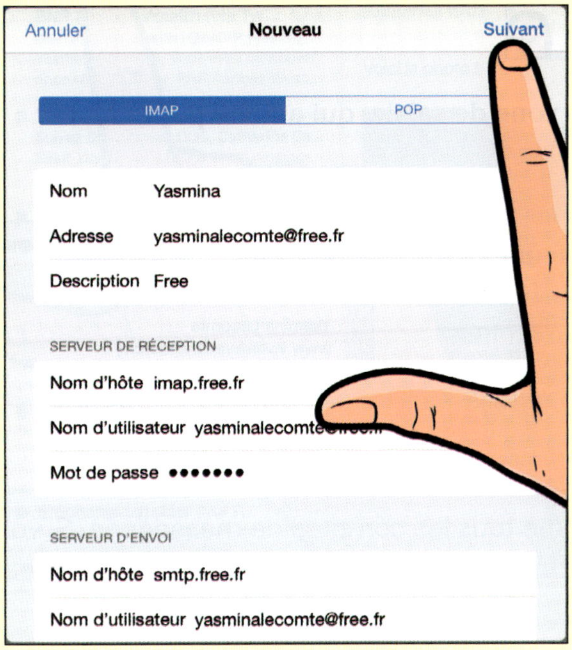

4 Si vous utilisez plusieurs comptes, touchez **Toutes les boîtes** pour voir en une seule fois tous les nouveaux courriels de toutes vos boîtes confondues, ou touchez le nom d'une boîte de réception spécifique pour voir uniquement les courriels reçus à cette adresse. La suite de ce chapitre présente l'utilisation de **Mail** avec plusieurs comptes de messagerie.

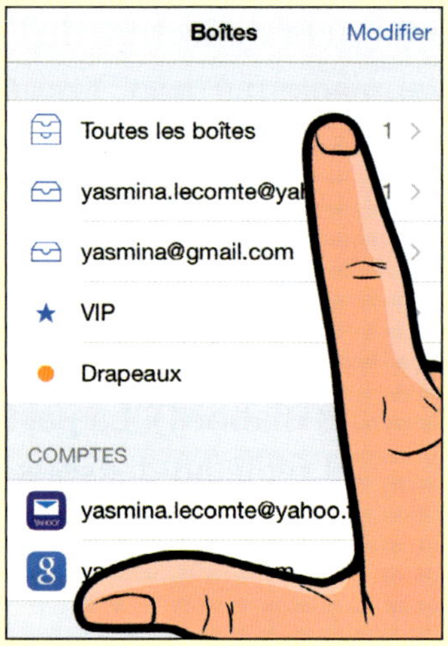

La boîte de réception VIP est une boîte spéciale qui affiche les e-mails de vos contacts préférés. Pour la paramétrer, touchez **VIP** dans l'accueil de **Mail**, puis **Ajouter un VIP**. Touchez le nom d'un contact pour l'ajouter à la liste VIP. Recommencez l'opération pour ajouter d'autres contacts à la liste VIP. Touchez le bouton **Alertes VIP** pour paramétrer les notifications de **Mail** relatives à l'arrivée d'e-mails de vos contacts faisant partie de la liste VIP. Pour plus d'informations sur les notifications, consultez le chapitre 2.

5 Si l'e-mail contient un lien, touchez-le pour ouvrir **Safari** sur la page correspondante. **Mail** reconnaît aussi les adresses et affiche le lieu correspondant dans **Plans**. Les numéros de téléphone peuvent être ajoutés rapidement à un contact.

6 Lorsque le courriel contient une ou plusieurs pièces jointes, celles-ci apparaissent en fin de message. L'iPad reconnaît de nombreux formats de fichiers. Touchez une pièce jointe pour la télécharger. Vous pouvez ainsi afficher dans **Mail** de nombreux types de documents et des photos. Si les pièces jointes sont des images, elles s'affichent automatiquement. Touchez longuement une image pour voir les options d'enregistrement et de partage. Faites pivoter l'iPad en orientation portrait pour que le contenu d'un e-mail occupe tout l'écran.

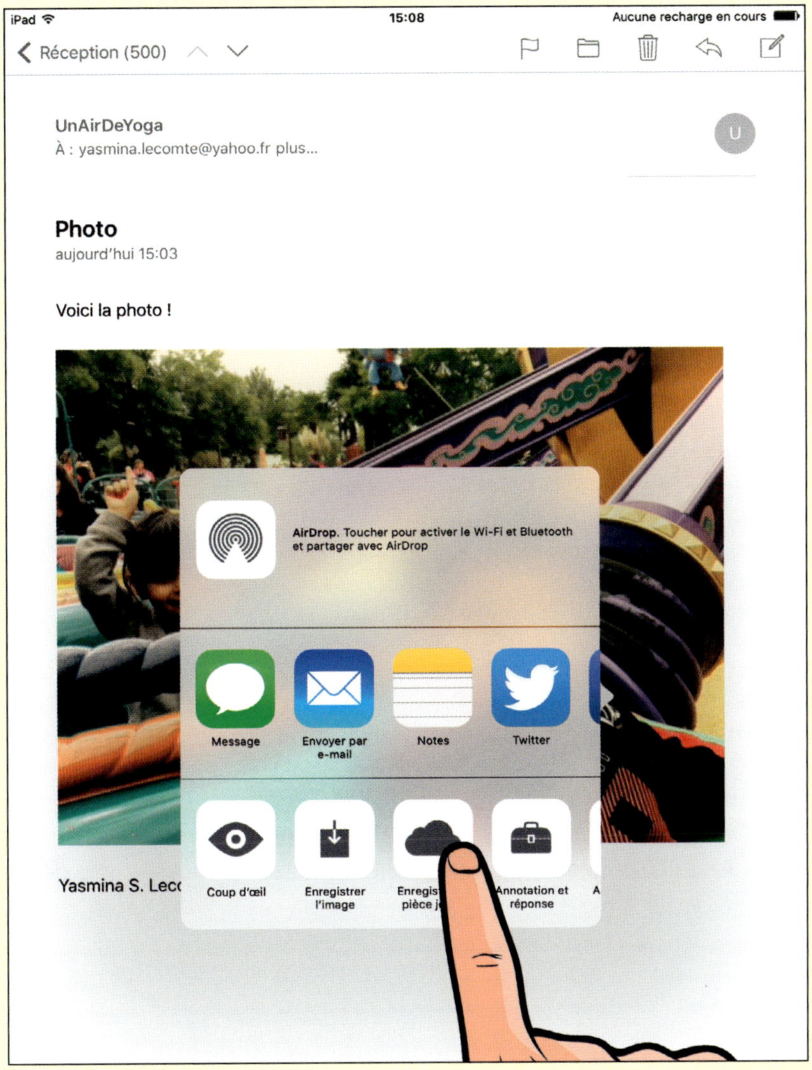

L'organisation de **Mail** est pensée pour que vous puissiez consulter vos nouveaux courriels en un minimum de manipulations, surtout lorsque vous jonglez avec de nombreuses adresses. Vous n'aurez en effet que rarement besoin d'accéder aux e-mails envoyés ou aux brouillons, les nouveaux e-mails étant ce qui vous intéressera probablement le plus. Vous pouvez modifier l'ordre d'apparition des boîtes de réception dans **Mail**. Touchez le bouton **Modifier** en haut à droite de la fenêtre.

Mettre à jour les boîtes de réception

Mail effectue une relève automatique des nouveaux e-mails dans vos différentes boîtes de réception. Vous pouvez toutefois actualiser manuellement les e-mails.

1. Pour actualiser l'ensemble des boîtes de réception à tout moment et lancer la relève du courrier manuellement, affichez l'écran d'accueil de **Mail**, touchez l'écran et faites glisser vers le bas. L'icône de mise à jour apparaît en haut de l'écran.

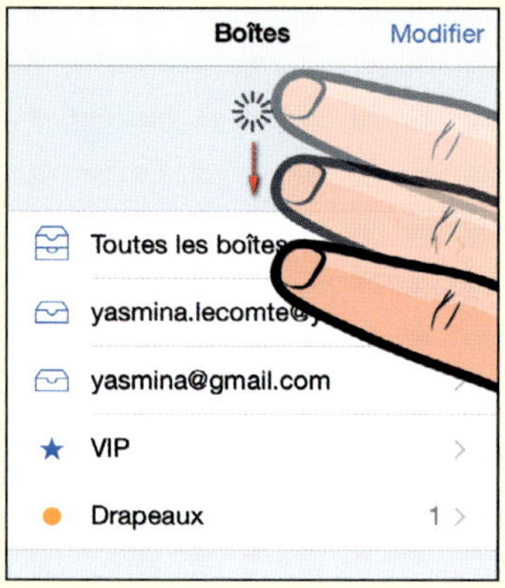

2. La date et l'heure de la dernière relève du courrier sont affichées en bas d'écran.

Pour mettre à jour un compte spécifique, affichez sa boîte de réception en touchant son nom dans la liste des boîtes de réception, puis faites glisser vers le bas comme expliqué précédemment.

Afficher une pièce jointe

De nombreux types de documents joints aux e-mails peuvent être lus directement dans **Mail**.

1. Lorsque l'e-mail comporte une ou plusieurs pièces jointes, celles-ci apparaissent en fin de message. Touchez une pièce jointe pour la télécharger.

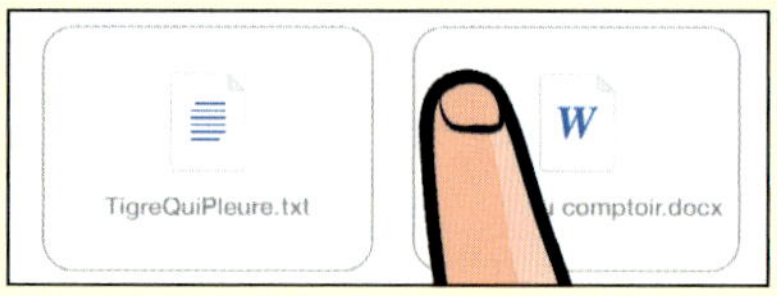

2. Les images s'affichent automatiquement au-dessous du message, une fois téléchargées.
3. Si le type de document n'est pas pris en charge par l'iPad, **Mail** indique qu'il est impossible d'ouvrir la pièce jointe. Sinon, le document s'affiche dans une fenêtre de lecture.

4 Des outils supplémentaires sont disponibles pour certains types de documents : c'est le cas des fichiers PDF, par exemple. Affichez le document dans **Mail**, puis touchez pour ouvrir le document dans **iBooks** et accéder aux outils d'impression et de copie à votre disposition.

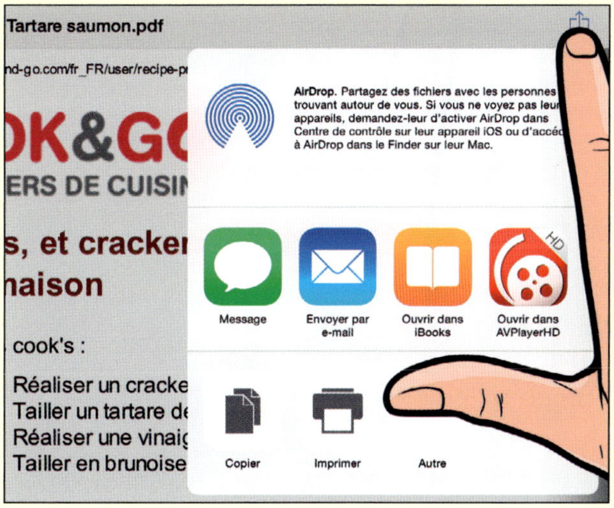

Notez enfin que **Mail** permet de visualiser le contenu d'une archive (au format ZIP), mais n'autorise pas l'extraction de son contenu.

Envoyer un e-mail

Envoyer un courriel, rien de plus simple !

1 Touchez dans la barre d'outils.

Si vous écrivez un e-mail depuis **Toutes les boîtes**, c'est l'adresse par défaut qui est utilisée. Sinon, c'est celle correspondant à la boîte de réception dans laquelle vous vous trouvez.

2 Saisissez l'adresse de messagerie de votre destinataire dans la zone **À**. Vous pouvez indiquer plusieurs destinataires. Touchez **Cc/Cci** pour ajouter des destinataires en copie ou en copie cachée. Si vous avez déjà enregistré des contacts dans votre carnet d'adresses, saisissez les premières lettres de leur nom ou adresse de messagerie, puis touchez leur nom.

3 Touchez **Objet** et saisissez le sujet de votre e-mail.

4 Touchez la zone d'édition et saisissez votre message.

5 Une fois votre message prêt, touchez **Envoyer**.

Joindre des photos ou des vidéos

Voici comment joindre une photo ou une vidéo à un courriel.

1 Touchez dans la barre d'outils.

2 Saisissez les destinataires dans les zones **À**, **Cc** et/ou **Cci**, et indiquez le sujet du message dans la zone **Objet**.

3 Touchez la zone d'édition et saisissez votre message.

4 Pour joindre une photo ou une vidéo de votre bibliothèque d'images, touchez deux fois rapidement la zone d'édition à l'endroit où vous souhaitez insérer l'élément. Touchez la flèche puis **Insérer photo ou vidéo**.

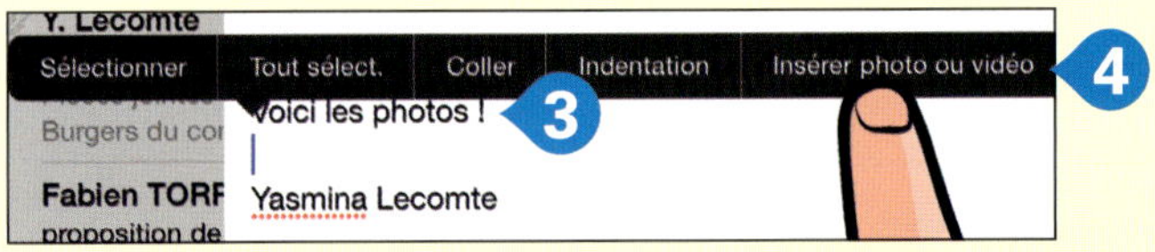

5 Sélectionnez la photo ou la vidéo à joindre au message dans votre bibliothèque, puis touchez **Utiliser**. La photo ou la vidéo est insérée dans le message. Recommencez éventuellement pour joindre d'autres photos ou vidéos au message.

6 C'est nouveau ! Depuis la dernière mise à jour d'iOS, vous pouvez dessiner ou ajouter du texte sur vos photos. Touchez longuement la photo, puis **Annotation**.

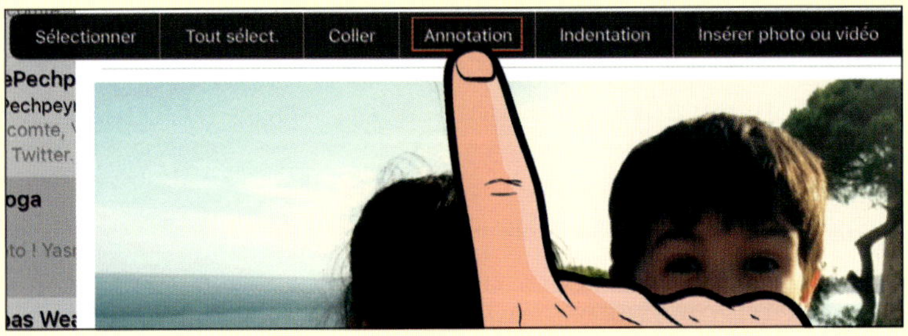

7 Le mode d'édition de l'image est activé : touchez pour dessiner du bout du doigt, pour ajouter une « loupe » zoomant sur une partie de l'image, pour insérer du texte et pour ajouter une signature à tracer au doigt. Utilisez les options dans la partie de droite de la barre d'outils pour changer de couleur et ajuster les options de texte (alignement, taille du texte et police de caractères). Touchez un élément après l'avoir créé pour le déplacer ou modifier sa taille, touchez-le longuement pour le supprimer ou le dupliquer.

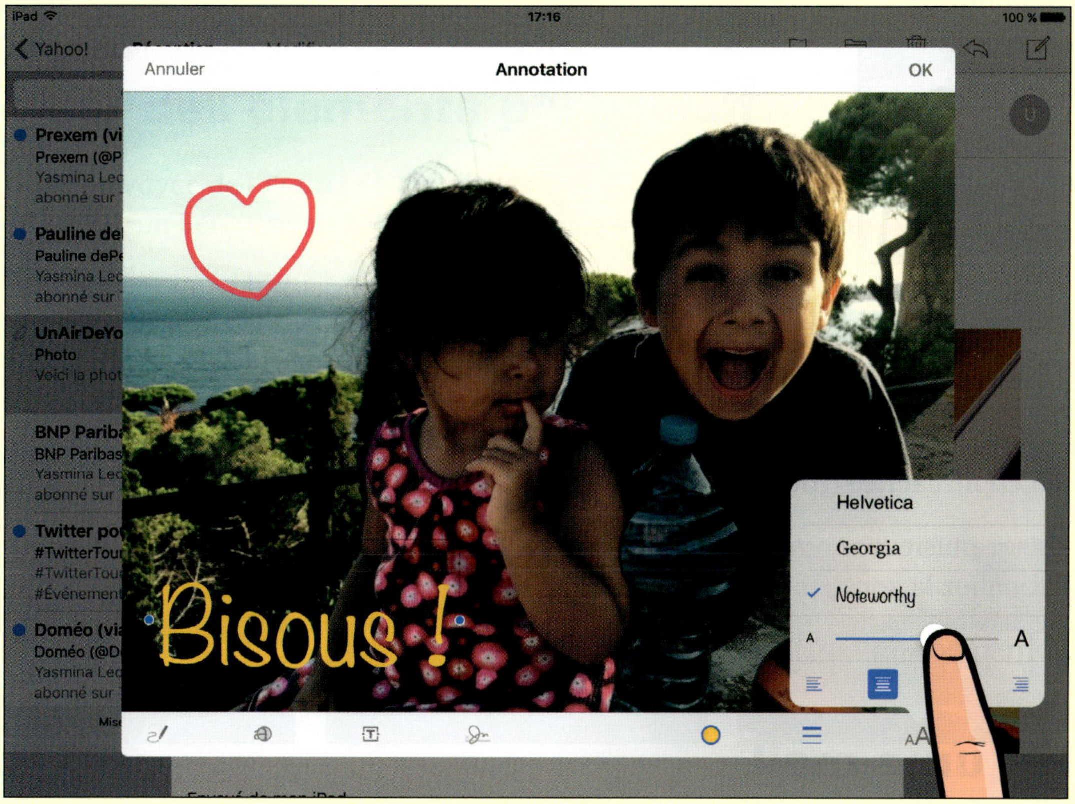

8 Une fois votre message prêt, touchez **Envoyer**. L'iPad compresse automatiquement les images jointes au message et l'envoie. Les vidéos sont elles aussi automatiquement compressées.

La règle est simple : si la photo est destinée à être imprimée, ne la réduisez pas. En revanche, pour un partage sur les réseaux sociaux ou un simple affichage sur écran (de smartphone ou d'ordinateur), une taille moyenne ou grande est largement satisfaisante. L'opération réduira le temps d'expédition de votre e-mail, tout comme celui de réception pour le destinataire, surtout si la connexion à Internet n'est pas très rapide. Notez enfin que l'option **Petite** compresse fortement les images et diminue sensiblement leur qualité. Les vidéos sont automatiquement compressées et, si leur taille reste trop importante, l'iPad vous proposera de réduire leur durée avant envoi.

2 Dans **Safari**, affichez une page Web, et touchez [⇧] → **Envoyer par e-mail**.

3 Dans **Plans**, affichez un lieu ou une adresse, puis touchez [>].

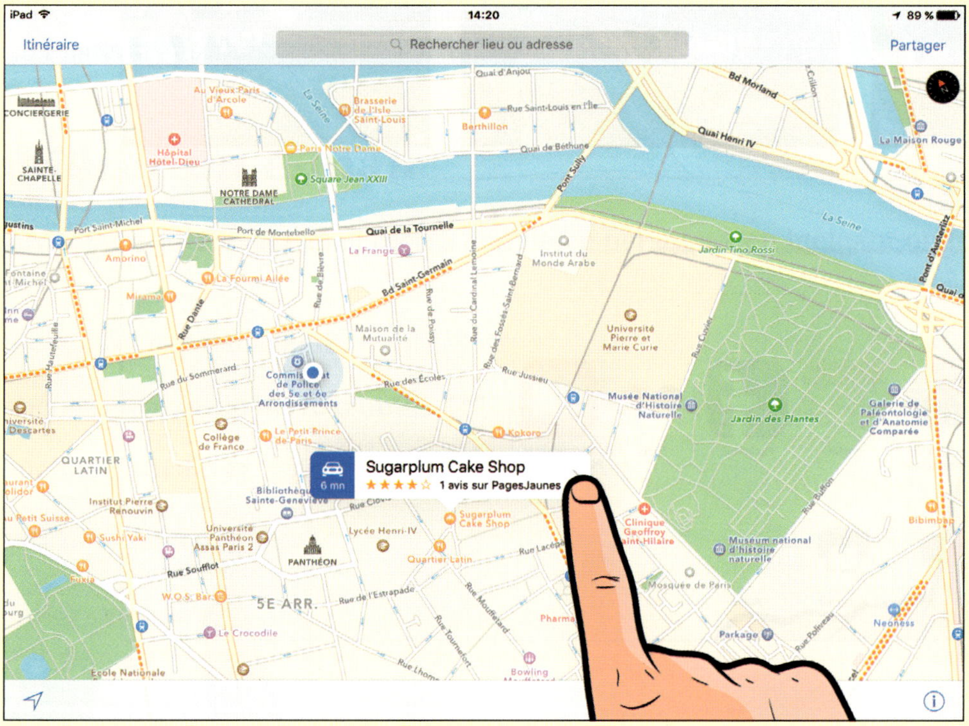

4. Dans la fiche descriptive du lieu, touchez [icône Partager] ➜ **Envoyer par e-mail**.

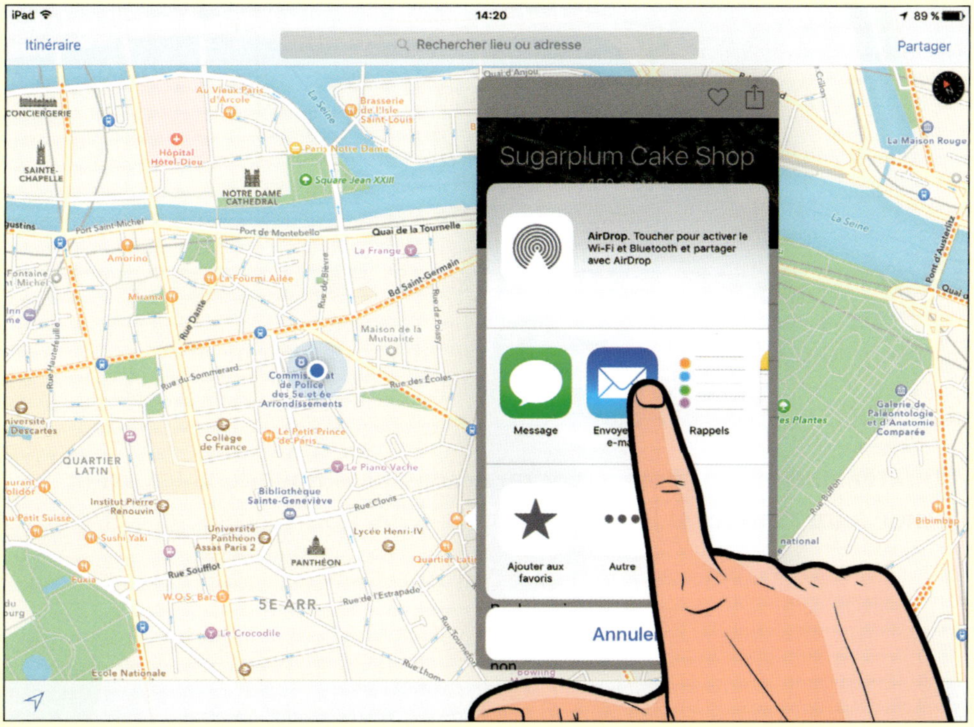

5. Dans chaque cas, un courriel est créé, avec un objet approprié et l'élément choisi, attaché en pièce jointe. Indiquez le destinataire, complétez le message et touchez **Envoyer**.

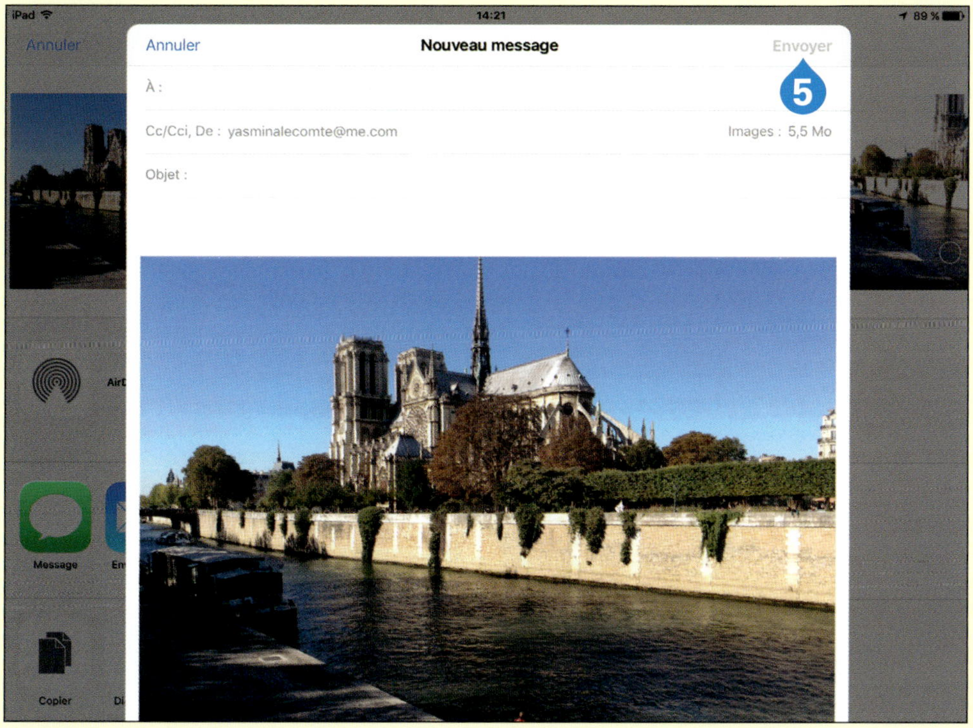

Pour envoyer une photo *et* une vidéo dans un e-mail, utilisez la technique consistant à créer d'abord le message en y insérant ensuite une photo/vidéo, présentée à la section « Joindre des photos ou des vidéos ». C'est la seule façon de joindre une photo et une vidéo dans un même e-mail.

Ajouter rapidement un expéditeur aux contacts

Utilisez les e-mails reçus pour compléter votre carnet d'adresses rapidement :

1. Touchez le nom de l'expéditeur dans l'e-mail reçu.
2. Touchez **Créer un nouveau contact** (pour créer un nouveau contact dans le carnet d'adresses) ou **Ajouter à un contact** si le contact existe déjà, pour y associer cette adresse de messagerie.

3. Touchez **OK** pour enregistrer la fiche contact.
4. Si l'iPad reconnaît l'un de vos contacts, vous pouvez immédiatement compléter ses coordonnées : touchez **Ajouter à contacts** dans la barre d'outils qui apparaît en haut de l'e-mail.

Effectuer une recherche dans les e-mails

Vous pouvez effectuer une recherche parmi vos e-mails, dans toutes les boîtes de réception confondues. La recherche porte sur l'expéditeur, le destinataire, l'objet et le contenu des e-mails.

1. Affichez toutes les boîtes de réception ou une boîte de réception spécifique. Touchez deux fois rapidement la barre d'état en haut de l'écran. Le champ de recherche apparaît.

2. Saisissez le mot à rechercher, puis touchez **Recherche**.

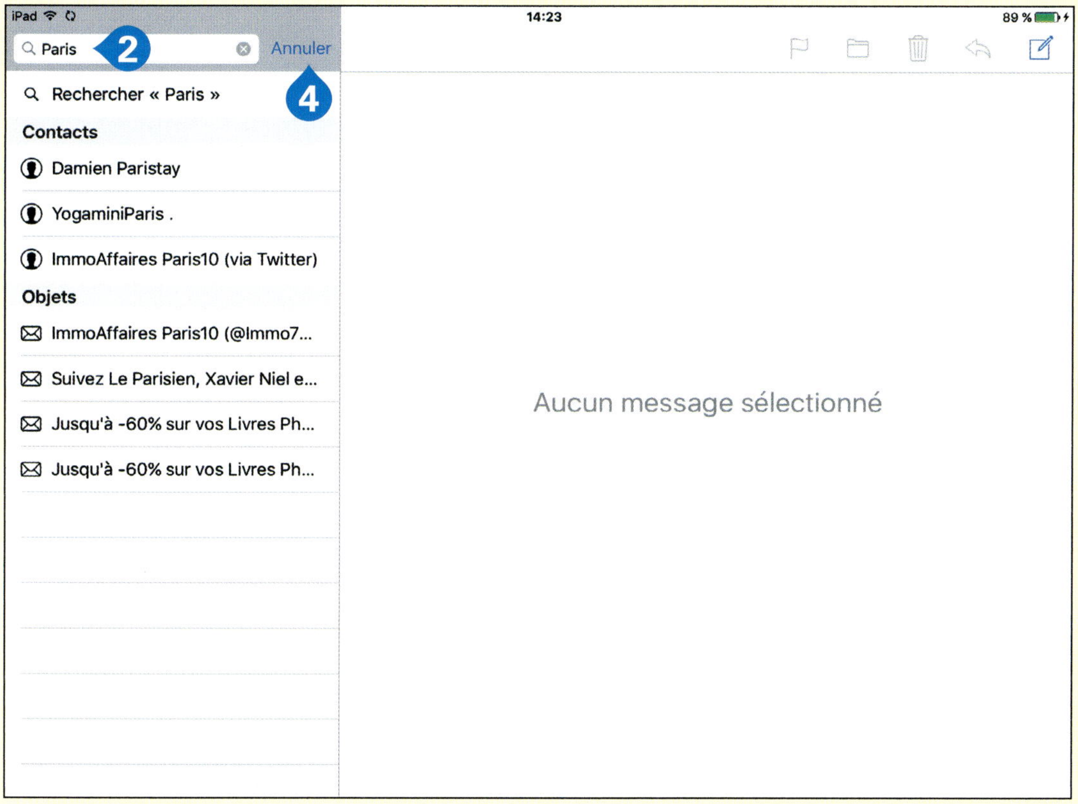

3. Touchez **De**, **À** ou **Objet** pour effectuer la recherche respectivement sur l'expéditeur, le destinataire ou l'objet des e-mails. Touchez **Tous** pour tous les inclure.

4. Touchez **Annuler** pour revenir à l'affichage non filtré de la boîte de réception.

Rappel : vous pouvez aussi utiliser la recherche globale dans l'iPad pour trouver des e-mails.

Classer, supprimer et marquer des e-mails

Mail permet d'organiser vos e-mails en les classant dans des dossiers, en les archivant ou en les marquant d'un drapeau. Depuis la dernière mise à jour de l'iPad, la suppression et le marquage comme lus des e-mails sont encore plus faciles et rapides.

1. Lorsqu'un e-mail est affiché, touchez simplement en bas d'écran pour l'archiver. Touchez pour marquer le message comme non lu ou important. Un e-mail signalé comme important apparaîtra aussi dans la boîte de réception **Drapeaux**. Touchez pour déplacer le message dans un autre dossier.

2. Pour supprimer rapidement un e-mail, faites glisser votre doigt vers la gauche sur la ligne d'aperçu et touchez **Archiver** ou **Corbeille**. Pour supprimer encore plus rapidement des e-mails, faites glisser jusqu'au bout de la ligne : le message est automatiquement archivé.

3. Faites glisser vers la gauche et touchez **Options** pour répondre, transférer, marquer le message ou le déplacer. L'option **M'alerter** mérite d'être signalée : elle permet de déclencher une notification sur votre iPad lorsqu'un e-mail est reçu dans la discussion concernée.

4. Pour marquer rapidement un e-mail comme lu, faites glisser vers la droite et touchez **Lu**. Pour marquer encore plus rapidement un e-mail comme lu, faites glisser jusqu'au bout de la ligne.

5. Pour marquer rapidement l'ensemble de vos e-mails comme lus, affichez une boîte de réception ou toutes les boîtes, touchez **Modifier** en haut à droite puis, en bas d'écran, sélectionnez **Tout marquer ➜ Marquer comme lu**.

6. Vous pouvez aussi supprimer plusieurs e-mails rapidement : affichez la boîte de réception, puis touchez **Modifier**. Sélectionnez des e-mails en touchant le cercle vide à gauche de chacun d'eux. Touchez **Corbeille** pour supprimer les e-mails. Touchez **Déplacer** puis le dossier de destination pour déplacer les e-mails sélectionnés. Les e-mails archivés sont placés dans la Corbeille et vous pouvez les y retrouver en cas d'erreur de manipulation.

Désactiver ou supprimer une boîte de réception

Supposons que vous avez configuré de nombreux comptes de messagerie sur votre iPad : messagerie personnelle, professionnelle, *etc*. Vous souhaiterez peut-être un jour ne plus accéder temporairement à l'un de vos comptes, d'autant que toutes les boîtes de réception sont réunies en une seule ! Au lieu de supprimer le compte de messagerie, vous pouvez le désactiver temporairement.

1. Touchez **Réglages ➜ Mail, Contacts, Calendrier**.
2. Touchez le nom du compte.
3. Touchez le curseur **E-mails**.

Les comptes désactivés apparaissent toujours dans la liste de vos comptes de messagerie, avec la mention **Désactivé**. Ils ne sont plus accessibles dans **Mail**. Il suffit d'afficher lesdétails puis d'activer le curseur **Courrier** pour les rendre actifs à nouveau.

Pour supprimer un compte définitivement de votre iPad (le compte continuera bien entendu à exister, c'est de sa présence sur votre iPad qu'il s'agit ici) :

1. Touchez **Réglages → Mail, Contacts, Calendrier**.
2. Touchez le nom du compte.
3. Touchez **Supprimer le compte** en bas d'écran pour effacer le compte.

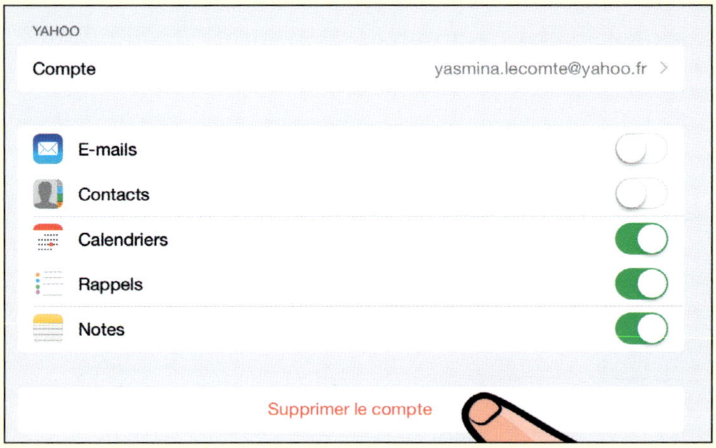

4. Touchez **Supprimer** pour confirmer la suppression du compte et des éléments (e-mails, mais aussi calendriers, contacts, rappels et notes) associés.

Cela ne supprime pas votre adresse de messagerie, bien entendu, mais la rend simplement inaccessible depuis l'iPad. Pour accéder à nouveau aux e-mails sur l'iPad, vous devrez recréer le compte, comme expliqué au début de ce chapitre.

Ajuster les options avancées de Mail

Rendez-vous dans les réglages de **Mail, Contacts, Calendrier** pour paramétrer les options de l'application **Mail**.

1. Touchez **Réglages → Mail, Contacts, Calendrier**. Faites glisser vers le bas, pour afficher la section **Mail**.

2. Touchez **Aperçu** et définissez la longueur, en nombre de lignes, pour l'aperçu des e-mails dans le volet d'exploration.

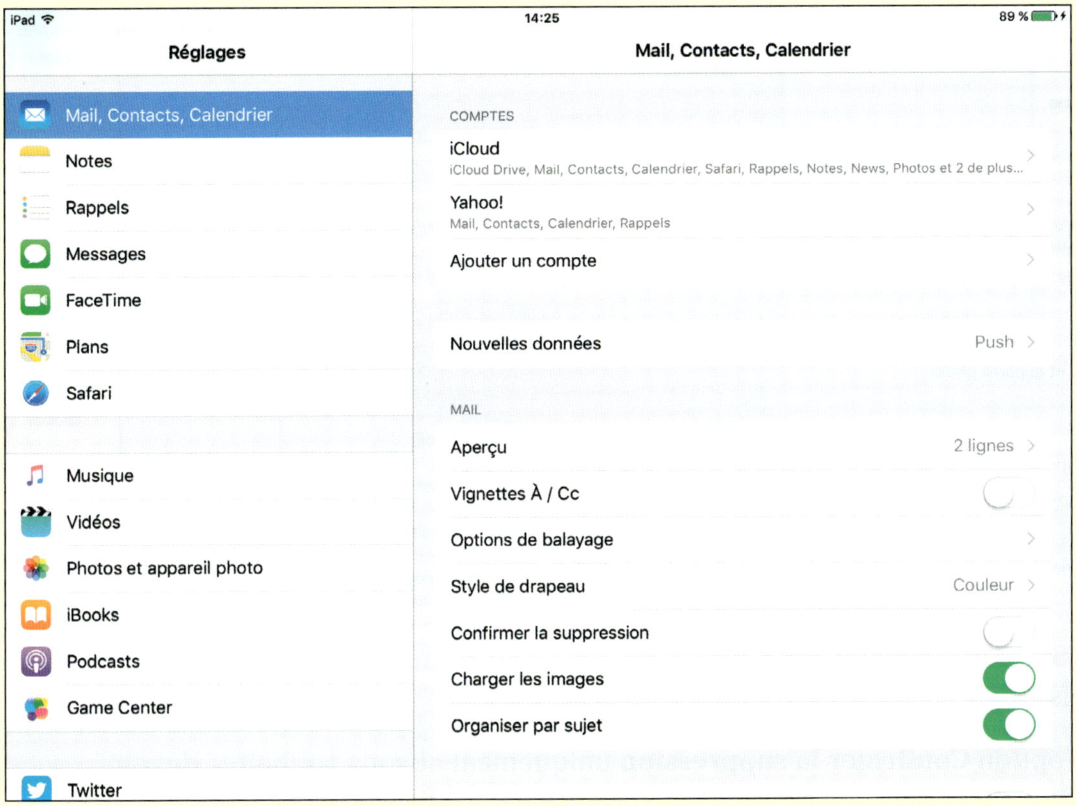

3. Activez l'option **Vignettes A/CC** pour que les destinataires du message soient toujours visibles.

Communiquer avec l'iPad

5

Plusieurs outils complètent Mail, application présentée au chapitre précédent, pour bien communiquer avec l'iPad : la possibilité de passer des appels vocaux, la révolutionnaire fonction **FaceTime**, qui permet de passer des appels vidéo, et, enfin, **Messages**, pour échanger des messages de type SMS/MMS gratuitement entre machines Apple. Mais, avant même de découvrir tous ces outils, nous vous présentons un allié incontournable pour gérer tous vos contacts sur l'iPad : le carnet d'adresses.

Dans ce chapitre :

- Créer votre carnet d'adresses avec Contacts
- Afficher et utiliser le carnet d'adresses
- L'application Messages
- FaceTime
- Prendre et passer des appels vocaux

Créer votre carnet d'adresses avec Contacts

Utilisez l'application **Contacts** pour créer et gérer votre carnet d'adresses. L'iPad fera appel à votre liste de contacts depuis **Téléphone**, mais aussi au sein de plusieurs autres applications : **Messages**, **Mail** ou encore **Plans**.

Créer un nouveau contact

Pour utiliser votre carnet d'adresses, vous devez créer de nouveaux contacts. Indiquez leurs coordonnées et ajoutez, si possible, une photo. L'utilisation de votre iPad n'en sera que plus conviviale.

1. Touchez l'icône **Contact**.

2. Touchez le bouton +.

3. Remplissez la fiche contact. Indiquez le nom et le prénom du contact, ainsi qu'un ou plusieurs numéros de téléphone. Vous pouvez renseigner les autres champs : il suffit de toucher un champ pour pouvoir l'éditer.

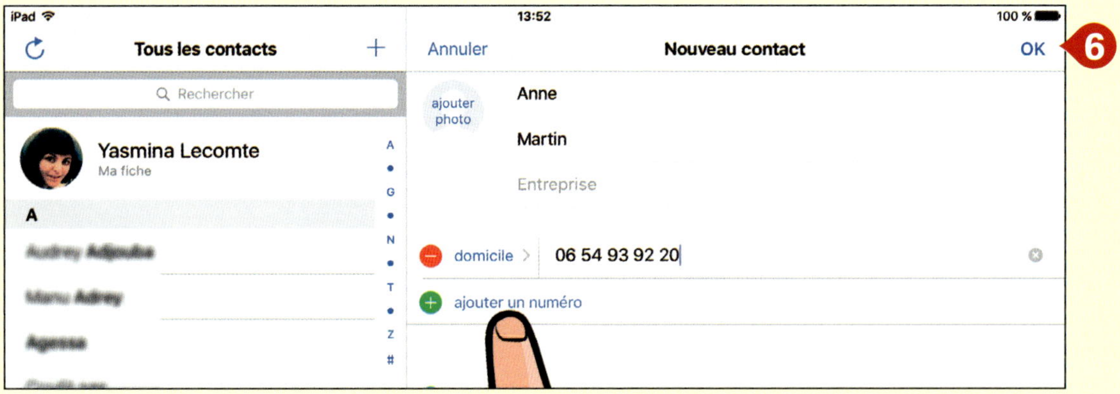

4. Touchez **Ajouter une photo**, puis **Prendre une photo** (pour lancer l'appareil photo et prendre la photo immédiatement) ou **Choisir une photo** (pour sélectionner une photo dans votre bibliothèque).

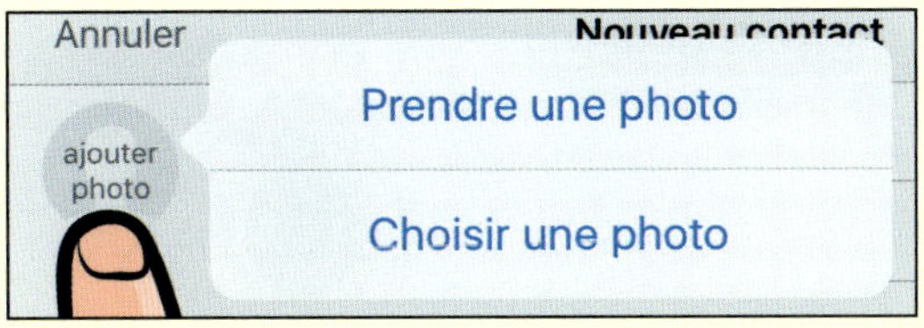

5. Pour attribuer une sonnerie personnalisée au contact, touchez **sonnerie** et choisissez-en une dans la liste. Touchez **son SMS** pour attribuer une sonnerie personnalisée pour la réception des messages de ce contact.

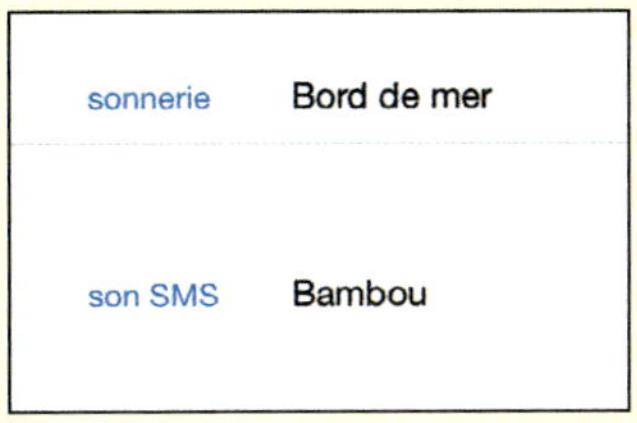

6. Une fois la fiche complétée, touchez **OK**.

Encore plus rapide : si vous avez reçu un appel FaceTime ou un message d'un correspondant non enregistré, touchez **Options** puis le bouton **Info** à côté du numéro dans la liste des appels ou messages, et **Créer un nouveau contact**. Si la fiche contact existe déjà, touchez **Ajouter à un contact** pour la compléter à l'aide du numéro concerné. Depuis l'application **Mail**, vous pouvez créer rapidement un nouveau contact à partir de l'adresse de l'expéditeur ou du destinataire du message : lorsqu'un message est affiché, touchez simplement l'adresse ou le nom du contact affiché en bleu, puis **Créer un nouveau contact** ou **Ajouter à un contact**.

7. Le contact apparaît désormais dans votre carnet d'adresses.
8. Pour éditer ou supprimer un contact, affichez sa fiche, puis touchez le bouton **Modifier**.

9 Pour voir votre propre fiche, touchez **Ma fiche** en haut de la liste de vos contacts.

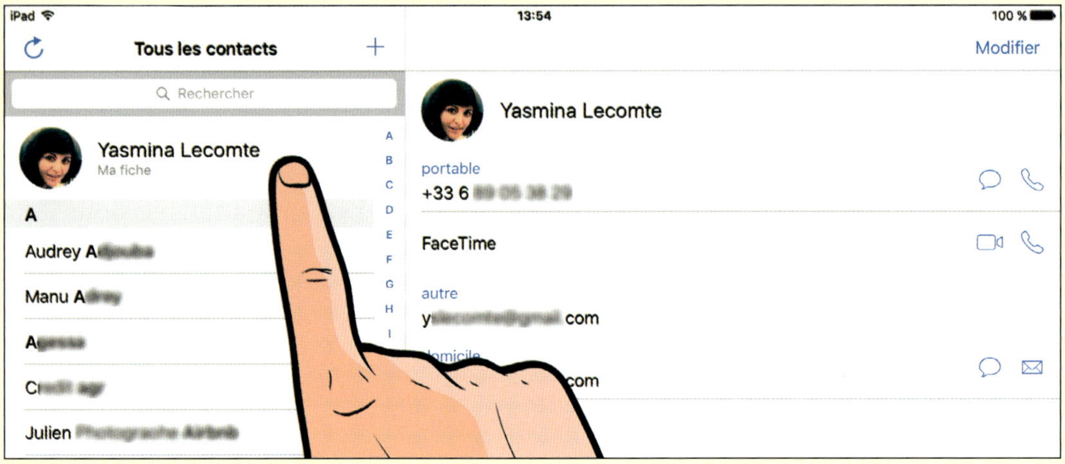

Afficher et utiliser le carnet d'adresses

Une fois votre carnet d'adresses rempli, vous pouvez l'utiliser pour lancer un appel vocal ou **FaceTime**, ou encore envoyer un message. La navigation dans la liste de vos contacts est aisée.

1 Pour afficher votre carnet d'adresses, touchez l'icône **Contacts** sur l'écran d'accueil.

2 Pour appeler un contact, naviguez dans la liste et touchez le nom du contact. Vous pouvez aussi saisir les premières lettres du nom dans le champ **Recherche**.

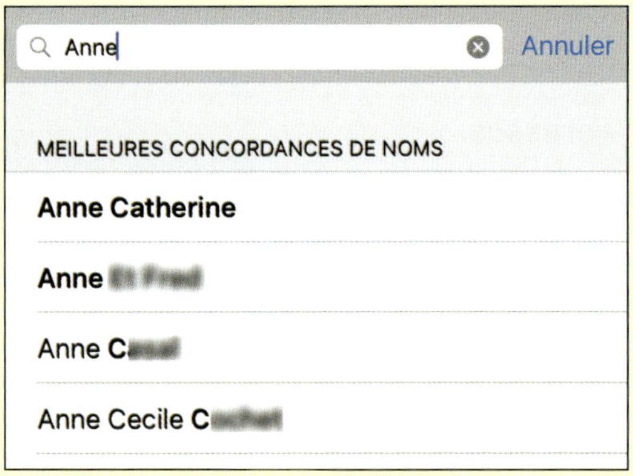

3 Les différentes manières de contacter la personne dépendent des informations renseignées. Touchez pour lancer un appel vocal. Touchez pour envoyer un message ou un e-mail. Touchez pour lancer un appel FaceTime.

4. Remarquez aussi l'option en bas de chaque fiche contact permettant de partager le contact : **Envoyer cette fiche**.

Si vous avez beaucoup de contacts, utilisez l'accès rapide sur le bord droit de l'écran : touchez une lettre de l'alphabet. Vous pouvez aussi utiliser la recherche tout en haut de l'écran (touchez la barre d'état si le champ n'est pas visible).

L'application Messages

L'iPad permet d'échanger des messages qui ressemblent beaucoup à des SMS ou des MMS, mais qui n'en sont en fait pas : ils transitent par Internet et non par le réseau téléphonique. On parle aussi de « iMessages ». Ces échanges sont réservés aux propriétaires de machines Apple : iPad, iPhone, Mac, iPod touch, *etc*.

L'iPad reconnaît automatiquement les contacts de votre carnet d'adresses susceptibles de recevoir de tels messages. Si les deux correspondants sont capables d'échanger des iMessages et sont connectés à Internet, aucun problème. Dans le cas contraire, le nom ou le numéro du destinataire apparaîtra en rouge dans l'application **Messages**.

Consulter vos messages et y répondre

Lorsque vous recevez un message, vous pouvez le consulter et y répondre immédiatement.

1 Si votre iPad est en veille au moment de la réception du message, une notification s'affiche sur l'écran verrouillé. Vous pouvez toucher la notification et faire glisser horizontalement pour répondre au message immédiatement.

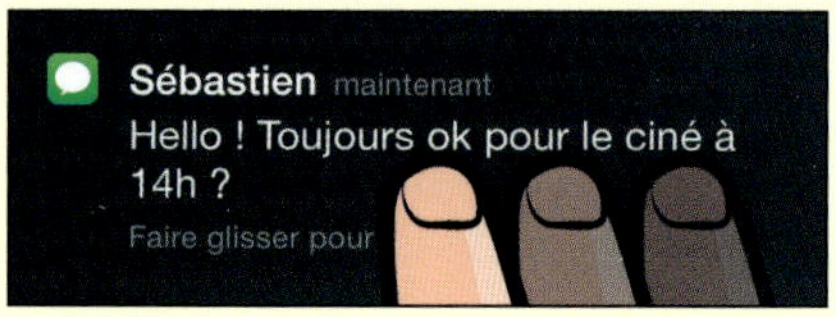

2 Déverrouillez l'iPad pour le consulter dans son intégralité.

3 Pour afficher vos messages, touchez l'icône **Messages**. Une pastille indique le nombre de messages non lus.

4 L'ensemble des messages échangés avec vos contacts, groupés par conversations, s'affiche. Le chiffre entre parenthèses dans la barre de titre indique le nombre de messages non lus. Un point bleu signale les conversations à consulter.

5 Touchez une ligne pour afficher la conversation dans le volet d'aperçu à droite. Notez que vos messages apparaissent en bleu, ceux de votre correspondant en gris. Si des conversations contiennent des photos, celles-ci s'affichent dans le fil de discussion. Touchez une photo pour la voir en plein écran.

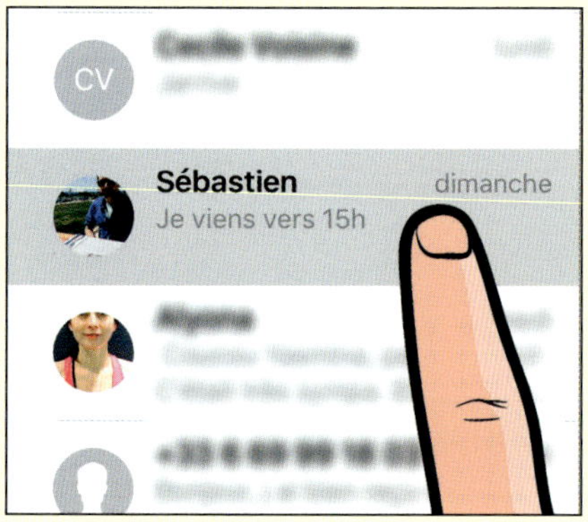

6 Touchez longuement une photo pour l'enregistrer dans votre bibliothèque d'images ou la copier.

7 Pour envoyer instantanément un message, saisissez-le dans la zone de saisie en bas d'écran, puis touchez **Envoyer**.

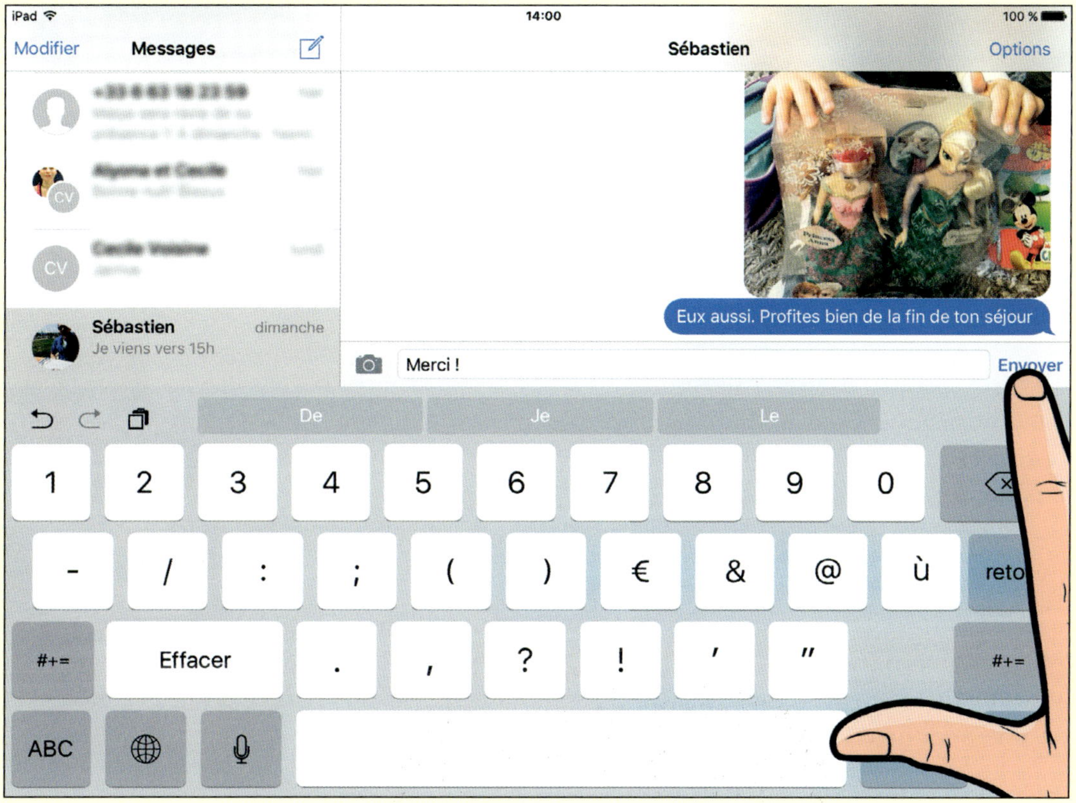

Envoyer un message

Vous pouvez aussi écrire un message et y joindre facilement une photo existant dans votre bibliothèque ou prise sur le vif. Enfin, depuis la dernière mise à jour de l'iPad, vous pouvez aussi échanger des messages audio.

1 Touchez l'icône **Messages** puis .

2 Indiquez le numéro du destinataire ou saisissez les premières lettres du nom d'un contact pour le choisir dans le carnet d'adresses. Recommencez pour ajouter d'autres destinataires.

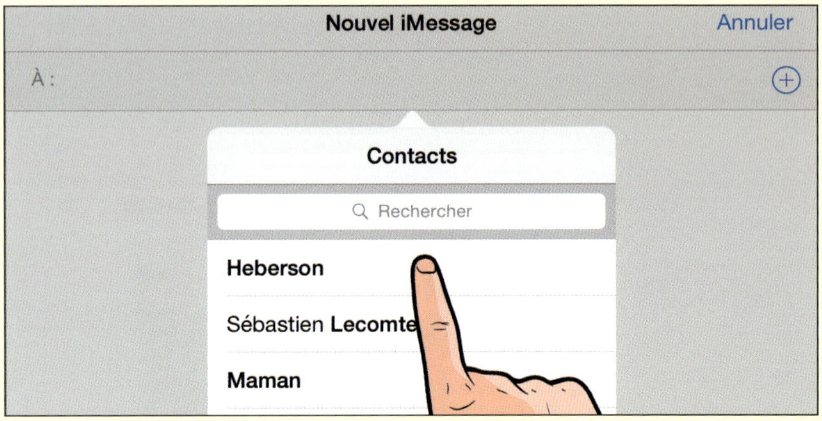

3 Touchez la zone de saisie et rédigez le message à l'aide du clavier.

4 Pour joindre une photo ou une vidéo, touchez [icône appareil photo]. Les dernières photos de votre Pellicule s'affichent. Touchez une ou plusieurs vignettes pour les sélectionner, puis **Envoyer**. Vous pouvez aussi accéder à l'ensemble de vos photos en touchant **Photothèque**, ou prendre une photo sur le vif en touchant **Appareil photo**.

5 Deux nouveautés de la dernière mise à jour d'iOS :

- la possibilité d'envoyer des *Touch Messages* : touchez [icône] puis envoyez des dessins ou des « émotions » du bout des doigts à vos proches. Les effets possibles sont nombreux. Expérimentez-les.

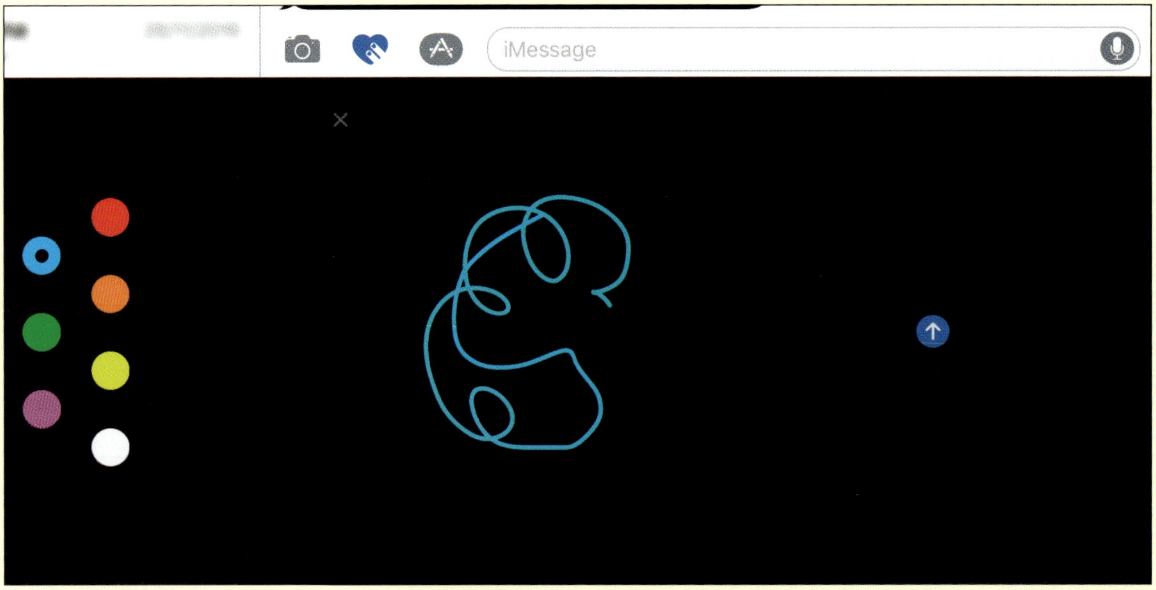

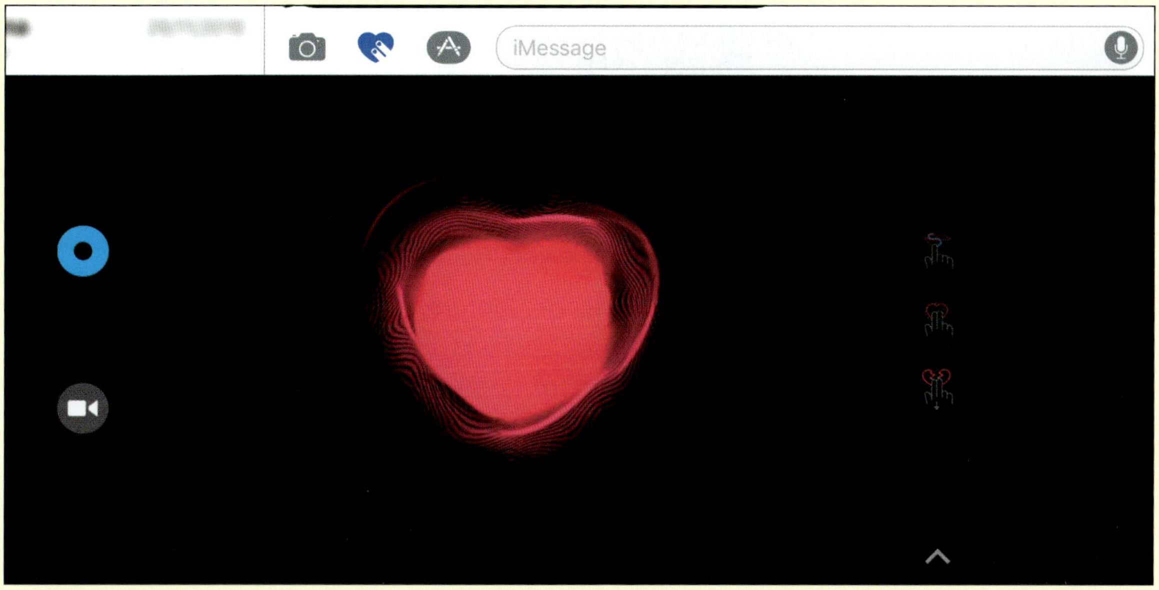

- la possibilité de joindre de la musique (lien vers le morceau sur iTunes) ou des applications (lien vers l'app sur l'App Store) : touchez  puis sélectionnez l'élément à partager.

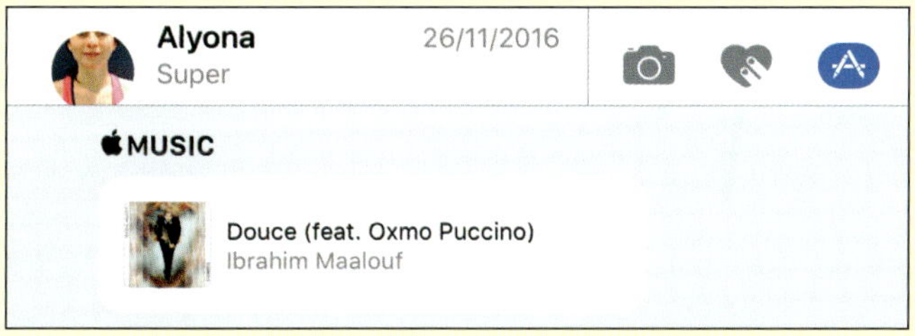

6 Pour ajouter un enregistrement audio, touchez et maintenez le doigt sur  (visible uniquement lorsque le champ de saisie du message est vide). Vous pouvez alors enregistrer un message vocal. Attention : l'enregistrement démarre immédiatement. Touchez le bouton  pour l'envoyer, ou  pour l'effacer. Le message audio est envoyé.

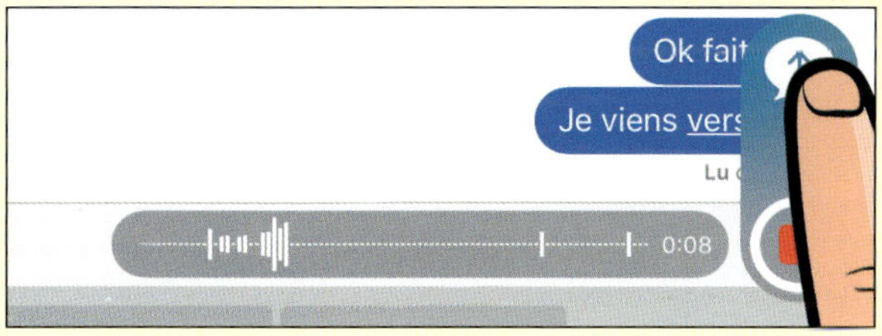

Les messages audio et vidéo sont éphémères par défaut : ils ont une durée de vie de deux minutes après réception, et sont ensuite effacés. Pour désactiver cette suppression automatique, rendez-vous dans les réglages.

Remarquez les notifications concernant les messages envoyés, juste au-dessous de chaque bulle : vous pouvez ainsi vérifier que le message a bien été acheminé, puis lu par votre correspondant (à condition que les confirmations de lecture soient bien activées de son côté).

Vous pouvez désactiver les confirmations de lecture : vos correspondants n'auront pas d'indication quant à l'heure à laquelle vous avez lu leur message. Rendez-vous dans les réglages, puis touchez **Messages** et désactivez l'option **Confirmation de lecture**.

L'application **Messages** permet d'échanger des messages collectifs, où tous les échanges restent groupés dans la même conversation et chaque participant reçoit les réponses des autres. Créez un nouveau message et indiquez les noms ou adresses des destinataires, puis écrivez et envoyez le message. Tous les messages échangés par la suite le sont à destination de l'ensemble des participants. Pour chaque message reçu, le nom de l'expéditeur apparaît au-dessus de la bulle. Vous pouvez nommer une conversation de groupe pour la retrouver plus facilement : affichez-la, puis touchez **Options**. Faites glisser vers le bas pour afficher le champ **Nom du groupe**. Renseignez-le.

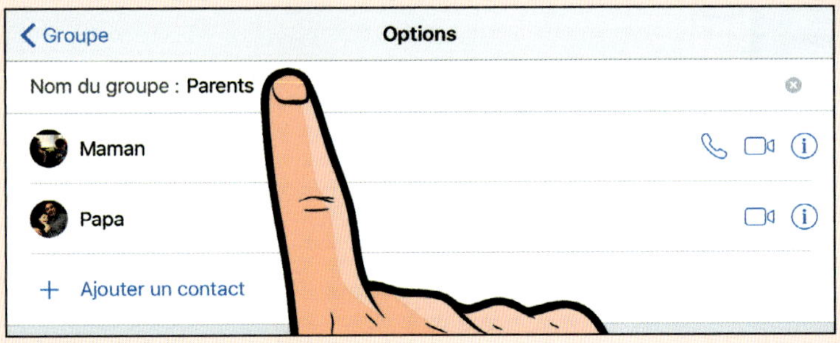

Supprimer, copier ou transférer des messages

Dans **Messages**, vous pouvez supprimer des conversations entières ou des messages spécifiques à l'intérieur de conversations.

1. Pour effacer rapidement une conversation entière, faites glisser horizontalement le doigt sur une ligne, puis touchez **Supprimer**. Attention : cette opération efface la conversation entière, c'est-à-dire l'ensemble des messages échangés avec ce contact !

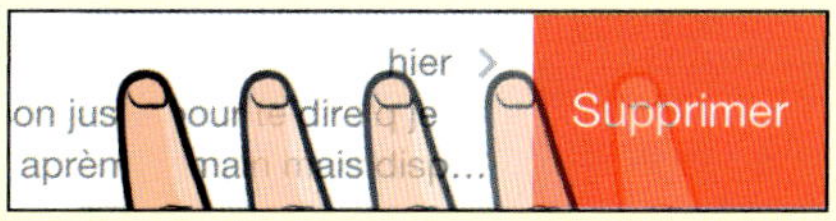

2. Pour supprimer plusieurs conversations, touchez **Modifier** en haut de la fenêtre **Messages**, puis le bouton en face de chaque conversation à effacer. Touchez **Supprimer** pour effacer les conversations sélectionnées.

3. Pour copier un message, affichez la conversation, puis touchez longuement le message. Touchez **Copier** pour copier le texte ou l'image. Vous pouvez ensuite coller le message dans un autre message ou toute autre application.

4. Pour transférer un message, affichez la conversation, puis touchez longuement le message. Touchez **Options** puis . Un nouveau message est créé : c'est une copie exacte du message d'origine. Indiquez le destinataire et éditez éventuellement son contenu, puis touchez **Envoyer**.

Pour supprimer des messages à l'intérieur d'une conversation, affichez-la, puis touchez longuement un message et touchez **Options**, comme pour le transférer. Sélectionnez ensuite les messages à effacer, puis touchez ⊖. Pour effacer tous les messages de la conversation, touchez **Tout supprimer** en haut d'écran.

Dicter un message

Il est aussi possible de faire appel à l'assistant vocal de l'iPad pour non seulement écrire le message, mais aussi le créer de toutes pièces.

1. Appuyez longuement sur le bouton Accueil pour lancer **Siri** et dictez la commande « Envoyer un message à » suivie du nom du destinataire, tel qu'il apparaît dans votre carnet d'adresses.

2. Vous pouvez aussi directement énoncer une instruction du type « Envoyer un message à Sébastien pour dire que je serai à la maison à 18 h ».

3. Siri analyse votre demande et prépare le message tel que vous l'avez demandé : il ne vous reste plus qu'à confirmer ! Touchez ou dites **Envoyer**.

Dans l'application **Messages**, le bouton 🎙 du clavier donne accès à la saisie vocale.

Indiquer votre emplacement

« Où es-tu ? » : voici une des questions les plus fréquemment posées à ses proches depuis l'apparition des appareils mobiles. L'iPad simplifie encore votre vie et apporte une manière pratique d'y répondre, grâce au partage de votre emplacement *via* l'application **Messages**.

1. Pour partager votre emplacement, vous devez déjà avoir échangé des messages avec la personne concernée. Affichez une conversation.

2. Touchez le bouton **Options** en haut à droite.

3. Dans la section **Position**, touchez **Envoyer ma position actuelle** pour partager un bout de plan indiquant votre localisation.

4. Vous pouvez aussi partager votre position en temps réel, et même si celle-ci évolue. Touchez **Partager ma position**, puis choisissez une durée : une heure, toute la journée ou indéfiniment.

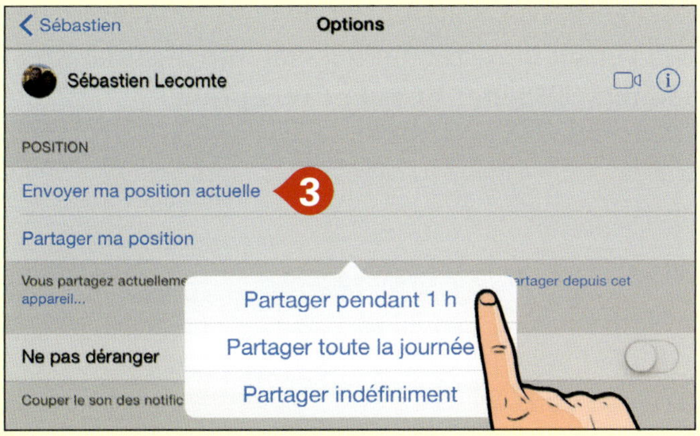

5. Votre contact reçoit une notification et peut accéder à votre localisation pendant la durée choisie. De la même manière, lorsqu'un contact partage son emplacement avec vous, vous recevez un plan par message et vous pouvez voir précisément où il se trouve en cliquant sur la vignette d'aperçu.

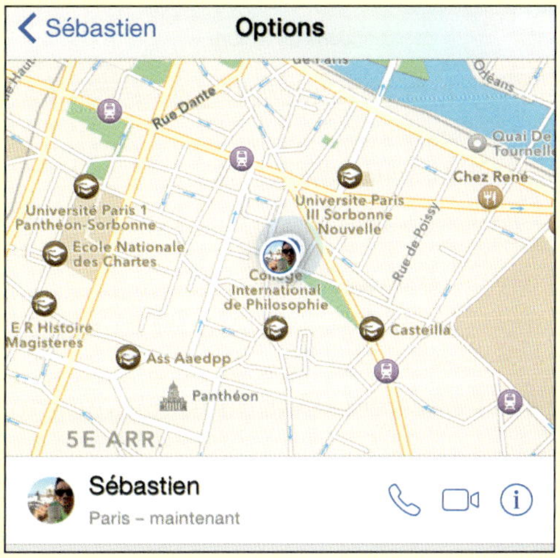

Vous pouvez interrompre à tout moment le partage de votre emplacement en revenant dans les options et en touchant **Ne plus partager**. Notez aussi que cet écran vous permet d'appeler rapidement le contact concerné (appel vocal ou FaceTime), grâce aux boutons en haut à droite.

Ajuster les réglages de Messages

Cette section fait un point rapide sur les réglages propres à l'application **Messages**, en particulier les options relatives aux SMS et MMS, ainsi que les notifications en cas de nouveaux messages.

1. Touchez **Réglages → Messages**.
2. Vérifiez que l'option **iMessage** est activée pour pouvoir envoyer des messages aux utilisateurs d'iPhone/iPod touch/iPad/Mac.
3. Si vous activez l'option **Confirmations de lecture**, vos correspondants recevront un accusé de réception après lecture de leur message par vos soins.
4. Vous pouvez ajouter des adresses de messagerie en complément de celle déjà indiquée et de votre numéro de téléphone : celles-ci seront ainsi reconnues comme destinataires possibles d'iMessages par vos correspondants. Touchez **Envoi et réception**.

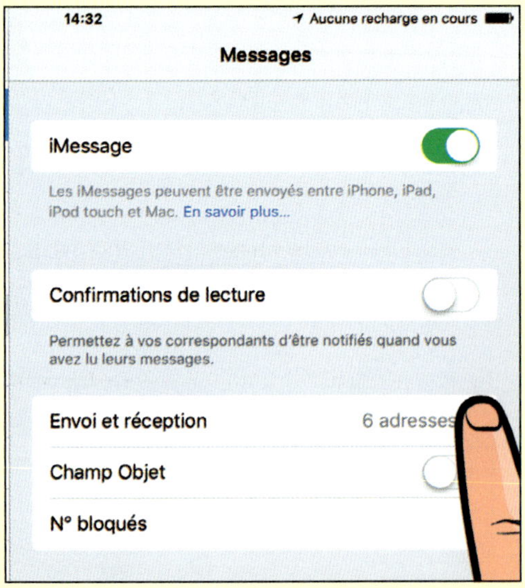

5. Pour systématiquement ajouter un sujet à vos messages, activez l'option **Champ Objet**.
6. Vous pouvez définir une liste de numéros bloqués : ceux-ci ne pourront alors ni vous contacter par appel (téléphonique ou FaceTime), ni par message. Touchez **N° bloqués**.

7. Touchez **Historique des messages** pour choisir la durée pendant laquelle sont conservés les messages, par défaut indéfiniment.

8. Les messages audio et vidéo sont éphémères par défaut : ils ont une durée de vie de deux minutes après réception, et sont ensuite effacés. Pour désactiver cette suppression automatique, touchez la zone **Expire** relative à chacune des options.

Par défaut, l'application **Messages** est paramétrée de façon que l'iPad signale deux fois chaque nouveau message par une alerte. Vous pouvez modifier ce réglage. Touchez **Réglages → Notifications**, puis **Messages**. Vous pouvez voir dans cet écran les différentes notifications prévues à la réception d'un nouveau message. En bas d'écran, touchez **Répéter les alertes**, puis choisissez une option. Sélectionnez l'option **jamais** pour ne recevoir qu'une et une seule alerte à l'arrivée d'un nouveau message.

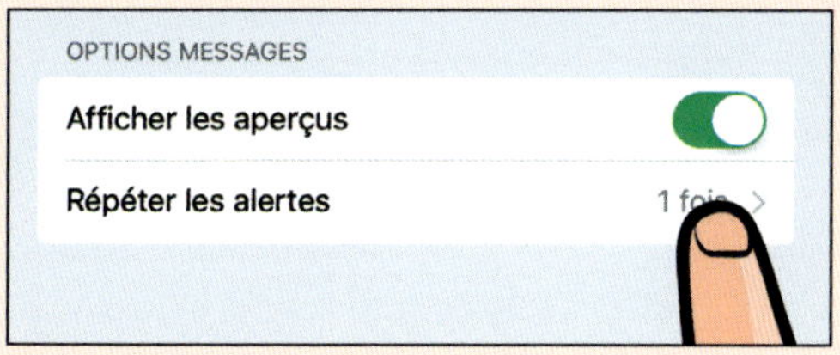

FaceTime

L'iPad propose un outil fascinant pour communiquer avec vos proches : les appels vidéo ! Grâce à l'application **FaceTime**, c'est aussi simple qu'agréable.

Dans l'univers Apple, l'appel vidéo ou visioconférence s'appelle **FaceTime**, et n'est possible qu'entre un iPad (sauf ceux de la première version, qui ne sont pas équipés de caméras) et un autre iPad, un iPhone, un iPod touch de quatrième génération ou, enfin, avec un utilisateur de FaceTime sur Mac. Si vous avez la chance d'avoir un correspondant équipé, il faudra encore que vous soyez tous deux connectés en Wi-Fi pour expérimenter cette fonction.

Passer des appels vidéo avec FaceTime

1. Touchez l'icône **FaceTime**.

2 La liste de vos contacts FaceTime récents s'affiche. Si le nom du contact à appeler ne s'y trouve pas, touchez le bouton + puis localisez-le dans le carnet d'adresses. Les contacts joignables par FaceTime sont signalés par l'icône . Touchez-la pour lancer l'appel FaceTime.

Lorsque vous utilisez **FaceTime** pour la première fois, vous devez effectuer un rapide réglage et indiquer votre identifiant iTunes si l'iPad vous le demande.

3 L'appel est lancé.

4 Sur la machine de votre correspondant, une invitation à répondre apparaît. Dès que votre contact accepte la communication, la caméra se lance et la visioconférence débute.

5 Une fois l'appel établi, vous verrez l'image de votre correspondant. Une vignette affiche votre image, c'est-à-dire ce que votre interlocuteur voit sur son écran. Par défaut, **FaceTime** utilise la caméra frontale de l'iPad. Votre interlocuteur peut ainsi voir votre visage. Vous pouvez permuter en caméra principale : touchez le bouton pour montrer à votre interlocuteur ce que vous voyez.

6 Touchez le bouton pour couper le son émis.

7 Vous pouvez faire glisser la vignette d'aperçu vers n'importe quel coin de l'écran ! Notez aussi que vous pouvez utiliser **FaceTime** en orientation portrait ou paysage.

8 Vous pouvez aussi utiliser le nouveau mode **Image dans l'image** pour réduire la fenêtre d'affichage de FaceTime à une vignette et continuer à utiliser votre iPad en arrière-plan. Touchez le bouton et faites glisser la vignette dans le coin de l'écran selon votre convenance. Consultez la section « Image dans l'image » du chapitre 2 pour plus d'informations à ce sujet.

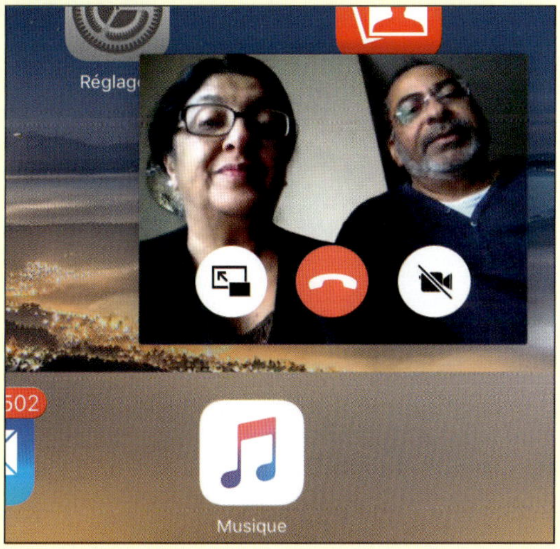

9 Touchez pour mettre fin à la conversation vidéo. Si les commandes sont invisibles, touchez simplement l'écran pour les faire apparaître.

Accepter une invitation FaceTime

De la même façon que vous pouvez émettre un appel vidéo, vous pouvez en recevoir à votre tour ! Il suffit d'indiquer l'adresse de messagerie que vous utilisez pour **FaceTime** à vos contacts possédant une machine compatible (iPad, iPhone ou Mac équipé du logiciel **FaceTime**, par exemple).

1. Lorsque vous recevez un appel, un écran spécial d'invitation s'affiche.

2. Touchez simplement le bouton **Répondre** pour répondre à l'appel vidéo ou **Refuser** pour le rejeter.

3. Vous pouvez aussi rejeter l'appel et créer simultanément un rappel à votre propre intention, pour ne pas oublier de recontacter un correspondant. Touchez **Rappel** puis **Dans une heure** pour créer un rappel avec une alerte programmée dans un délai d'une heure, ou **Quand je pars** pour déclencher le rappel lorsque vous quitterez le lieu où vous vous trouvez actuellement.

4. Pour rejeter l'appel et envoyer un message au contact appelant, touchez **Message**. Choisissez l'un des messages prédéfinis ou touchez **Personnalisé** pour créer votre propre message. L'appel est décliné et votre message envoyé immédiatement au contact émetteur de l'appel.

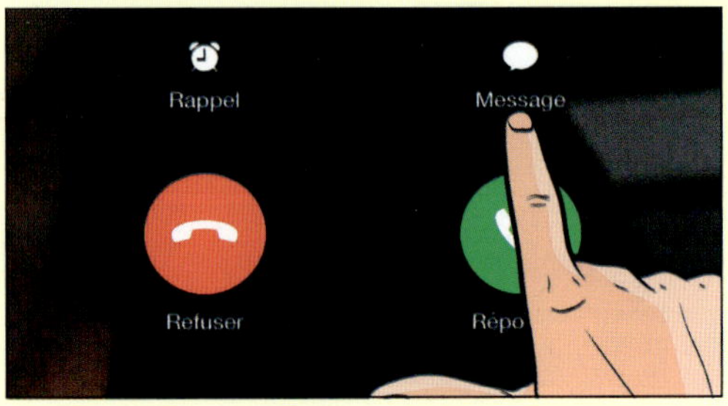

Si une pastille rouge avec un chiffre s'affiche sur l'icône de l'application **FaceTime**, c'est que vous avez manqué un ou plusieurs appels : c'est justement leur nombre qui est indiqué dans la pastille. Pour avoir des précisions sur les appels manqués, lancez **FaceTime**.

Prendre et passer des appels vocaux

Cette fonctionnalité est réservée aux propriétaires d'iPad *et* d'iPhone à la fois. Elle permet en effet de passer et de prendre des appels vocaux liés au numéro de téléphone utilisé sur votre iPhone, avec votre iPad.

1. Lorsque vous recevez un appel sur votre iPhone, votre iPad sonne.

L'iPad et l'iPhone doivent être configurés avec le même compte iTunes *et* connectés au même réseau Wi-Fi au moment de l'appel pour que cela fonctionne.

2. Touchez **Répondre** pour décrocher et prendre l'appel.

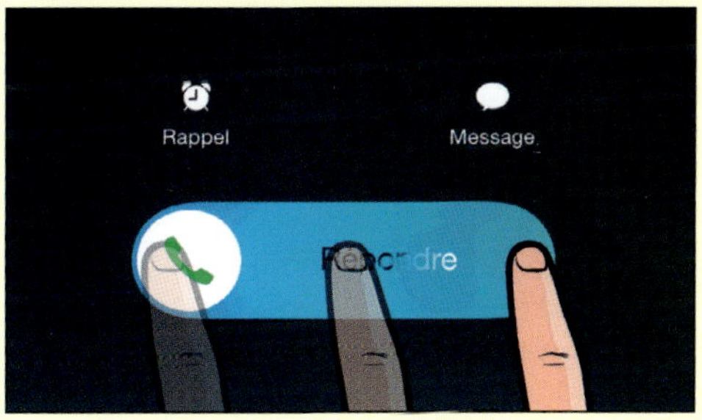

3 L'appel se déroule exactement comme sur votre iPhone. Pour mettre fin à la conversation, touchez **Terminer**.

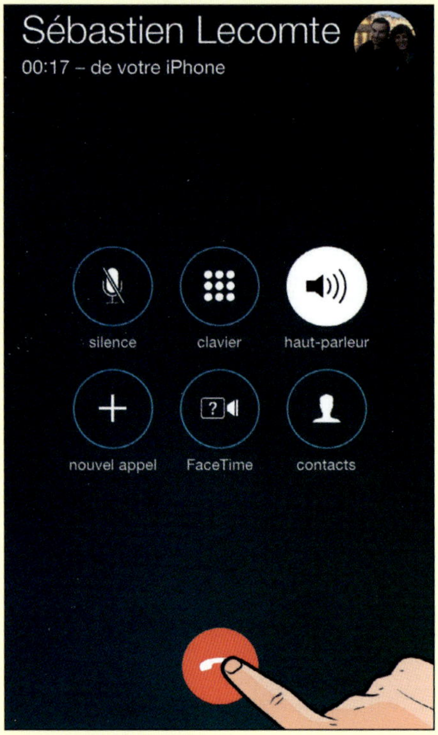

4 Pour passer un appel, il n'y a pas d'application Téléphone à proprement parler sur l'iPad, vous devez passer par le carnet d'adresses. Touchez pour afficher vos contacts.

5 Touchez pour lancer un appel vocal.

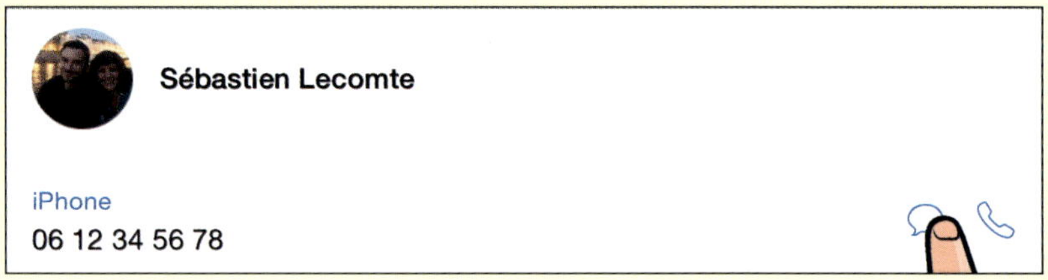

Photographier et filmer

6

L'appareil photo de l'iPad est simple mais efficace. Sa résolution et la qualité d'image produite par la caméra HD sont bonnes, mais il n'offre aucune fonction complexe digne des appareils photo ou des Caméscopes numériques. Grâce à la connexion à Internet, vous pourrez partager vos photos et petits films immédiatement avec vos proches ou sur le Web, ou encore utiliser des applications ludiques pour les transformer. Par ailleurs, grâce à son écran, l'iPad offre de superbes manières de visualiser vos photos : par albums ou sous la forme de diaporamas en musique, avec des effets de transition originaux. Enfin, la nouvelle fonction Souvenirs permet de réaliser de jolis films en musique à partir de vos photos.

Dans ce chapitre :

- Découvrir l'appareil photo de l'iPad
- Prendre une photo
- Ajuster les options de l'appareil photo
- Prendre une photo panoramique
- Filmer avec l'iPad
- Visualiser vos photos et vos vidéos
- Utiliser et partager vos photos
- Retoucher vos photos et ajouter un filtre
- Créer une vidéo « Souvenir » à partir de vos photos
- Transférer vos photos de l'iPad vers votre ordinateur
- Photo Booth

Découvrir l'appareil photo de l'iPad

Votre iPad dispose de deux objectifs :

1. Le premier, au dos, en haut à gauche du logo Apple. Cet objectif principal prend des photos et des vidéos en haute définition.

2. Le second, face à vous lorsque vous regardez l'écran, à côté du haut-parleur, en haut : cette caméra dite « frontale » permet donc de vous filmer ou de vous photographier, ou encore de profiter de **FaceTime**, tout en regardant l'écran. Les photos prises sont de résolution moindre.

La petite diode située juste à côté de l'objectif au dos de l'iPad est le flash de l'appareil photo. L'appareil photo de l'iPad offre aussi un zoom. Lorsque vous prenez une photo, l'appareil photo émet un bruit d'obturateur, sauf si l'iPad est en mode silencieux. Le zoom de l'appareil photo de l'iPad est un zoom *numérique*. Un zoom *numérique* se contente de recadrer l'image d'origine (contrairement à un zoom *optique*, effectué à l'aide d'un objectif). En fait, le zoom numérique permet d'agrandir un sujet ou un détail, et non de s'en rapprocher.

Prendre une photo

1 Lorsque l'iPad est en veille, appuyez sur le bouton Accueil, puis touchez et faites glisser  vers le haut pour lancer rapidement l'appareil photo.

Si l'iPad est déverrouillé, touchez l'icône **Appareil photo** sur l'écran d'accueil.

2 Pointez l'iPad vers la scène à photographier. L'écran affiche exactement ce qui va être pris en photo.

3 Le cadre affiché en surimpression indique la zone de mise au point (zone du cadre qui doit être nette dans la photo). Touchez la zone de l'écran sur laquelle vous souhaitez faire la mise au point. L'appareil photo de l'iPad est capable de détecter et faire le point sur les visages (qu'il s'agisse d'un portrait individuel ou d'une photo de groupe), et règle l'exposition en conséquence.

4 Vous pouvez aussi prendre une photo au format carré : faites glisser le curseur situé au-dessous du bouton de déclenchement de prise de vue sur **Carré**.

5 Pour changer de vue, et vous photographier vous-même, par exemple, touchez le bouton . L'iPad utilise désormais l'objectif situé sur la face avant. Chaque fois que vous touchez le bouton de permutation, vous changez d'objectif.

N'oubliez pas que vous pouvez passer de l'orientation portrait à l'orientation paysage, et inversement, à tout moment.

6. Touchez le bouton ◎ pour déclencher la prise de vue. Si vous maintenez le doigt appuyé sur ◎, vous prendrez jusqu'à dix photos en rafale.

7. Il est aussi possible de déclencher la prise de vue à l'aide du bouton de volume +. Vous évitez ainsi de positionner vos doigts devant l'objectif pendant la prise de vue !

8. Recommencez pour prendre d'autres photos. À chaque fois, touchez la zone sur laquelle vous souhaitez faire la mise au point pour ajuster la luminosité et l'exposition de la photo.

9. Lorsque vous avez terminé avec l'appareil photo, appuyez sur le bouton Accueil pour quitter l'application. Pour visualiser une photo ou une vidéo immédiatement après la prise de vue, sans quitter **Appareil photo**, touchez la vignette en bas à gauche de l'écran. La bibliothèque de photos s'affiche alors.

Ajuster les options de l'appareil photo

Avec son zoom numérique, son minuteur et ses différents outils de composition, l'appareil photo de l'iPad est très complet (bien qu'il ne dispose pas d'un flash). Vous pouvez paramétrer chacun de ses réglages facilement.

1 Pour effectuer un zoom, touchez l'écran avec deux doigts et écartez-les, comme pour zoomer habituellement sur l'iPad.

2 Vous pouvez ensuite ajuster le zoom en faisant glisser le curseur en bas d'écran.

3. L'appareil photo est aussi doté d'un retardateur. Touchez , puis choisissez une durée : 3 ou 10 secondes.

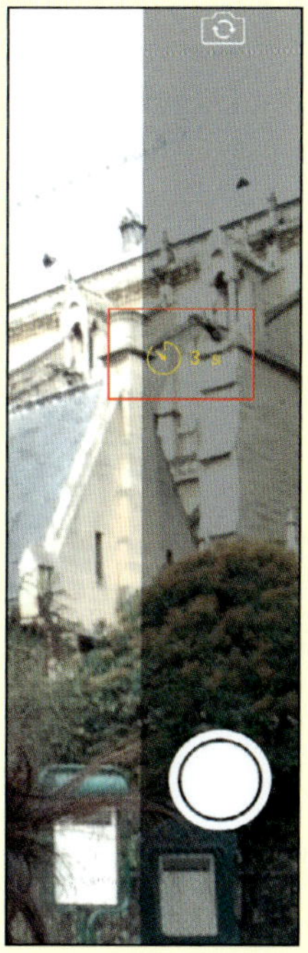

4. Appuyez sur le bouton de prise de vue : le compte à rebours commence.

> Touchez à nouveau et sélectionnez **Désactivé** pour annuler le minuteur.

5. Activez l'option **HDR** (uniquement disponible pour l'objectif arrière) si vous souhaitez que l'iPad capture trois versions de la prise de vue, chacune avec un niveau d'exposition différent, puis réunisse les meilleurs aspects de chacune en une photo unique. Attention ! L'espace disponible sur votre iPad sera vite rempli avec ce type de photos.

Prendre une photo panoramique

La fonction de prise de vue panoramique est sensationnelle : elle permet de créer très simplement un panorama en haute résolution à 240 degrés.

1. Touchez l'icône **Appareil photo** sur l'écran d'accueil et positionnez l'iPad en orientation portrait (la création de panorama ne fonctionne pas en orientation paysage).

2. Faites glisser le curseur de prise de vue sur **Pano**.

3. Cadrez la scène sur le début de la vue panoramique souhaitée et touchez le bouton ◯ pour déclencher la prise de vue.

4. À vous de jouer à présent : vous devez déplacer l'iPad en pivotant sur vous-même. Un repère visuel vous aide à garder l'iPad bien horizontal : la pointe de la flèche blanche doit suivre autant que possible la ligne bleue au fur et à mesure que vous pivotez. Tournez-vous jusqu'à terminer le panorama (un panorama complet effectue une rotation de 240 degrés) ou touchez le bouton **Arrêt** pour stopper la prise de vue prématurément.

5. L'iPad génère la photo panoramique et la sauvegarde dans votre bibliothèque de photos. Admirez le résultat !

La prise de vue panoramique est par défaut programmée pour une rotation vers la droite. Pour changer de sens, touchez simplement la flèche blanche.

Filmer avec l'iPad

L'appareil photo de l'iPad fait aussi office de caméra vidéo et offre une très bonne qualité d'enregistrement. Un mode vidéo spécial appelé **Accéléré** ravira les amateurs d'effets spéciaux : il produit une vidéo à grande vitesse, en accéléré – un effet très à la mode aussi appelé *time lapse*.

1 Lancez l'appareil photo et choisissez le mode **Vidéo** en faisant glisser le curseur.

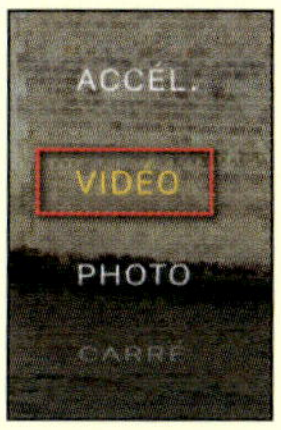

2 Comme lorsque vous prenez une photo, touchez le bouton de permutation pour changer d'objectif, ajustez le zoom et, enfin, touchez la zone de l'écran sur laquelle vous souhaitez faire la mise au point.

3 Touchez pour lancer l'enregistrement. Le bouton affiche un voyant rouge, qui clignote tant que vous filmez. Remarquez la durée de l'enregistrement en cours en haut à gauche de l'écran.

4 Touchez à nouveau pour arrêter l'enregistrement.

5 Pour filmer en accéléré, faites glisser le curseur sur **Accéléré**.

6 Touchez pour lancer l'enregistrement. À intervalles réguliers, l'iPad prend des photos et les assemble ensuite pour créer une vidéo très rapide. À essayer pour créer d'impressionnantes vidéos de lever ou de coucher de soleil, de nuages en mouvement, de véhicules qui se déplacent, *etc*.

7 Touchez à nouveau pour arrêter l'enregistrement.

Visualiser vos photos et vos vidéos

Avec l'iPad, vous disposez de plusieurs manières de visualiser vos photos : par albums, par lieux, et même sous la forme d'un diaporama. Il est aussi possible de masquer certaines photos. Vous pouvez aussi manipuler et retoucher vos photos, découper vos vidéos et, enfin, partager vos créations avec vos proches, par courriel, par message ou sur YouTube, par exemple. Toutes ces manipulations se font à l'aide de l'application **Photos**.

1 Touchez **Photos** sur l'écran d'accueil pour accéder aux photos et vidéos prises avec votre iPad.

2 L'ensemble des photos et des vidéos s'affiche sous forme de « moments », c'est-à-dire regroupées par dates ou lieux de prises de vue communs.

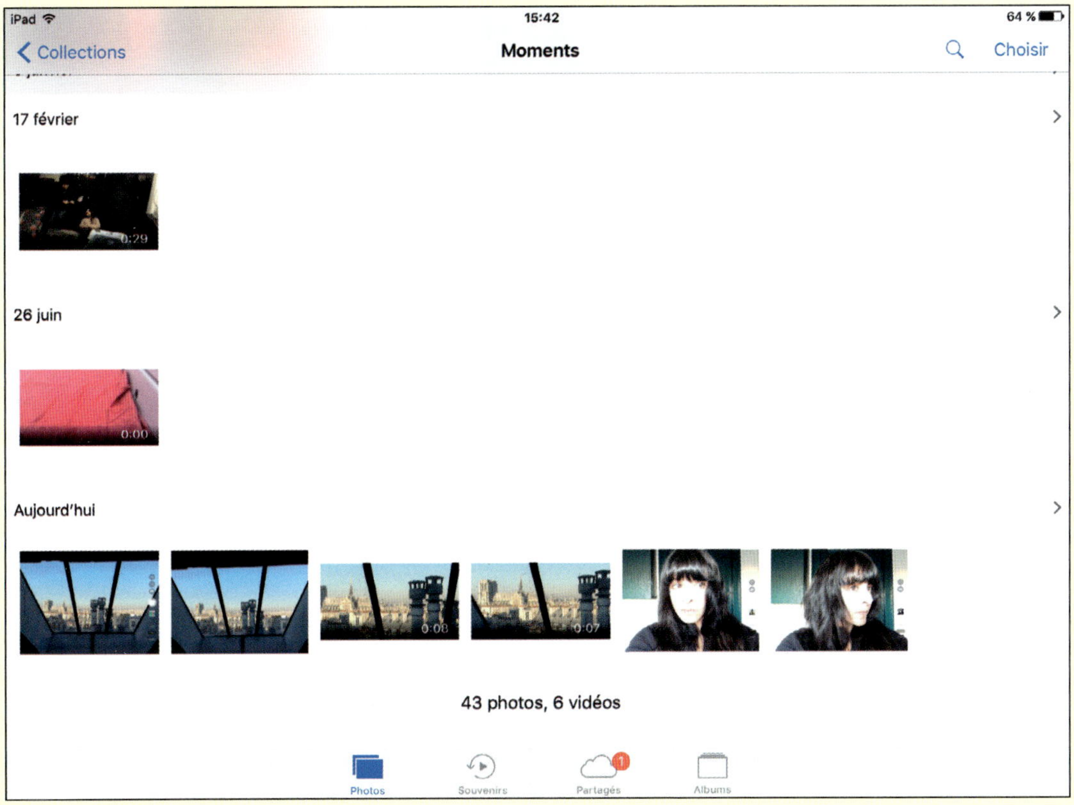

3 Il suffit de toucher une vignette pour afficher l'image ou la vidéo en plein écran.

4 Touchez l'écran pour faire apparaître les commandes : sert à supprimer la photo ou la vidéo ; permet d'accéder aux outils de partage et d'utilisation des photos et vidéos (consultez la section suivante, « Utiliser et partager vos photos », pour plus d'informations), mais aussi à la nouvelle fonction de masquage de photos : touchez puis **Masquer** pour que la photo sélectionnée ne soit plus visible dans la Pellicule, sans pour autant l'effacer, bien entendu.

5 permet de marquer vos photos favorites pour les retrouver plus facilement. Remarquez la localisation de la photo et/ou la date de prise de vue, affichées en haut d'écran. Faites glisser horizontalement pour voir la photo suivante ou précédente au sein d'une collection.

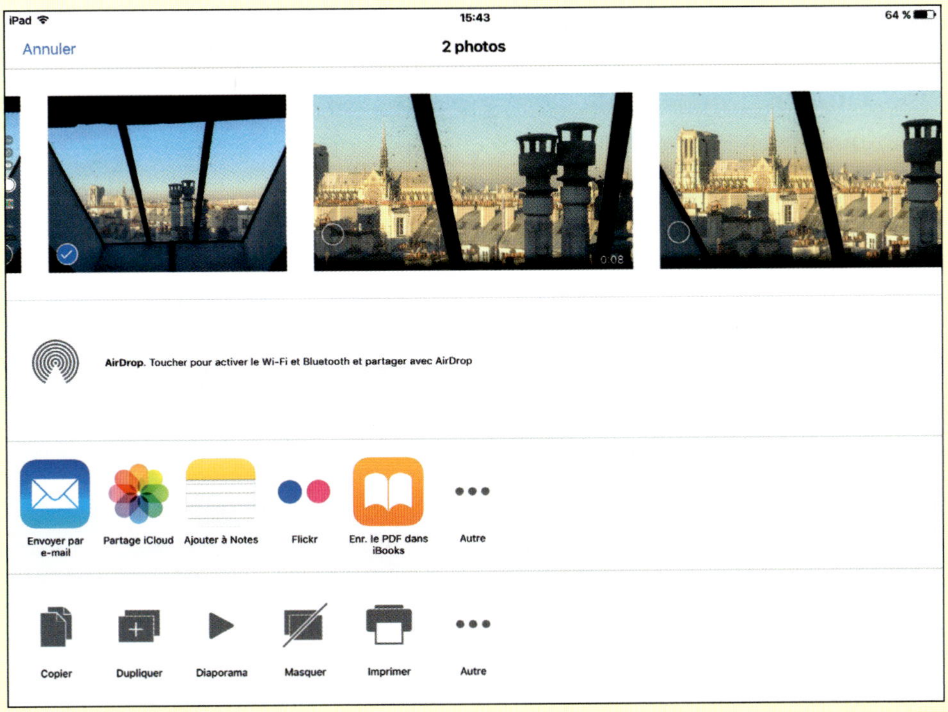

6 Certaines commandes sont spécifiques aux vidéos : touchez ▶ pour lancer la lecture. Nouveau : depuis la dernière mise à jour d'iOS, vous pouvez zoomer dans une vidéo en cours de lecture ! Utilisez la même technique que sur les photos : touchez l'écran avec deux doigts et écartez-les.

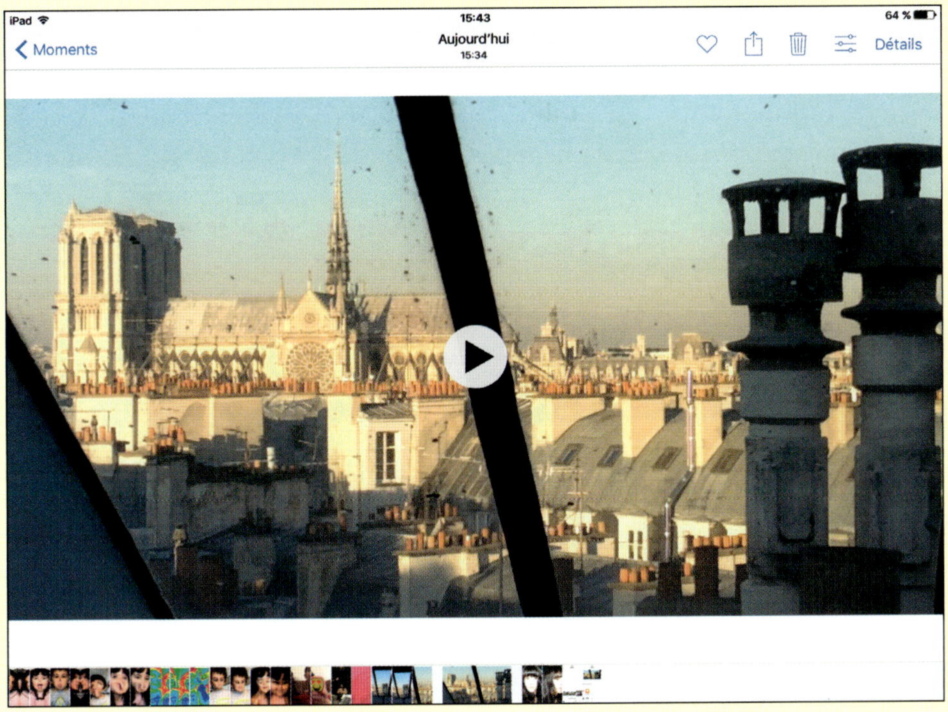

7 Touchez **Albums** en bas d'écran pour voir les photos et les vidéos groupées par types et par albums personnalisés. Un album spécial contient les photos prises et un autre regroupe celles qui ont été supprimées récemment (ce dernier permettant de restaurer une photo supprimée). Enfin, un album contient les captures d'écran.

Pour réaliser une capture d'écran, appuyez simultanément sur le bouton Accueil et sur le bouton de démarrage.

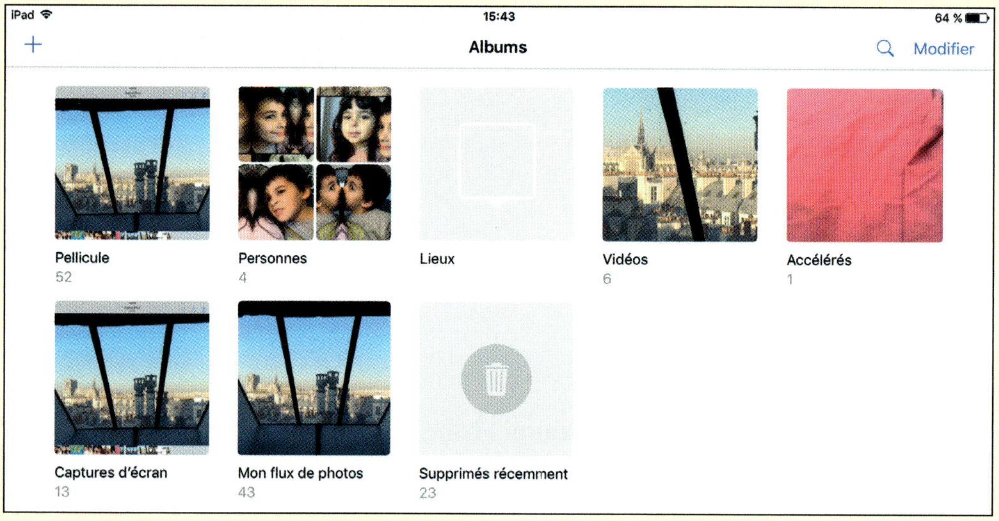

8 Pour effectuer des opérations (déplacement, suppression, partage) sur une série de photos, effectuez une sélection : touchez le bouton **Sélectionner** en haut d'écran, puis touchez une photo pour la sélectionner. Notez que, depuis la dernière mise à jour d'iOS, il n'est plus nécessaire de toucher successivement chaque photo à sélectionner : après avoir sélectionné une première photo, faites glisser votre doigt pour automatiquement sélectionner les photos survolées.

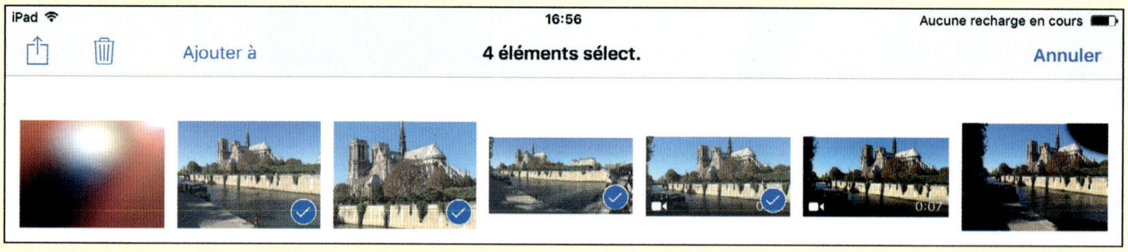

Chaque fois que vous prenez une photo, l'iPad enregistre une multitude d'informations, comme la date de la prise de vue, mais aussi votre emplacement. L'iPad peut ainsi organiser et afficher vos photos intelligemment sous la forme de collections, par années et par lieux.

Utiliser et partager vos photos

L'iPad permet de partager facilement vos photos et vidéos, avec **AirDrop**, par message, sur les réseaux sociaux ou grâce à l'option **iCloud**. Vous pouvez aussi insérer une photo dans une note, assigner une photo à un contact ou en faire votre fond d'écran.

1. Dans chaque cas, commencez par afficher la photo, puis touchez le bouton [partager]. Vous pouvez aussi au préalable sélectionner plusieurs photos ou vidéos (consultez la section précédente pour plus d'informations sur la sélection de photos multiples).

2. Choisissez une option de partage. Notez que ce type d'options diffère selon la sélection : photo, vidéo ou sélection multiple (les options de partage pour les sélections multiples sont réduites : par exemple, il est impossible de partager plusieurs photos sur **Twitter** ou un mélange de photos et vidéos par e-mail, du moins de cette façon).

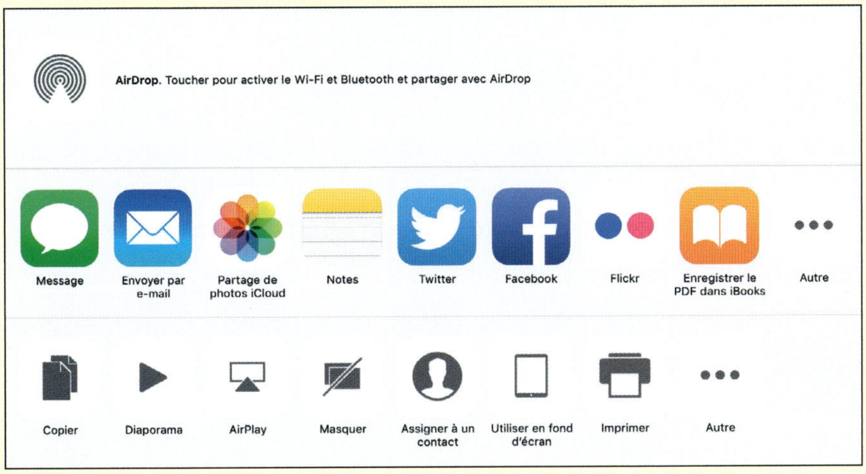

- Touchez **AirDrop** pour détecter un appareil Apple compatible à proximité et partager la photo.
- Touchez **Message** ou **Envoyer par e-mail** pour créer un message ou un e-mail avec les photos ou vidéos sélectionnées en pièces jointes (attention : photos et vidéos ne peuvent être partagées dans un même message).
- Touchez **Partage de photo iCloud** pour partager votre photo en ligne avec un ou plusieurs contacts. Indiquez les contacts de votre carnet d'adresses concernés et un nom pour le flux, puis touchez **Suivant**. Touchez le bouton **Publier**.
- Touchez **Note** pour insérer la photo dans une note existante ou une nouvelle note.
- Touchez **Twitter** pour publier un tweet avec la photo en pièce jointe.
- Touchez **Facebook** pour publier la photo ou la vidéo dans votre journal.
- Touchez **Flickr** pour partager la photo sur votre compte Flickr.

- Touchez **Enregistrer le PDF dans iBooks** pour créer un document PDF à partir de la photo.
- Touchez **Copier** pour enregistrer la photo dans le presse-papiers et la coller dans une autre application (**Notes**, **Mail**, par exemple).
- Pour lancer un diaporama de vos photos et vidéos, touchez **Diaporama**.
- Pour afficher la photo sur un périphérique compatible AirPlay (une Apple TV ou une télévision *via* une box Internet, par exemple), touchez **AirPlay**.
- Touchez **Masquer** pour que la photo n'apparaisse plus. La photo sera masquée dans la Pellicule, mais restera visible dans **Albums**.
- Pour attribuer une photo à un contact, sélectionnez-la et choisissez l'option **Assigner à un contact**. Votre liste de contacts s'affiche à droite de la photo. Défilez pour atteindre le contact de votre choix dans la liste et touchez son nom. Touchez **Utiliser**. La photo est associée au contact.
- Pour utiliser une photo comme fond d'écran, choisissez l'option **Utiliser en fond d'écran**. Indiquez si la photo doit servir de fond d'écran pour l'iPad verrouillé, pour l'écran d'accueil ou les deux. Vous pouvez ainsi utiliser deux photos différentes pour le fond d'écran de votre iPad. L'option **Perspective** crée un effet de perspective dit « parallaxe » lorsque vous inclinez l'écran.
- Si vous possédez une imprimante compatible avec l'iPad, vous pouvez imprimer vos photos directement depuis l'application **Photos** : choisissez l'option **Imprimer**.

> La fonction d'impression n'est à l'heure actuelle compatible qu'avec un nombre limité d'imprimantes Wi-Fi. Vérifiez si votre imprimante en fait partie dans la boutique Apple :
>
> `http://store.apple.com/fr`

Retoucher vos photos et ajouter un filtre

L'iPad vous permet d'effectuer simplement et efficacement des retouches basiques sur vos photos : rotation, amélioration automatique des couleurs et du contraste, application de filtres, correction des yeux rouges et recadrage.

1. Affichez une photo et touchez **Modifier** en haut à droite de l'écran.
2. Sélectionnez un effet à appliquer à la photo. Vous pouvez en choisir plusieurs successivement :
   - Touchez ■ pour appliquer la correction colorimétrique automatique.

- Touchez pour recadrer la photo ou appliquer une rotation. Notez que l'iPad est capable de détecter un horizon incliné et proposera automatiquement un recadrage et une inclinaison appropriés.
- Touchez pour appliquer un filtre ou modifier le filtre appliqué. Touchez les vignettes pour voir les effets des différents filtres.
- Touchez pour ajuster les paramètres de couleur et de luminosité : attention, ce sont des réglages avancés qui demandent quelques connaissances en colorimétrie.

3 Touchez **OK** pour sauvegarder la photo retouchée ou **Annuler** pour ne pas appliquer les modifications.

4 La photo retouchée est enregistrée dans votre bibliothèque d'images. Notez que l'application des filtres est dynamique : vous pouvez modifier un filtre appliqué ou revenir à la photo originale à tout moment, et ce même si vous avez effectué la prise de vue avec un filtre au départ. Touchez pour cela **Modifier**.

Créer une vidéo « Souvenir » à partir de vos photos

La dernière mise à jour d'iOS offre une nouvelle fonctionnalité épatante : la possibilité de créer des « Souvenirs », c'est-à-dire des petites vidéos constituées à partir de vos photos. C'est à la fois ludique et très impressionnant !

Pour créer une vidéo souvenir, touchez le bouton Souvenirs en bas de l'application Photos. Des souvenirs sont automatiquement proposés. Touchez l'un d'eux pour lancer la lecture et modifier les options du film généré : vous pouvez choisir une « ambiance » musicale et rythmique et une longueur de vidéo.

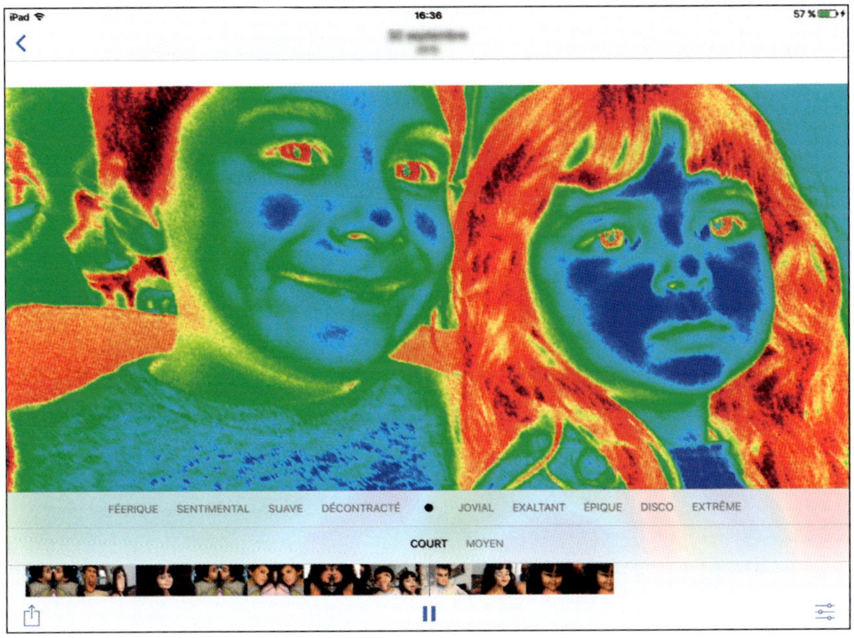

Saviez-vous qu'il est très simple de découper vos vidéos avec l'iPad ? Vous pouvez supprimer aisément des images au début et à la fin de vos films. Affichez la vidéo et lancez la lecture. Touchez l'écran pour afficher les commandes, puis **Modifier**. Faites glisser le curseur de gauche pour éliminer des images au début de la vidéo. Faites glisser le curseur de droite pour couper les images de fin. Le cadre jaune doit s'afficher ; sinon, c'est le curseur de lecture que vous avez déplacé. Recommencez. Une fois la vidéo recadrée comme souhaité, touchez **Raccourcir** puis :

- Choisissez **Raccourcir l'original** pour effectuer le découpage comme souhaité. Attention : dans ce cas, les images supprimées sont effacées définitivement !
- Choisissez **Nouvel extrait** pour conserver la vidéo d'origine et créer une nouvelle vidéo raccourcie. La nouvelle vidéo sera enregistrée dans la bibliothèque, à la suite de l'originale.

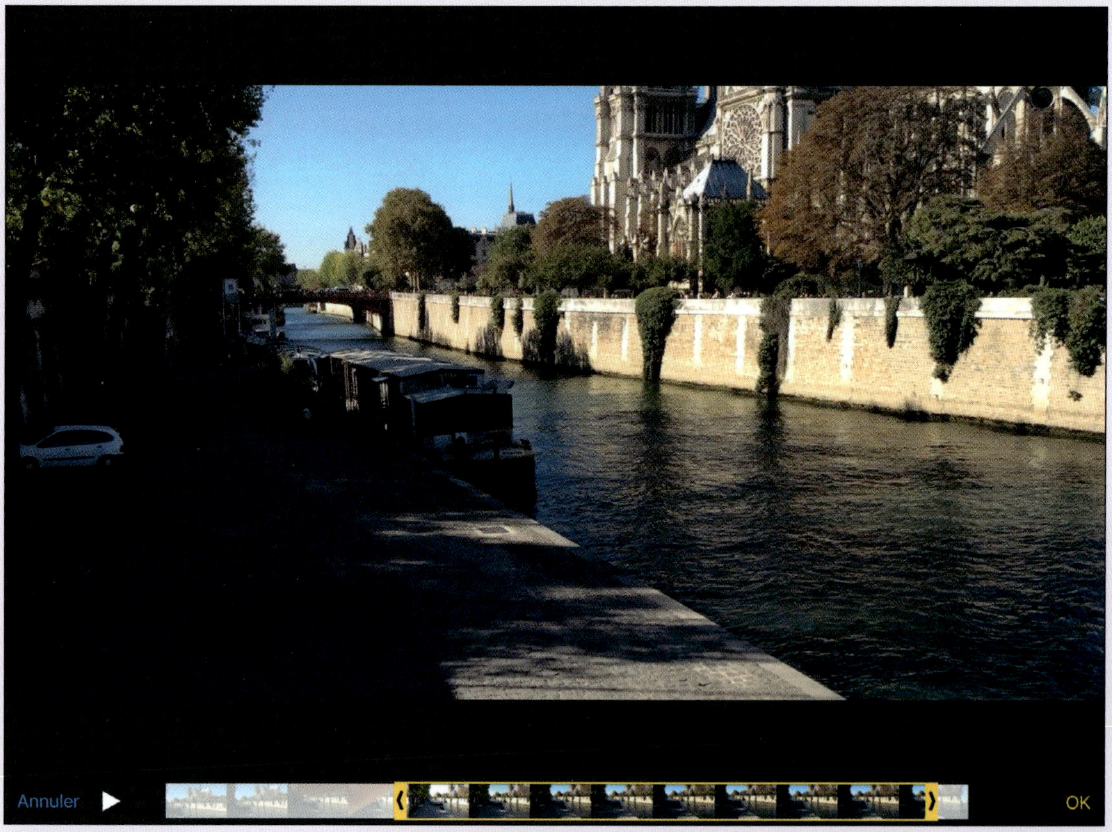

Transférer vos photos de l'iPad vers votre ordinateur

Vous pouvez *récupérer* toutes les photos prises avec votre iPad sur un ordinateur : c'est tout de même plus pratique que de les envoyer par courriel une par une pour les sauvegarder ! L'iPad se comporte exactement comme n'importe quel appareil photo lorsque vous le connectez à votre ordinateur, à l'aide du câble USB fourni.

1. Sur Mac, sélectionnez les photos souhaitées, puis **Importer** ou **Télécharger dans iPhoto**. Sur PC, choisissez **Importer les images** ou **Ouvrir l'appareil mobile** pour importer les fichiers.
2. Les photos se trouvent dans le dossier Internal Storage/DCIM.
3. Vous pouvez les trier, les regrouper et les copier dans vos dossiers d'images sur l'ordinateur. Vous pouvez aussi les effacer, mais attention, toute suppression est définitive, sans passer par la Corbeille !

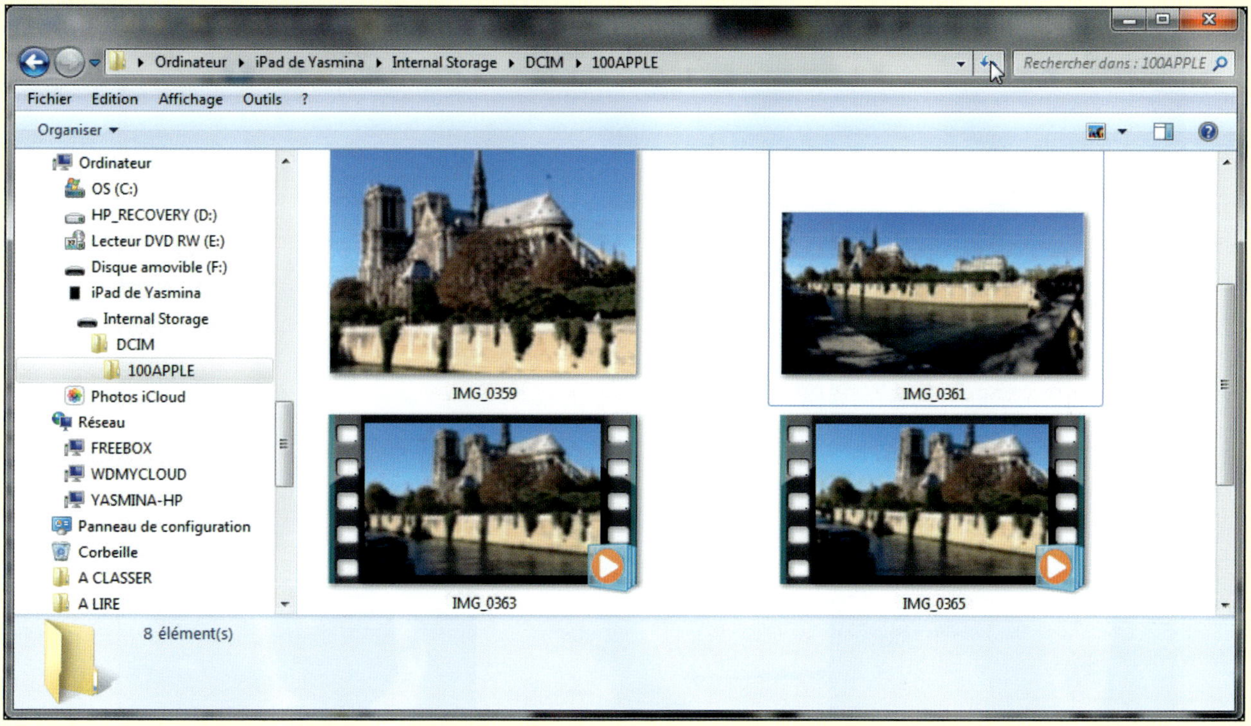

Sachez tout de même que, lorsque vous effectuez une sauvegarde de l'iPad à l'aide d'**iTunes**, vos photos sont sauvegardées elles aussi. Il est néanmoins recommandé de sauvegarder vos photos de temps à autre sur votre ordinateur. Le transfert vers un Mac se passe généralement mieux que vers un PC (en ce qui concerne l'orientation des photos et l'enregistrement des données associées aux prises de vue).

Photo Booth

Pour terminer ce chapitre, découvrons ensemble l'application complémentaire de l'appareil photo, version ludique : **Photo Booth** (signifiant littéralement « cabine photo »). Cette application est drôle surtout lorsqu'on l'utilise, et n'exige pas beaucoup d'explications…

1. Touchez l'icône **Photo Booth**.

2. En prenant soin de ne pas mettre vos doigts devant l'objectif, regardez l'écran.
3. Pour immortaliser une mise en scène, touchez le bouton de prise de vue.
4. Les clichés sont enregistrés dans la bibliothèque de photos.

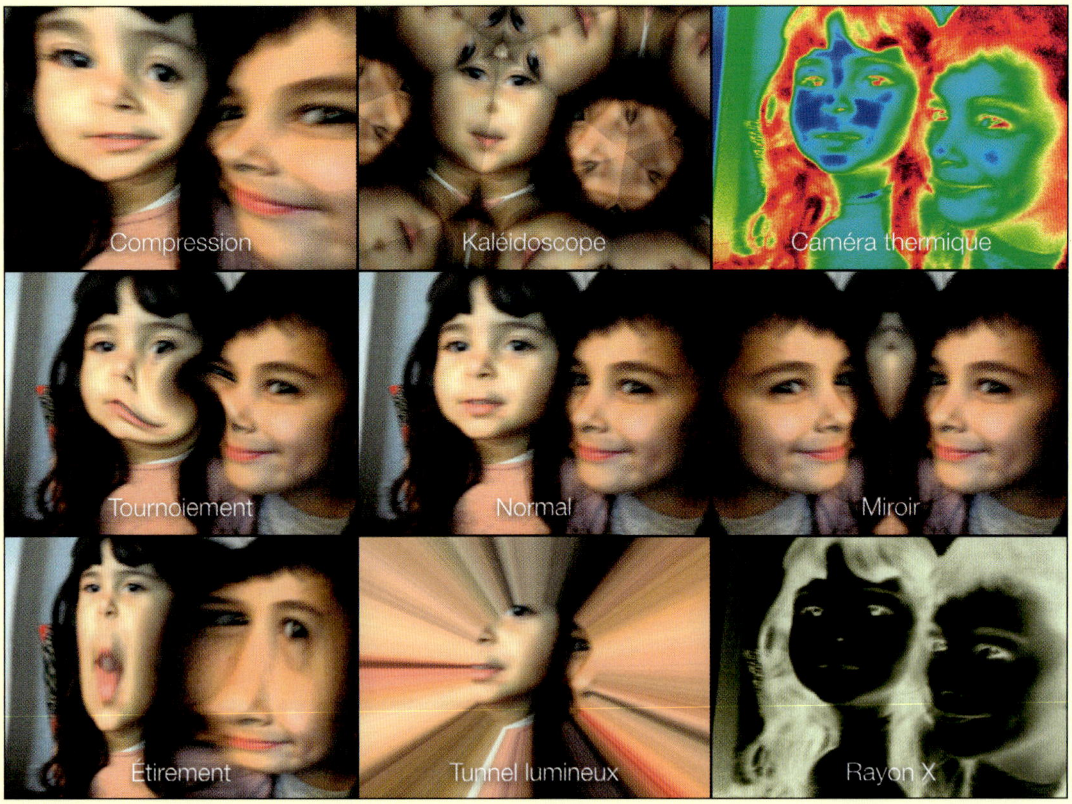

Écouter de la musique et regarder des vidéos

7

Vous découvrirez dans ce chapitre comment remplir votre iPad avec votre musique : en achetant des éléments sur l'iTunes Store, ou en transférant votre musique depuis votre ordinateur à l'aide du logiciel **iTunes**. Vous verrez ensuite, bien sûr, comment y accéder sur votre iPad. Vous apprendrez aussi à diffuser votre musique sur d'autres appareils : un téléviseur, par exemple.

La taille confortable de l'écran et le format proche de celui d'un écran de télévision font par ailleurs de l'iPad un support parfaitement adapté pour le visionnage de vidéos. Grâce à votre iPad, vous pourrez transférer vos propres vidéos, ou en acheter sur l'iTunes Store pour constituer votre bibliothèque de vidéos personnelles, puis les lire par le biais de l'application **Vidéos**.

Dans ce chapitre :

- Créer votre bibliothèque musicale
- Écouter votre musique
- Contrôler la musique
- Utiliser les playlists
- Apple Music
- Créer votre bibliothèque de vidéos
- Visionner vos films, séries, clips et vidéos
- Configurer le partage familial

Créer votre bibliothèque musicale

Pour pouvoir écouter de la musique sur l'iPad, vous devez commencer par créer votre bibliothèque musicale. Il y a deux façons de le faire :

- Acheter des morceaux ou des albums complets sur l'iTunes Store, la boutique en ligne, directement depuis l'iPad.
- Transférer votre musique depuis un ordinateur. Vous devez d'abord créer votre *bibliothèque musicale* dans **iTunes**, puis synchroniser l'iPad, en le connectant à cet ordinateur.

Acheter de la musique

Si vous avez déjà installé **iTunes** et créé votre compte, vous pouvez explorer l'iTunes Store et télécharger du contenu (majoritairement payant).

1. Touchez l'icône **iTunes Store** sur l'écran d'accueil.
2. Vous pouvez alors explorer l'iTunes Store par classements ou par thèmes, effectuer une recherche par mots-clés, *etc.* Touchez **Genres** pour afficher des sélections plus précises. Vous pouvez aussi saisir un mot-clé (titre, nom d'artiste…) dans le champ de recherche en haut à droite.

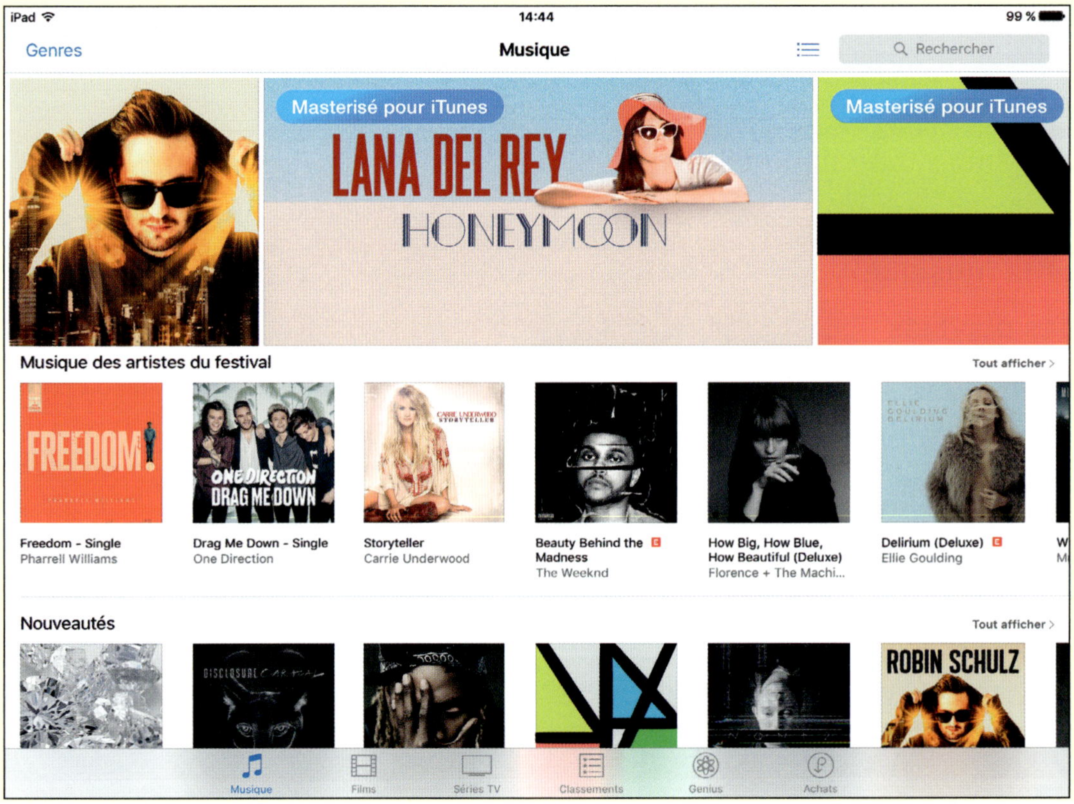

3 Touchez un morceau pour en écouter gratuitement un extrait.

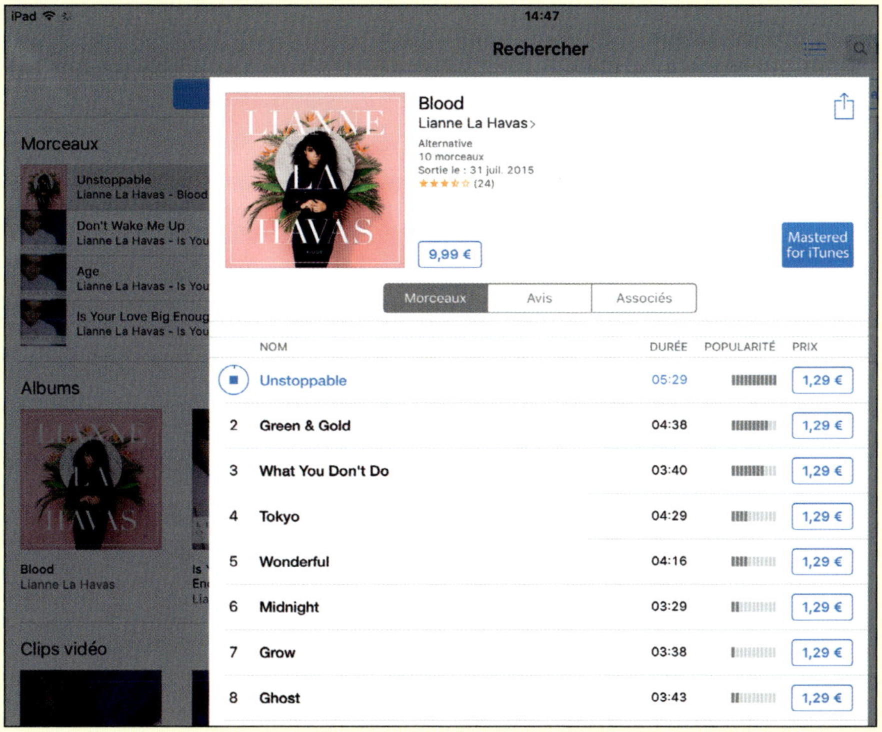

4 Pour acheter un élément, qu'il s'agisse d'un album entier ou d'un titre unique, touchez le bouton indiquant le prix, puis **Acheter**. Après la saisie de votre mot de passe ou la validation de l'achat avec votre empreinte, le téléchargement démarre (cet élément vous sera aussi immédiatement facturé). Lorsque vous avez déjà acheté un élément, la mention **Acheté** remplace le prix.

L'iTunes Store utilise les mêmes informations de compte et de paiement que l'App Store. Il est possible qu'une vérification de vos chiffres de carte bancaire et une confirmation vous soient demandées suite au premier achat.

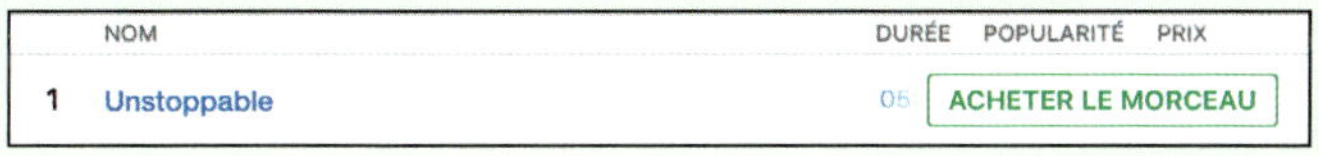

5 Patientez pendant le téléchargement de l'album ou du morceau dans votre bibliothèque de musiques.

6 Si vous avez acheté des éléments sur une autre machine Apple utilisant le même compte iTunes, vous pouvez les télécharger à nouveau gratuitement sur votre iPad. Touchez **Achats** dans l'iTunes Store. Touchez pour lancer le téléchargement d'un morceau, d'un album ou de l'ensemble des éléments.

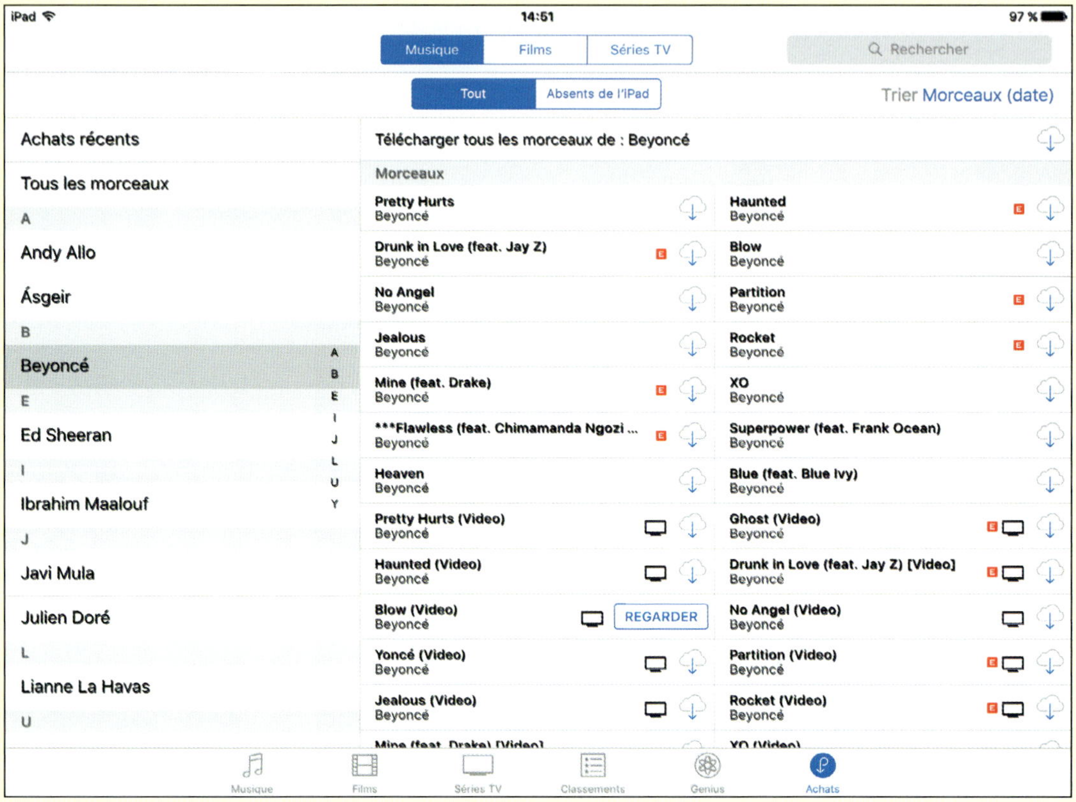

Transférer de la musique depuis votre ordinateur

Pour transférer votre musique depuis un ordinateur, vous devez d'abord créer une bibliothèque dans **iTunes**, puis synchroniser l'iPad, c'est-à-dire y copier à l'identique le contenu de cette bibliothèque.

1. Sur votre ordinateur, lancez le logiciel **iTunes**, puis cliquez sur → **Ajouter le fichier à la bibliothèque**.

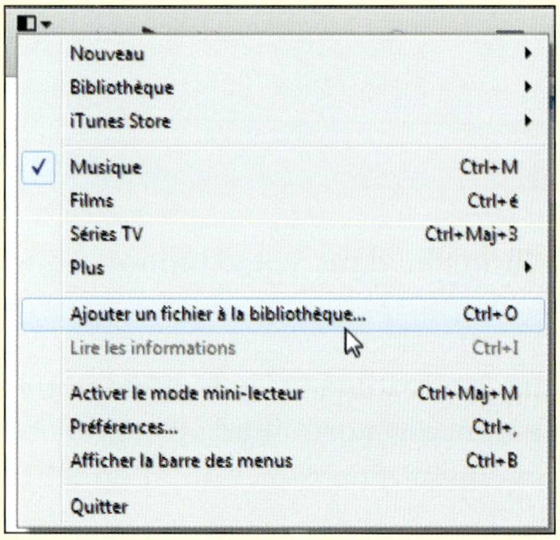

2 Parcourez vos dossiers et localisez les fichiers MP3 à importer. Pour importer la totalité de la musique se trouvant sur votre ordinateur, sélectionnez le dossier **Musique**. Vous pouvez sélectionner un ou plusieurs fichiers (en maintenant la touche **Ctrl** enfoncée), ou l'ensemble d'un dossier (appuyez sur **Ctrl** + **A**).

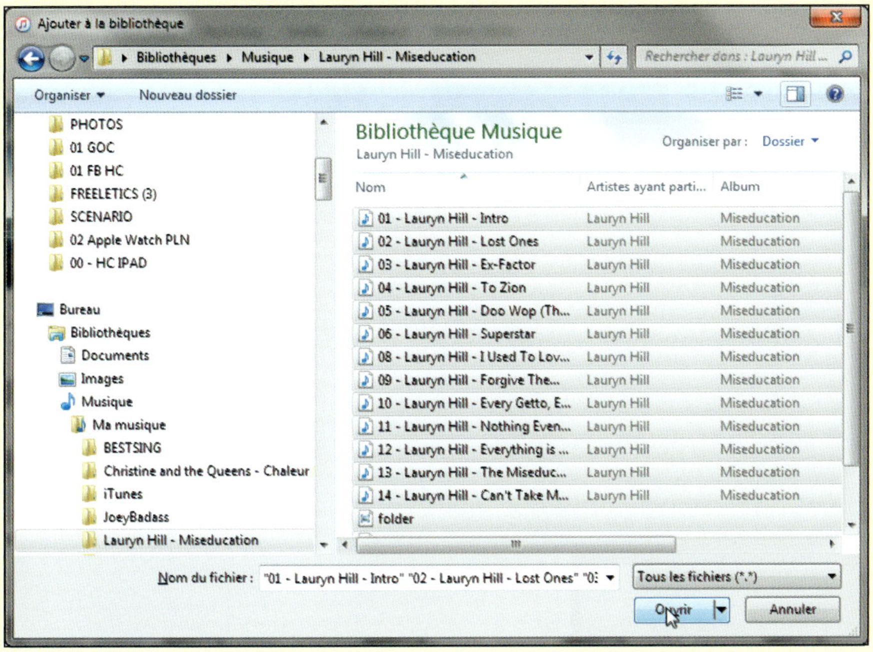

3 Patientez pendant qu'**iTunes** ajoute les fichiers sélectionnés à votre bibliothèque de musiques. À la fin de l'opération, vous pourrez voir vos morceaux de musique dans la bibliothèque **Musique** d'**iTunes**. Cliquez sur ♫ dans **iTunes**, puis sur **Musique** pour la voir.

Pour récupérer les visuels des pochettes d'albums, sélectionnez l'ensemble de votre bibliothèque (appuyez sur **Ctrl** + **A**), puis cliquez avec le bouton droit et choisissez **Obtenir les illustrations d'album**. Vous devez être connecté à l'aide de votre identifiant iTunes pour cela. Si ce n'est pas le cas, cliquez sur Connexion et saisissez vos informations de connexion.

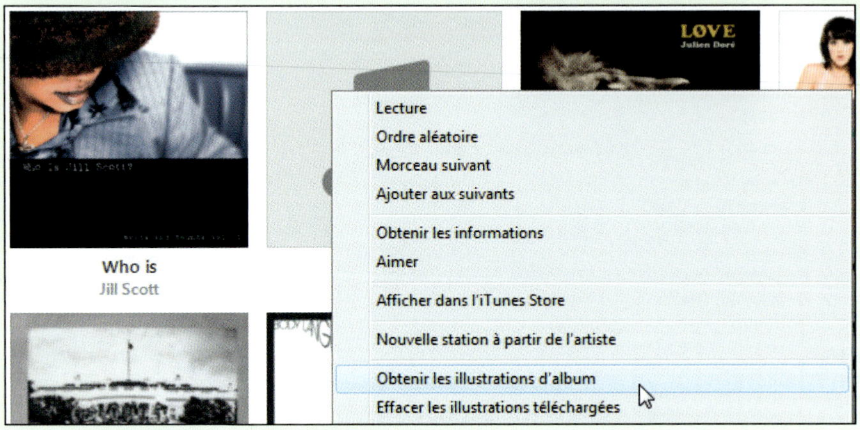

Les visuels trouvés s'affichent en remplacement des vignettes grises.

4 Une fois votre bibliothèque constituée, vous pouvez la transférer vers l'iPad. Pour synchroniser la musique, connectez l'iPad à votre ordinateur à l'aide du câble fourni. Patientez quelques instants, jusqu'à voir un pictogramme représentant l'iPad apparaître en haut à gauche de l'écran. Cliquez sur ce pictogramme.

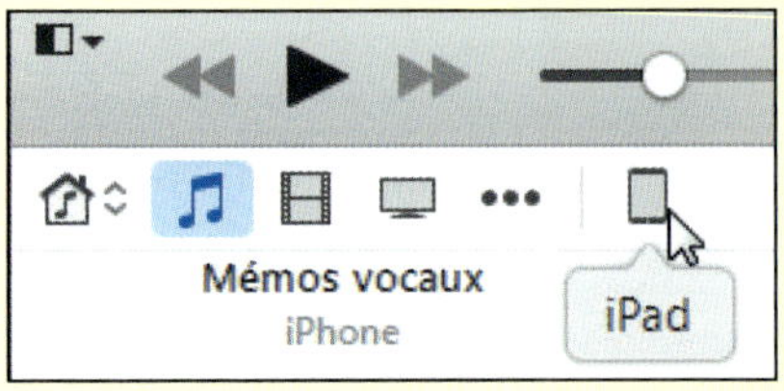

Sous Windows, **iTunes** peut afficher un message d'erreur vous demandant de reconnecter l'iPad. Fermer et relancer le logiciel peut résoudre le problème.

5 iTunes affiche désormais des informations sur votre iPad et son contenu.

6 Cliquez sur **Musique** dans la barre de menus à gauche.

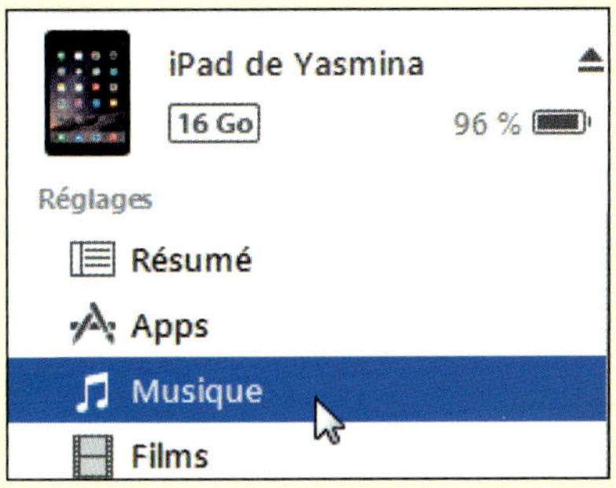

7 Activez l'option **Synchroniser la musique**.

8 Pour copier l'intégralité de la musique se trouvant dans votre bibliothèque, sélectionnez **Toute la bibliothèque musicale**. Sinon, vous pouvez choisir des listes de lecture, des albums ou des artistes spécifiques.

9 Cliquez sur **Appliquer**, puis sur **Synchroniser** en bas d'écran. Patientez pendant la synchronisation. Vous pouvez ensuite déconnecter l'iPad.

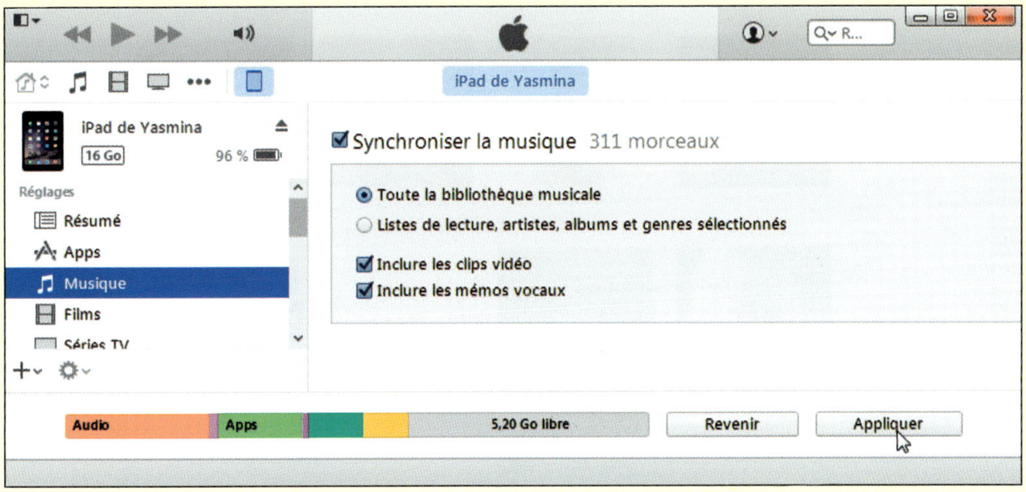

Si les morceaux à transférer sur votre iPad ne sont pas déjà convertis au format MP3 sur votre ordinateur, mais sur un CD audio, utilisez iTunes pour les importer. Lancez **iTunes** et insérez le CD audio dans le lecteur de votre ordinateur. iTunes reconnaît le média et vous propose de l'importer dans votre bibliothèque de musiques. Confirmez, puis patientez pendant qu'iTunes effectue en une même opération l'importation et la conversion des pistes musicales dans votre bibliothèque. À la fin de la copie, synchronisez la bibliothèque de musiques pour copier son contenu sur votre iPad, comme expliqué à la section précédente.

Écouter votre musique

Pour écouter de la musique, vous devez utiliser l'application **Musique** de votre iPad.

1. Touchez l'icône ♫ pour lancer l'application **Musique**.
2. Votre bibliothèque de musiques apparaît, avec un accès rapide aux achats et ajouts récents.

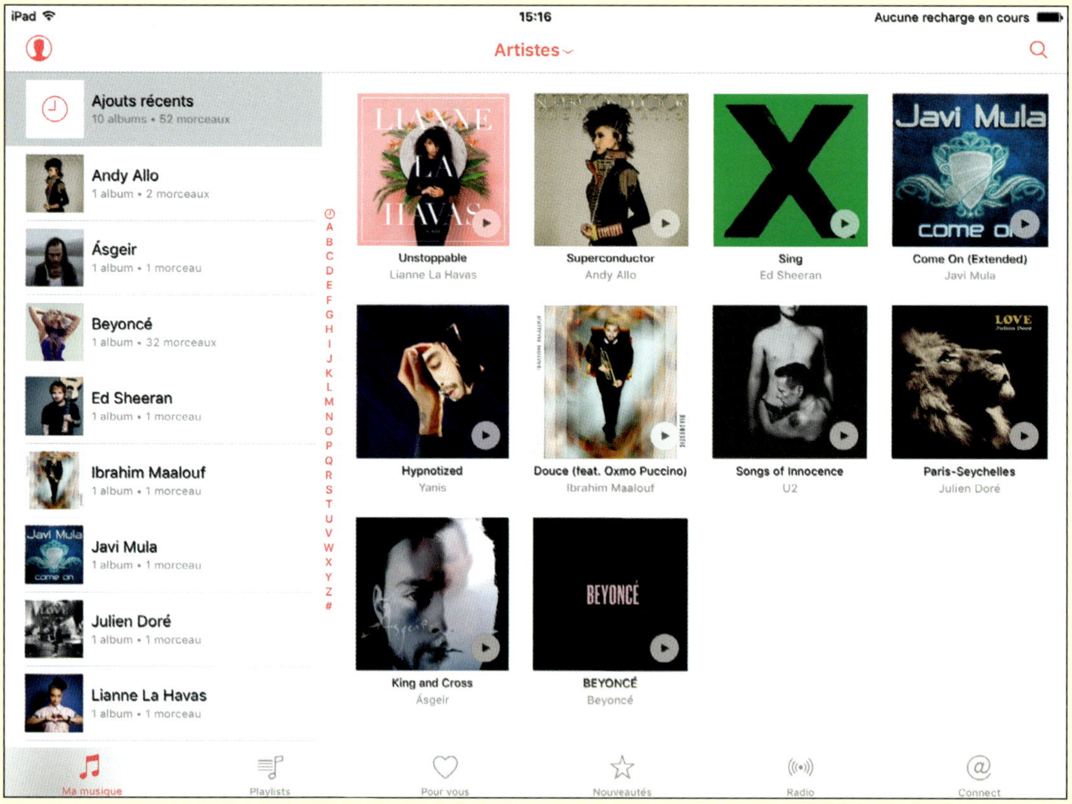

3 Pour sélectionner un titre et l'écouter, explorez votre collection de musiques ou recherchez un morceau : touchez le menu situé en haut de l'écran, puis **Artistes**, **Albums**, **Morceaux**, **Clips vidéo**, **Genres** ou **Compositeurs** pour voir les musiques organisées selon ces catégories.

4 Touchez **Playlists** en bas d'écran pour accéder à vos listes de lecture (consultez la section « Utiliser les playlists », plus loin dans ce chapitre, pour plus d'informations sur les listes de lecture).

5 Touchez **Pour vous** afin d'accéder au service Apple Music (consultez la section « Apple Music » plus loin dans ce chapitre). **Nouveautés** permet d'accéder à une sélection sur l'iTunes Store, **Radio** aux radios d'**iTunes** et **Connect** à l'actualité des artistes que vous suivez.

6 Touchez le bouton pour faire une recherche en saisissant des lettres contenues dans le titre, le nom de l'album ou de l'artiste. Touchez **Ma musique** pour que la recherche porte sur votre bibliothèque locale et non sur Apple Music.

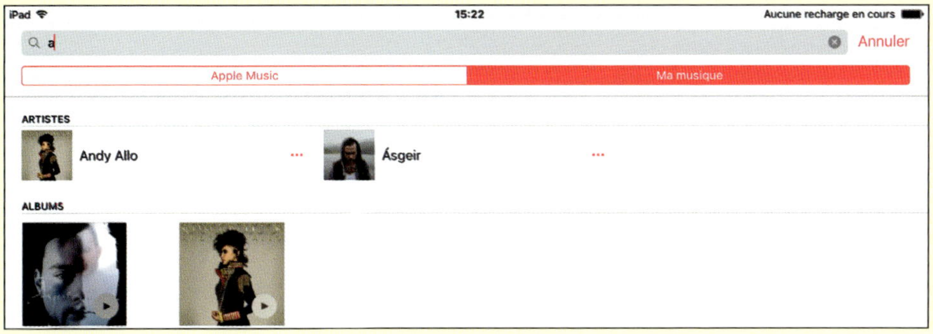

7 Pour lancer la lecture aléatoire de tous les titres d'un artiste ou d'un album, touchez **Aléatoire**.

8 Pour lire un morceau ou un album de votre choix, touchez son nom.

9 La musique démarre. Utilisez la barre d'outils en haut d'écran pour contrôler la musique.

- Touchez ♡ pour ajouter le morceau à vos coups de cœur (et ainsi améliorer la qualité des recommandations qui vous seront faites par **iTunes**).
- Touchez ◀◀ pour redémarrer le morceau ou revenir au morceau précédent (touchez deux fois rapidement).
- Touchez ❚❚ pour interrompre la lecture.

- Touchez pour passer au morceau suivant.
- Touchez pour revenir à la liste des morceaux.
- Touchez pour afficher les morceaux de l'album ou de la liste de lecture.
- Touchez pour activer la lecture en boucle du morceau.
- Touchez pour activer la lecture aléatoire de la liste ou de l'album en cours de lecture.
- Touchez pour partager un lien vers l'album ou le morceau par message, e-mail, dans une note ou sur les réseaux sociaux.
- Touchez pour ajouter le morceau à une playlist, le retrouver sur l'iTunes Store ou le supprimer.

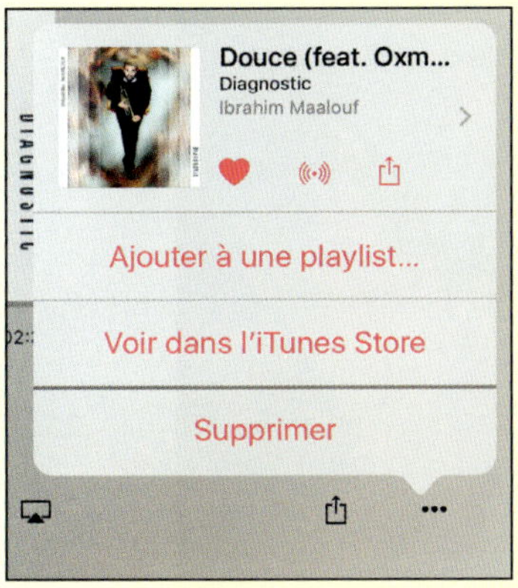

- Faites glisser le curseur en bas d'écran pour contrôler le volume de la musique.
- Touchez pour activer la lecture sur un périphérique distant grâce à **AirPlay**.

AirPlay est le nom de la fonction permettant de diffuser le contenu de votre iPad (musiques, vidéos, photos, *etc.*) sur un téléviseur ou des enceintes, le tout sans fil bien entendu ! Il faut que le périphérique soit compatible ou relié à un boîtier Apple TV. Certaines box Internet sont aussi compatibles et proposent une option **AirPlay** dans leurs réglages. Consultez la section « Visionner vos films, séries, clips et vidéos » pour plus d'informations à ce sujet.

- Faites glisser le curseur en haut, situé au-dessous de la photo du morceau, pour avancer ou revenir en arrière dans le morceau en cours de lecture.

Contrôler la musique

Lorsque la lecture d'un morceau est en cours, appuyez sur le bouton Accueil pour quitter l'application et utiliser votre iPad normalement. La lecture ne s'interrompt pas.

1 En veille, lorsque vous appuyez sur le bouton Accueil, l'iPad verrouillé affiche la pochette du titre lu ainsi que les contrôles de la musique, semblables à ceux présentés précédemment.

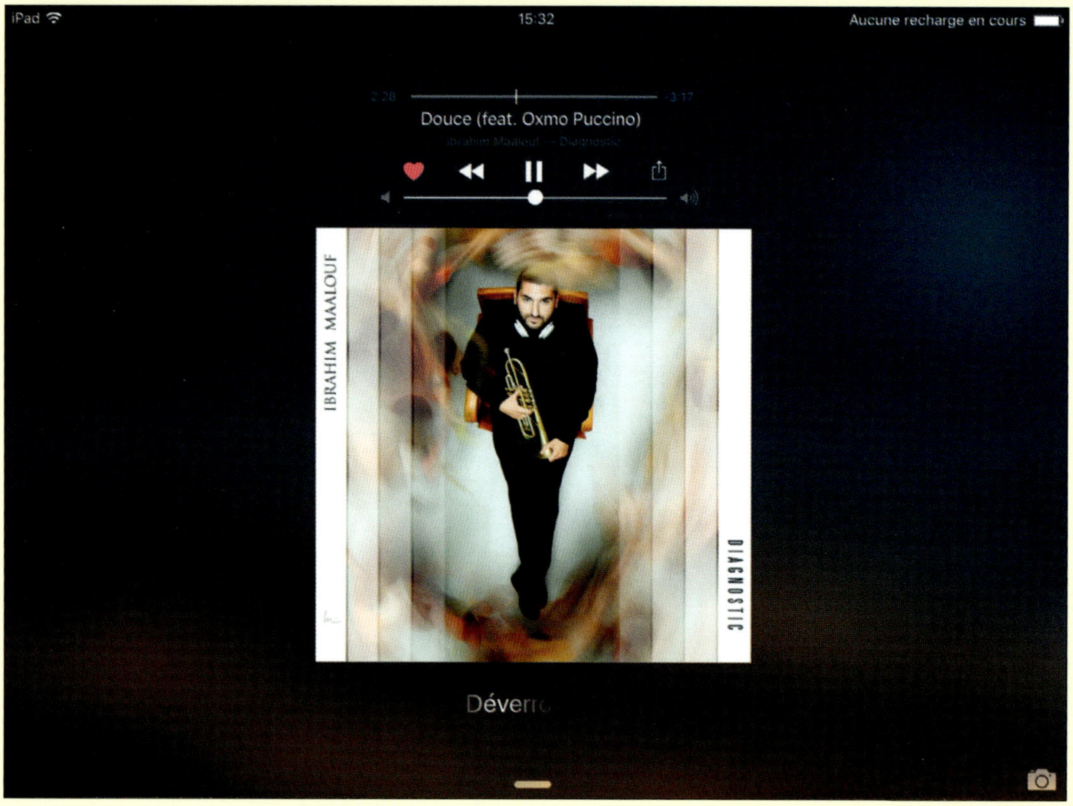

2 Lorsque l'iPad est déverrouillé, faites glisser du bas vers le haut sur n'importe quel écran : le Centre de contrôle s'affiche. Utilisez les boutons et curseurs dans la partie gauche de l'écran pour contrôler la musique ou l'interrompre.

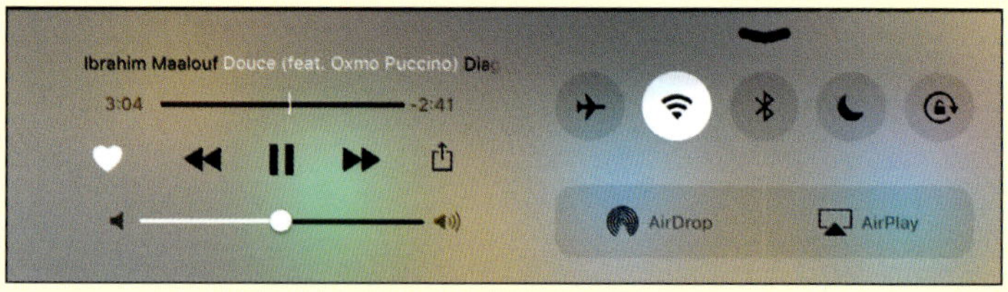

3 Vous pouvez aussi relancer l'application **Musique**. Le morceau en cours de lecture apparaît en bas d'écran. Touchez cette zone pour afficher les détails et accéder aux options de partage ou d'ajout aux playlists.

iPad
15:32
Aucune recharge en cours
Artistes
Ajouts récents
10 albums • 52 morceaux
Andy Allo
1 album • 2 morceaux
Ásgeir
1 album • 1 morceau
Beyoncé
1 album • 32 morceaux
Ed Sheeran
1 album • 1 morceau
Ibrahim Maalouf
1 album • 1 morceau
Javi Mula
1 album • 1 morceau
Julien Doré
1 album • 1 morceau
Lianne La Havas
Ibrahim Maalouf
FOLLOWING
Diagnostic
2011 • 1 morceau
9 Douce (feat. Oxmo Puccino) 05:45
Douce (feat. Oxmo Puccino)
Ibrahim Maalouf — Diagnostic
3
Ma musique
Playlists
Pour vous
Nouveautés
Radio
Connect

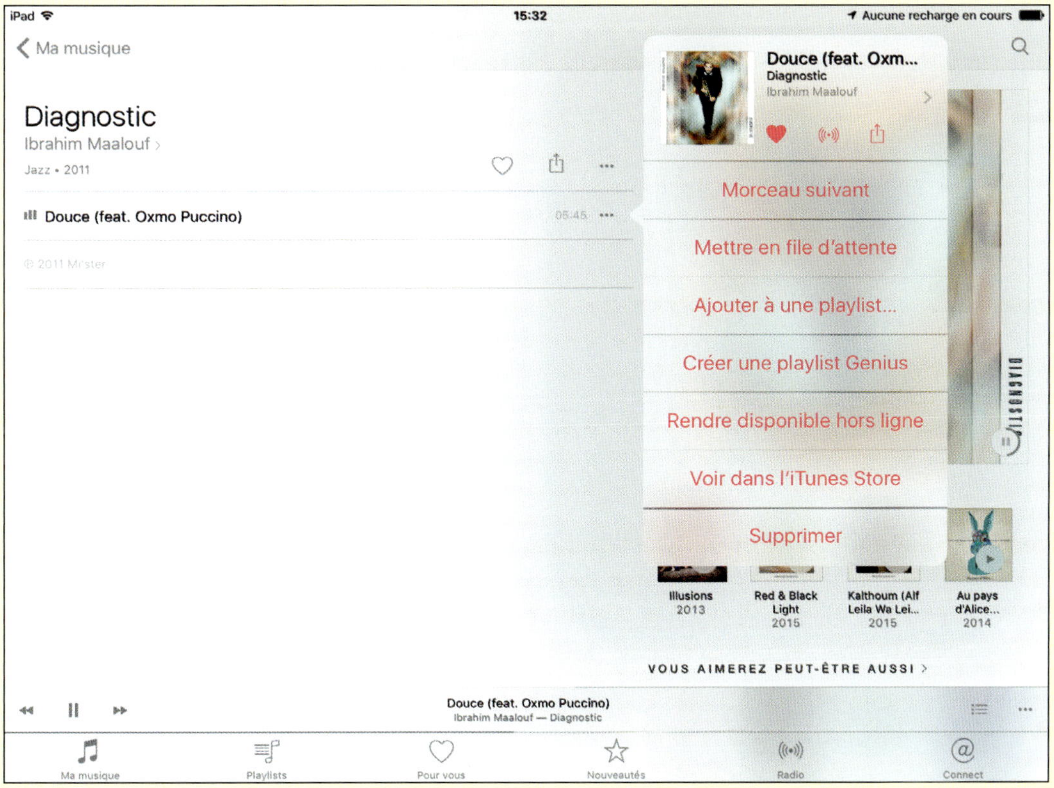
iPad
15:32
Aucune recharge en cours
Ma musique
Diagnostic
Ibrahim Maalouf
Jazz • 2011
Douce (feat. Oxmo Puccino) 05:45
Douce (feat. Oxm...
Diagnostic
Ibrahim Maalouf
Morceau suivant
Mettre en file d'attente
Ajouter à une playlist...
Créer une playlist Genius
Rendre disponible hors ligne
Voir dans l'iTunes Store
Supprimer
Illusions
2013
Red & Black Light
2015
Kalthoum (Alf Leila Wa Lei...
2015
Au pays d'Alice...
2014
VOUS AIMEREZ PEUT-ÊTRE AUSSI
Douce (feat. Oxmo Puccino)
Ibrahim Maalouf — Diagnostic
Ma musique
Playlists
Pour vous
Nouveautés
Radio
Connect

Si vous utilisez les écouteurs de l'iPad, vous pouvez aussi contrôler la musique sans toucher l'écran. Modifiez le volume à l'aide des boutons de volume des écouteurs. Appuyez sur le bouton central des écouteurs pour interrompre et reprendre la lecture. Appuyez deux fois de suite rapidement sur le bouton central des écouteurs de l'iPad pour passer au morceau suivant.

Utiliser les playlists

Par défaut, **Musique** va lire uniquement le morceau ou l'album sélectionné. Pour écouter une série de titres ne faisant pas partie d'un même album ou d'une même liste existante, vous pouvez créer une liste de lecture ou *playlist*.

1. Touchez le bouton **Playlists**, en bas de l'application **Musique**.
2. Touchez **Nouvelle**.

3 Saisissez un nom et éventuellement une description pour votre liste de lecture, puis touchez le bouton **Ajouter**.

4 Vous devez à présent ajouter des titres à votre liste. Parcourez votre musique par morceaux, par artistes, par albums, *etc*. Vous pouvez aussi utiliser le champ **Recherche** pour trouver un titre, un album ou un artiste spécifique.

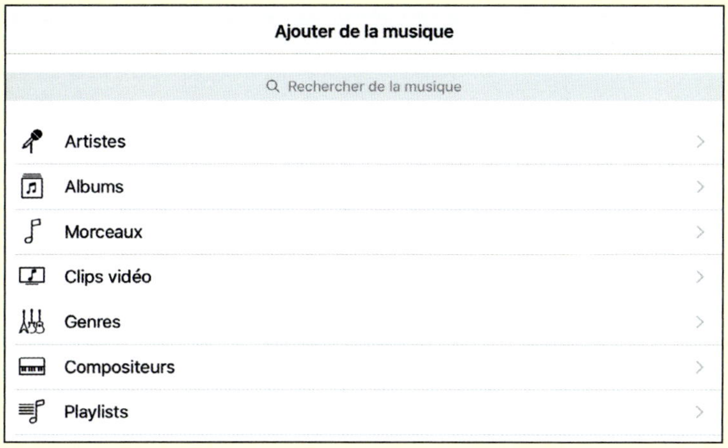

5 Touchez le bouton + en face de chaque morceau à ajouter à la liste de lecture.

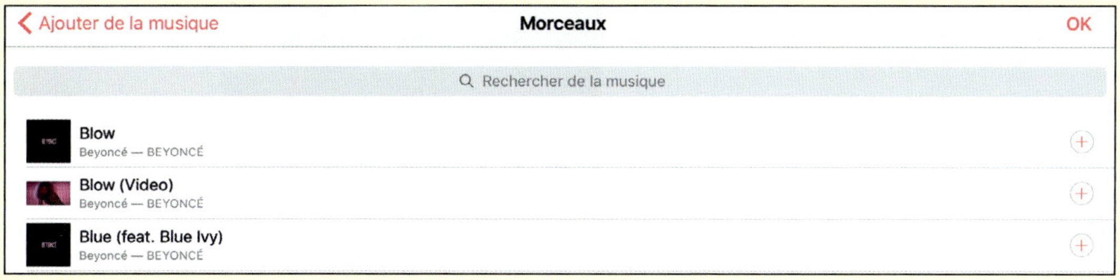

6 Les morceaux ajoutés à la liste affichent une coche.

7 Lorsque vous avez fini, touchez **OK**.

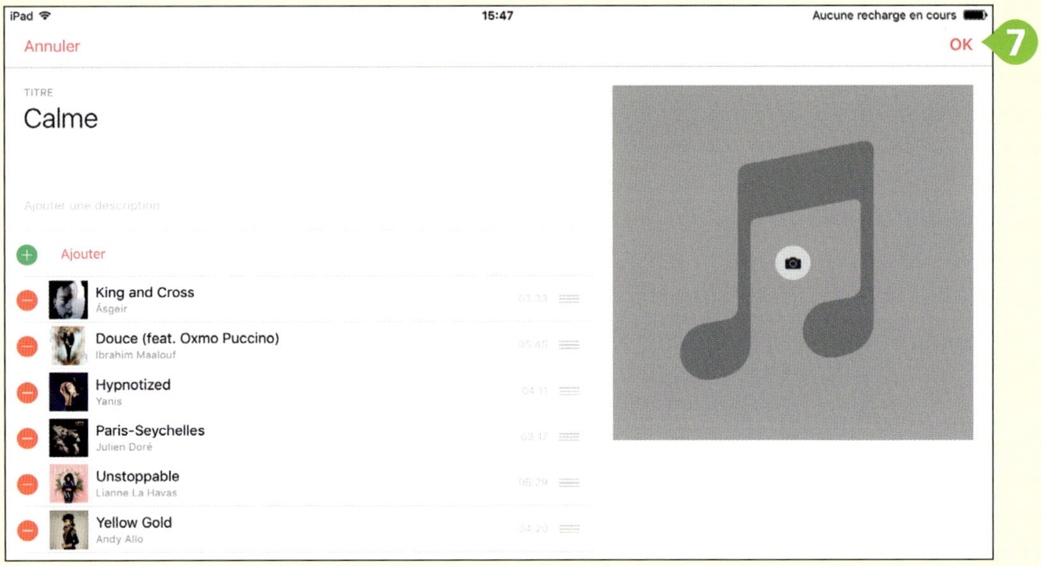

8 Votre liste de lecture s'affiche. Touchez **OK**. La liste est désormais visible dans l'onglet **Playlists** de l'application **Musique**.

9 Touchez un morceau de la liste pour en lancer la lecture. Les morceaux seront lus les uns après les autres. Touchez **Aléatoire** pour une lecture non séquentielle de son contenu.

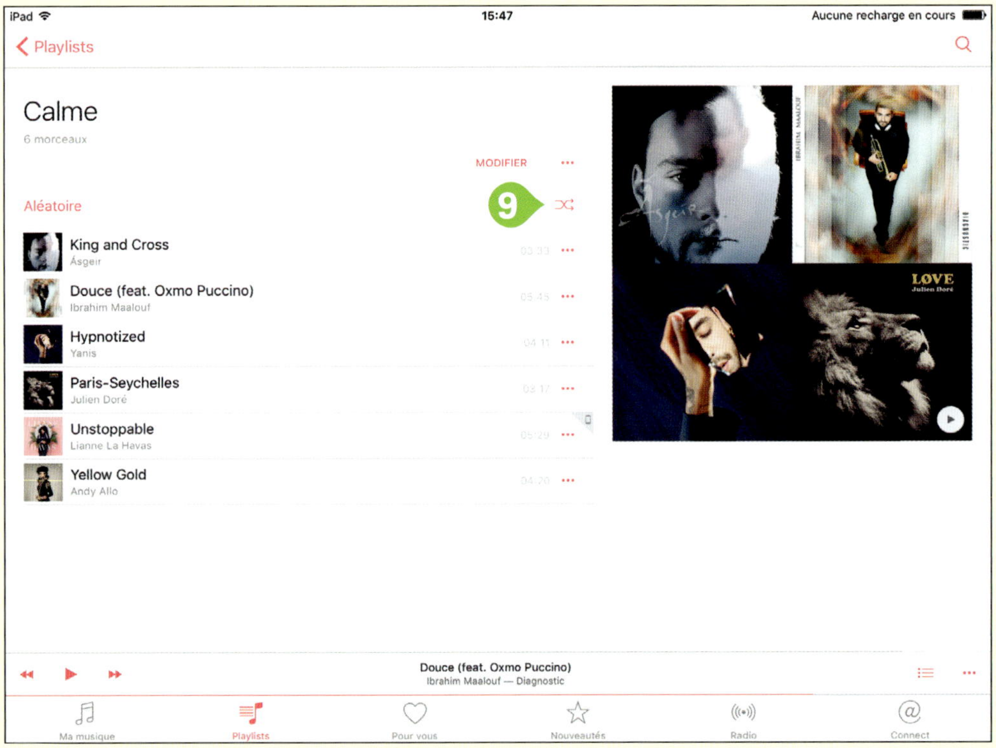

Apple Music

Apple Music est le nom du service de musique à la demande en streaming et à volonté, par abonnement, lancé en 2015 par Apple (en concurrence directe avec des services comme Spotify ou Deezer). À l'heure où ces lignes sont écrites, les trois premiers mois sont offerts et l'abonnement est ensuite facturé à 9,99 euros par mois (usage individuel, lié à un compte iTunes et sur une machine à la fois seulement : vous ne pourrez pas écouter de la musique simultanément sur votre iPad et votre iPhone, par exemple) ou 14,99 euros par mois avec l'option de **Partage familial** (six appareils ou utilisateurs pourront utiliser le service en même temps : consultez la section « Configurer le partage familial », à la fin de ce chapitre, pour plus d'informations).

1. Pour vous abonner à Apple Music, rendez-vous dans l'application **Musique** et touchez **Pour vous** en bas d'écran.

2. Touchez **Démarrer votre essai gratuit de 3 mois** pour profiter de l'offre d'essai offerte.

3. Sélectionnez une option d'abonnement, **individuel** ou **partagé**, puis saisissez votre mot de passe iTunes.

4 Même pour profiter de l'offre gratuite de trois mois sans engagement, vous devez indiquer vos informations de paiement. Touchez le bouton **Continuer**.

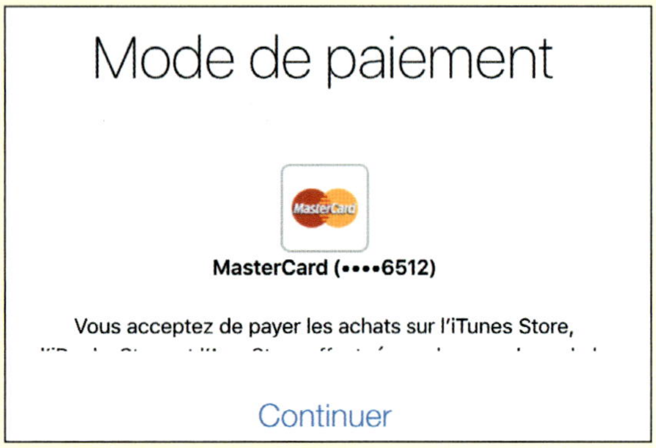

5 Vous êtes désormais abonné à Apple Music. De retour dans l'application **Musique**, commencez par indiquer vos genres musicaux préférés : touchez une bulle pour sélectionner un genre, touchez-la longtemps pour au contraire la supprimer de la liste.

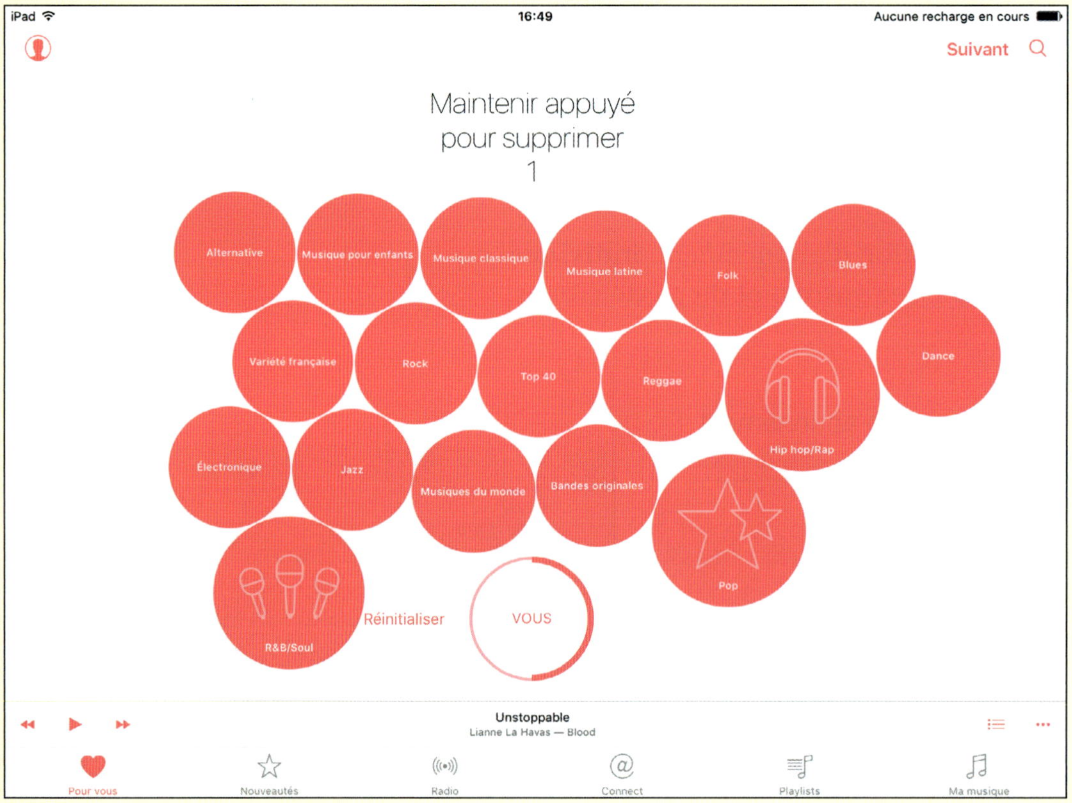

6 Touchez **Suivant**, puis choisissez au moins trois artistes parmi la sélection proposée.

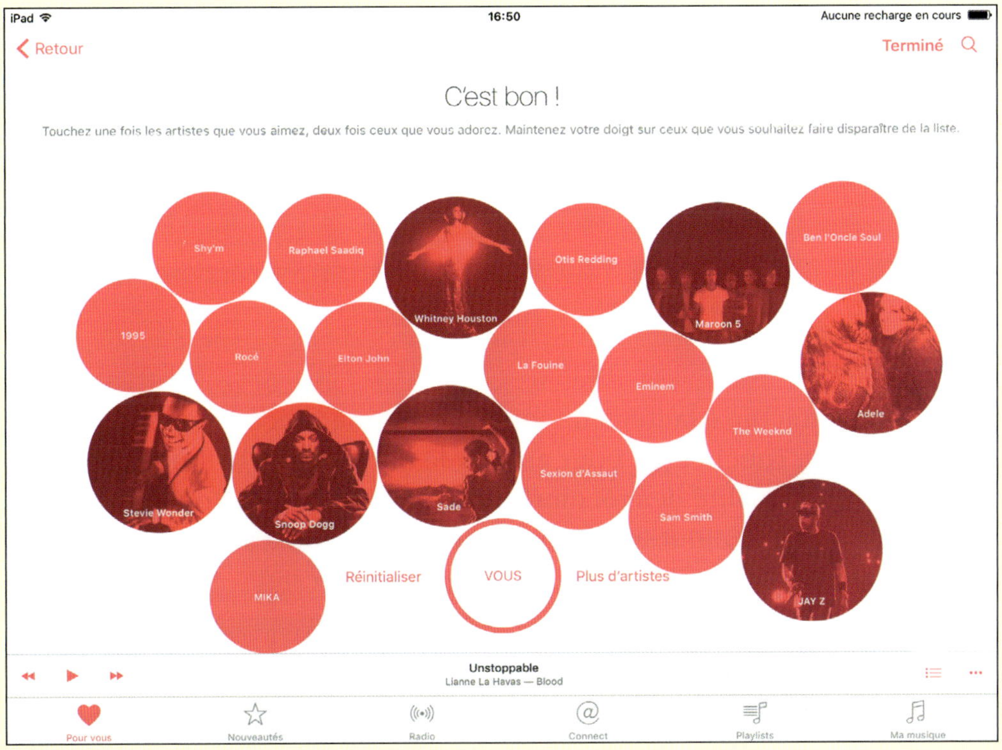

7 Apple Music vous propose une sélection personnalisée.

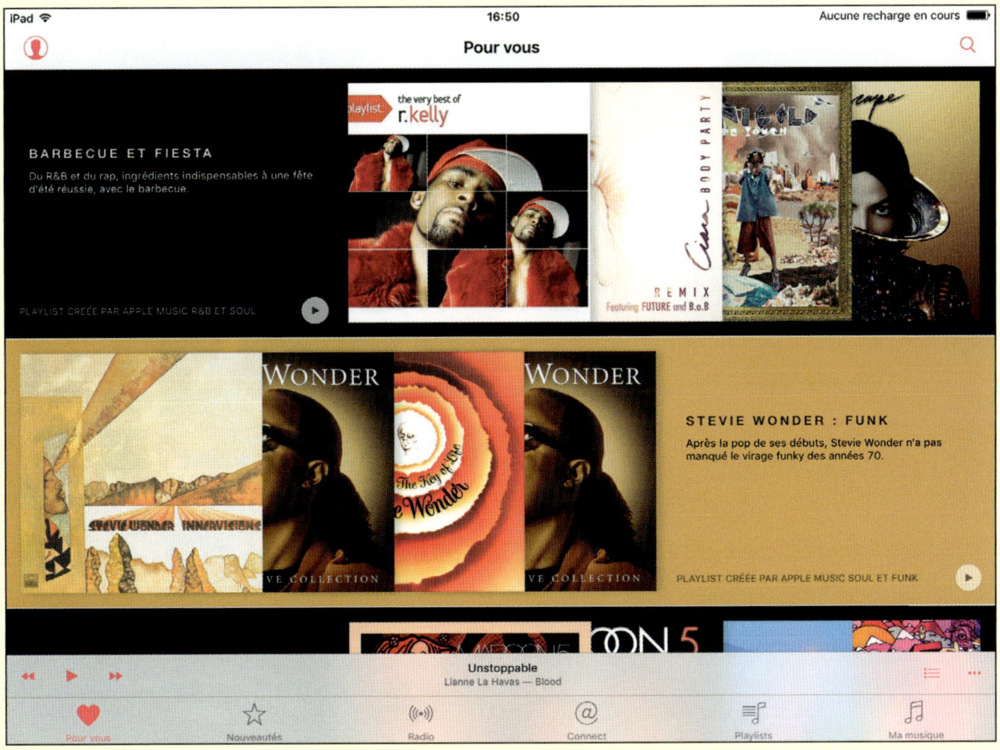

8 Vous pouvez écouter les morceaux et artistes de votre choix : touchez le bouton et effectuez une recherche sur Apple Music. Vous pouvez aussi parcourir les nouveautés ou écouter les radios Apple en utilisant les boutons en bas d'écran.

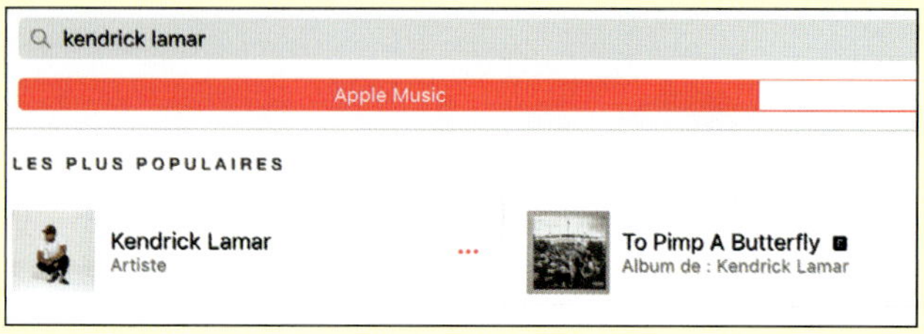

9 La lecture d'un morceau s'effectue exactement comme expliqué précédemment, mais l'iPad doit être connecté à Internet. Touchez pour ajouter le morceau ou l'album à vos coups de cœur (et ainsi améliorer la qualité des recommandations qui vous seront faites par Apple Music). Touchez le bouton + pour ajouter un album ou un morceau à votre musique. Vous pourrez y accéder en touchant le bouton **Ma musique** en bas d'écran.

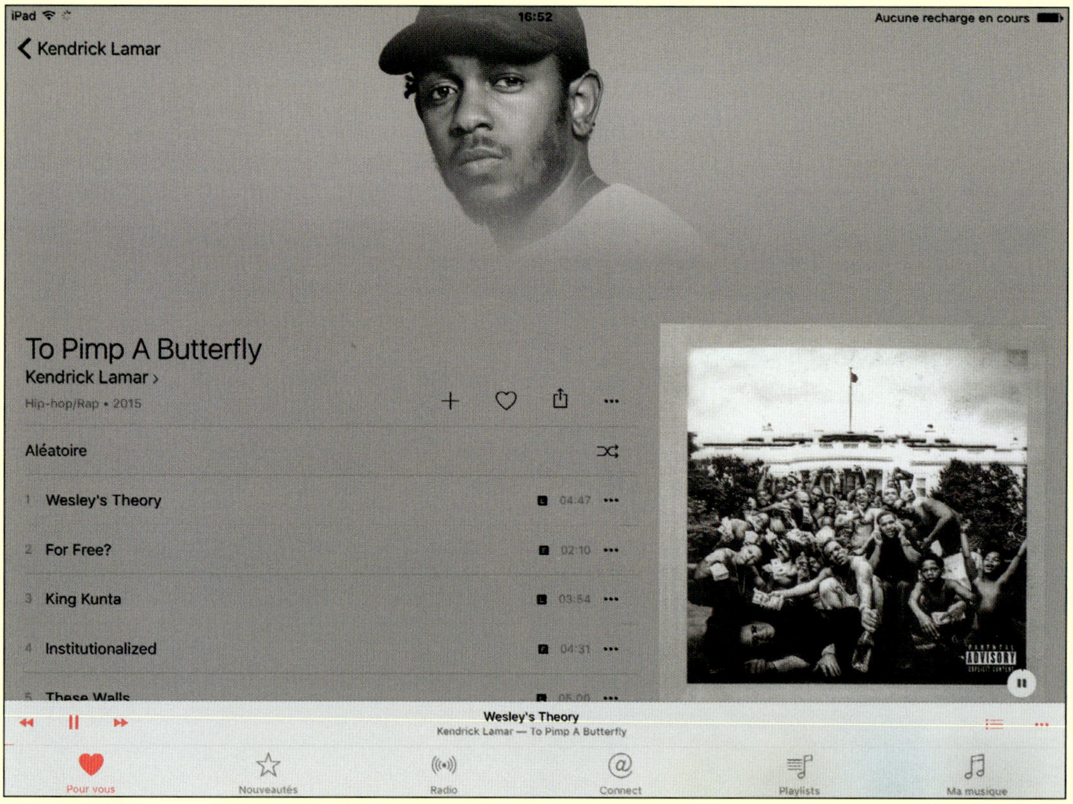

10 Pour rendre un album ou un morceau disponible hors connexion et le télécharger sur votre iPad (le morceau restera disponible tant que vous serez abonné à Apple Music), touchez •••, puis **Rendre disponible hors ligne**.

La période d'abonnement est automatiquement renouvelée, sauf en cas de désactivation au moins vingt-quatre heures avant la fin de la période actuelle. Pour annuler le renouvellement automatique ou gérer vos abonnements, cliquez sur le lien **Gérez les abonnements** dans l'e-mail reçu suite à votre inscription au service. Vous pouvez aussi le faire directement depuis **Musique** : touchez en haut à gauche de l'écran d'accueil de l'application, puis **Afficher l'identifiant Apple**. Saisissez votre mot de passe iTunes, puis faites glisser vers le bas pour afficher la section **Abonnements**. Touchez **Gérer**.

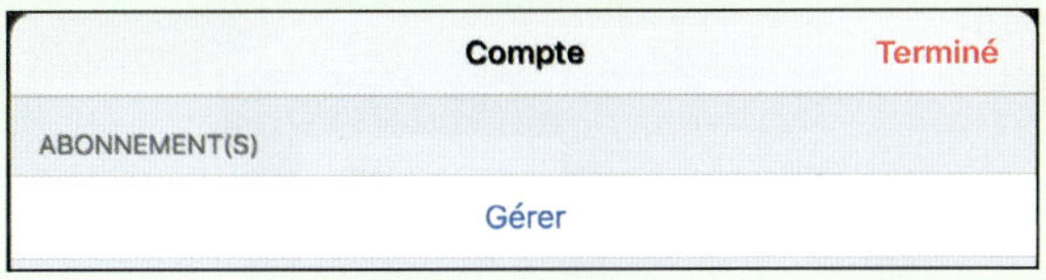

Désactivez l'option **Renouvellement automatique**. Votre abonnement reste valable jusqu'à la fin de la période définie, mais ne sera pas renouvelé à son terme.

Créer votre bibliothèque de vidéos

Comme pour la musique, la première étape pour regarder des vidéos sur l'iPad consiste à remplir votre bibliothèque iTunes. Vous pouvez acheter ou louer des films et des séries TV sur l'iTunes Store ou transférer vos vidéos personnelles depuis votre ordinateur.

Acheter ou louer des films et des séries TV

Vous pouvez remplir votre bibliothèque de vidéos en acquérant des films ou des séries TV sur l'iTunes Store. Les vidéos sont disponibles à la location (pour une durée limitée) et/ou à l'achat (définitif).

1. Touchez **iTunes Store** sur l'écran d'accueil de votre iPad.

2. Touchez **Films** en bas d'écran et explorez la boutique de vidéos.

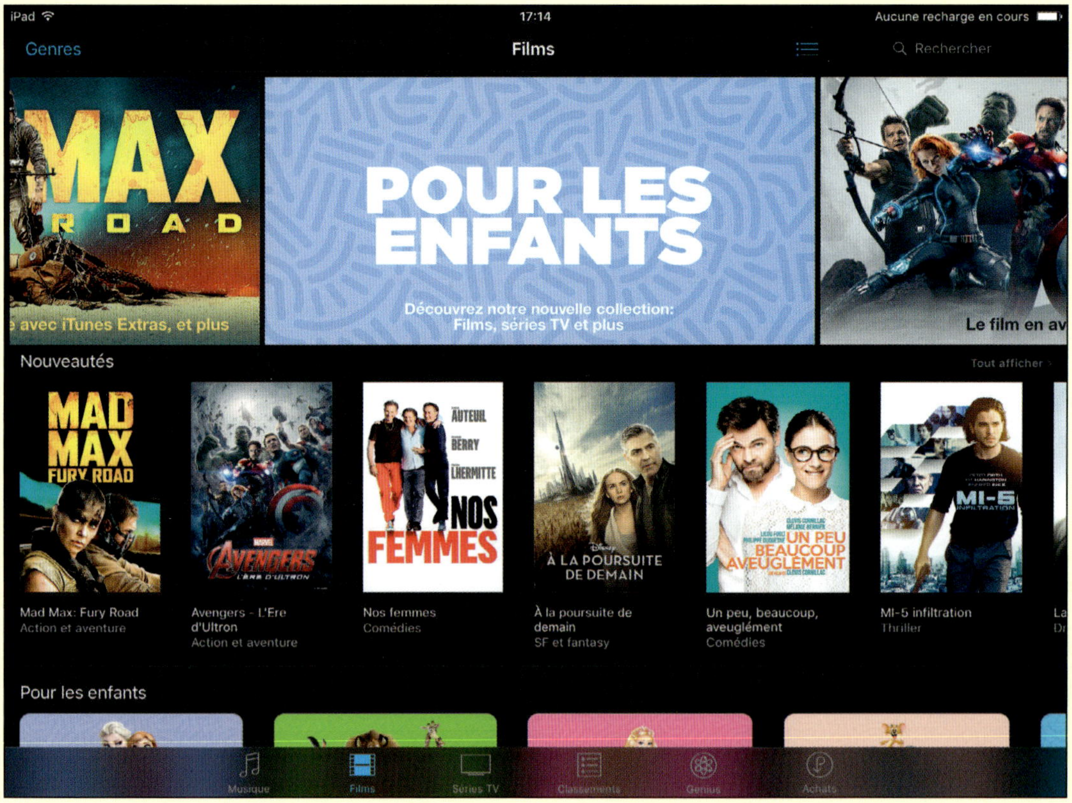

3. Utilisez le champ de recherche pour trouver un film selon son nom, son réalisateur, ses interprètes, *etc.*

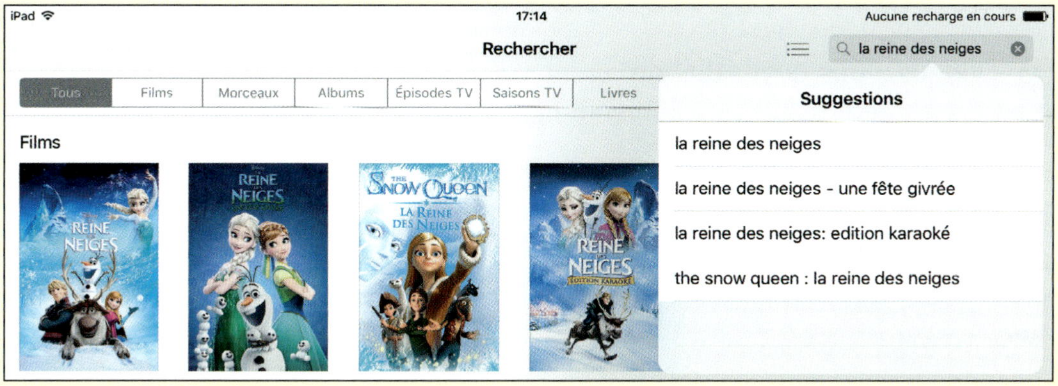

4 Lorsqu'une vidéo vous intéresse, affichez sa fiche détaillée. Touchez une vignette d'aperçu sous **Bandes-annonces** pour visionner un passage ou la bande-annonce du film sélectionné.

5 Pour louer un film ou un épisode de série TV, touchez le bouton indiquant le prix de la location suivi de **Louer**. Pour l'acheter, touchez le bouton indiquant le prix suivi de la mention **Acheter**.

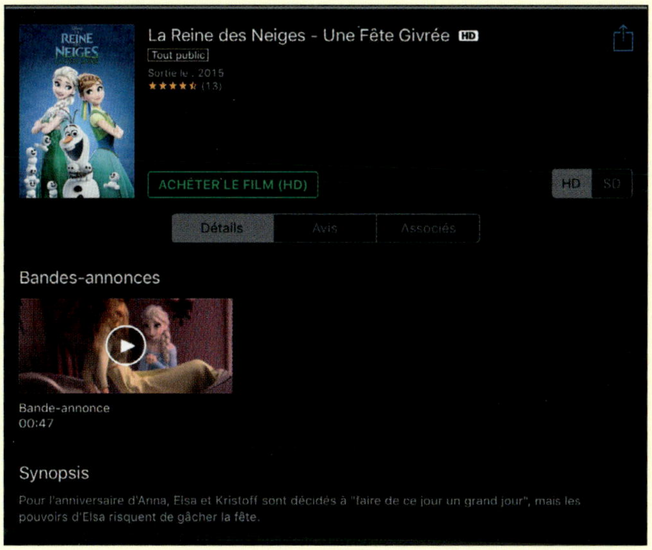

Lorsque vous louez ou achetez un film, celui-ci est disponible et visionnable sur tous vos appareils Apple : votre iPad, bien sûr, mais aussi une Apple TV, un iPad ou un iPod touch utilisant le même compte utilisateur iTunes. Vous disposez de 30 jours à partir de la date de la location pour regarder votre film et de 48 heures après le début du visionnage pour le terminer. Une fois la durée de location expirée, le film est automatiquement supprimé de votre bibliothèque iTunes.

Transférer des vidéos depuis votre ordinateur

Pour transférer vos vidéos, vous devez d'abord créer votre bibliothèque de films dans **iTunes**, puis synchroniser l'iPad. La procédure est sensiblement la même que pour la musique.

1. Cliquez sur ▣▾ → **Ajouter le fichier à la bibliothèque**.

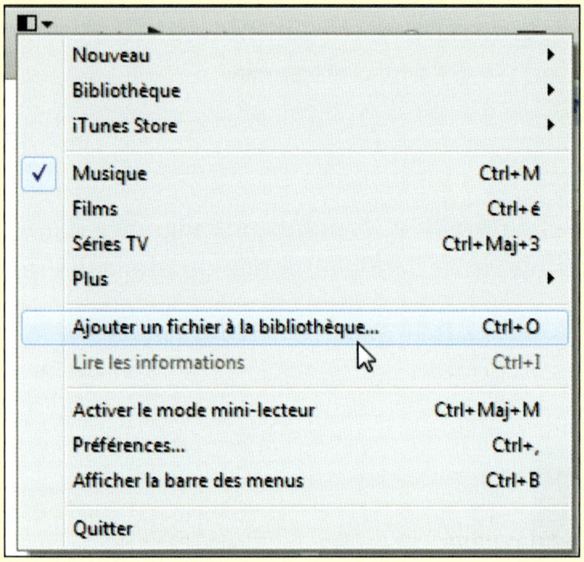

2. Sélectionnez un dossier contenant des vidéos parmi vos documents. Patientez pendant qu'**iTunes** ajoute les fichiers sélectionnés à vos bibliothèques.

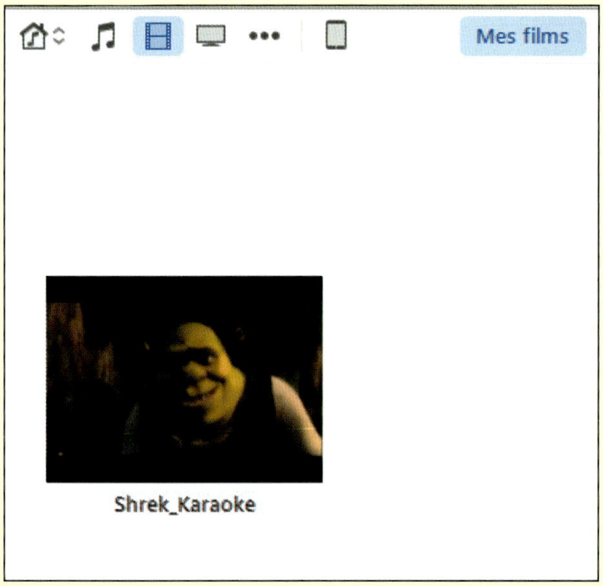

3. Connectez l'iPad à votre ordinateur à l'aide du câble fourni. Patientez quelques instants, jusqu'à voir un pictogramme représentant l'iPad apparaître en haut à gauche de l'écran. Cliquez sur ce pictogramme.

4. Cliquez sur l'onglet **Films** et activez l'option **Synchroniser les films**. Vous pouvez sélectionner individuellement les vidéos à synchroniser ou choisir d'inclure automatiquement tous les films ou seulement les films non visionnés, par exemple.

5. Cliquez sur le bouton **Appliquer** pour synchroniser votre iPad.

L'iPad prend en charge les formats vidéo MP4, H.264 et Motion JPEG (M-JPEG). Si vos vidéos ne sont pas dans l'un de ces formats, vous pouvez les convertir à l'aide d'un logiciel, tel le très polyvalent **Super**, disponible en téléchargement gratuit sur le Web. Vous pouvez aussi faire l'impasse sur l'application **Vidéos** de l'iPad et télécharger une application payante, qui prend en charge beaucoup plus de formats de vidéos, comme l'excellente **AVPlayer HD**.

Visionner vos films, séries, clips et vidéos

Pour visionner les vidéos transférées sur votre iPad ou achetées sur **iTunes**, vous devez utiliser l'application **Vidéos**.

1. Lancez l'application **Vidéos** en touchant son icône .

2. La liste de vos vidéos apparaît, réparties en trois catégories : vidéos, séries TV et clips (auxquels s'ajouteront vos vidéos personnelles si vous en avez pris avec l'iPad). Si le pictogramme apparaît dans la vignette, c'est que vous avez acheté le film ou le clip concerné, mais devez le télécharger depuis iCloud sur votre appareil pour pouvoir le visionner. Touchez simplement le bouton pour le télécharger sur votre iPad.

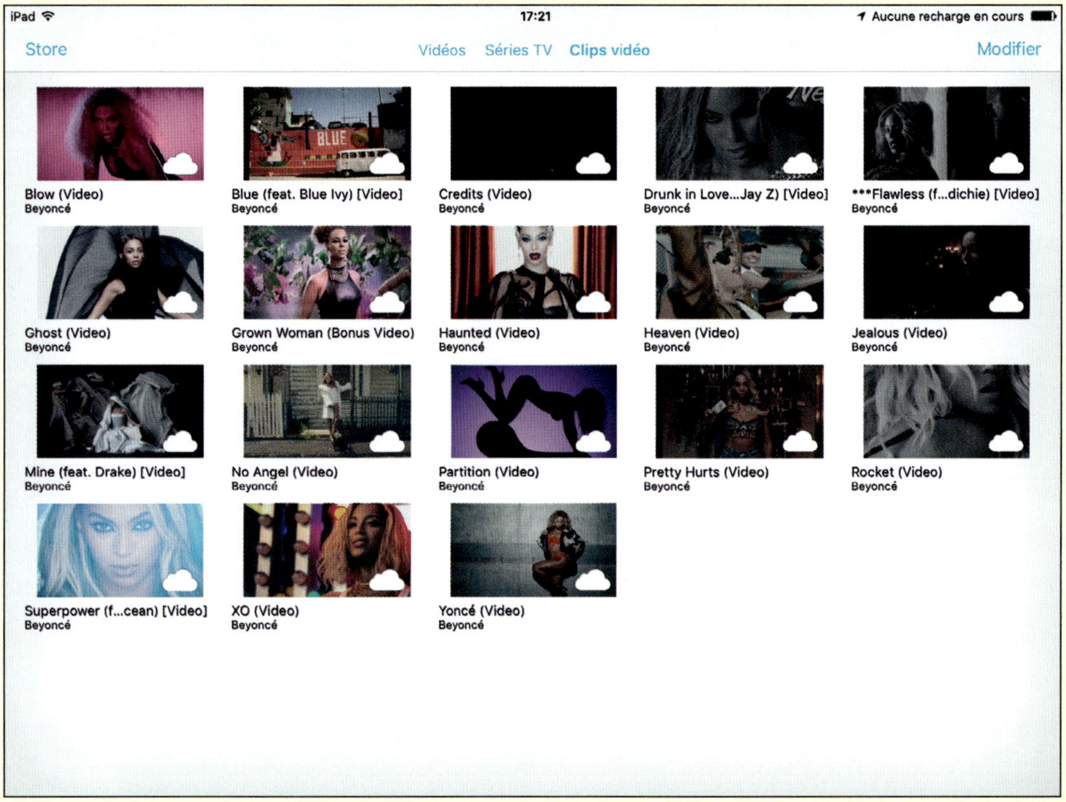

3. Pour lancer la lecture d'une vidéo, touchez son nom.

4 En cours de lecture, si les commandes sont masquées, touchez l'écran. Touchez à nouveau l'écran pour les masquer. Utilisez les commandes pour contrôler la lecture de la vidéo :

- Touchez ❚❚ pour interrompre la lecture.
- Touchez ⏮ pour redémarrer la lecture au début ou touchez et maintenez pour effectuer un retour rapide.
- Touchez ⏭ pour passer à la vidéo suivante ou touchez et maintenez pour effectuer une avance rapide.

- Faites glisser le curseur en bas d'écran pour contrôler le volume de la vidéo.
- Faites glisser le curseur en haut d'écran pour avancer dans la vidéo ou revenir en arrière.
- Touchez **OK** pour quitter la lecture et revenir à la liste des vidéos.

5 Vous pouvez enfin utiliser le nouveau mode **Image dans l'image** pour réduire la vidéo à une vignette et continuer à utiliser votre iPad en arrière-plan. Touchez le bouton ▪ et faites glisser la vignette dans le coin de l'écran selon votre convenance. Consultez la section « Image dans l'image » du chapitre 2 pour plus d'informations à ce sujet.

Dans **Vidéos**, comme dans **Musique**, vous pouvez activer **AirPlay**, la fonction qui diffuse l'image ou le son produit par l'iPad sur un téléviseur HD, grâce à l'Apple TV (le boîtier multimédia vendu par Apple pour recevoir des contenus numériques sur téléviseur). Lancez la lecture de la musique ou de la vidéo, puis faites glisser depuis le bas de l'écran pour afficher le Centre de contrôle et touchez ▪. Choisissez l'Apple TV comme destination. Le tour est joué ! Par ailleurs, si vous possédez une box Internet compatible, comme la Freebox Révolution, vous pourrez aussi profiter d'**AirPlay** pour diffuser musiques et vidéos sur votre téléviseur. L'option **Freebox** apparaîtra automatiquement dans le menu **AirPlay**.

Configurer le partage familial

Au premier lancement de l'iTunes Store, l'application vous proposera de configurer le partage familial, qui permet à plusieurs membres d'une même famille (jusqu'à six personnes) de profiter des achats de musiques, vidéos, livres ou applications sur différents appareils, sans pour autant partager le même compte. Tous les achats sont réglés avec la même carte bancaire, et les dépenses des enfants peuvent être approuvées depuis l'appareil des parents. Vous pouvez aussi le faire ultérieurement en touchant **Réglages**, puis **iCloud → Configurer le partage familial**.

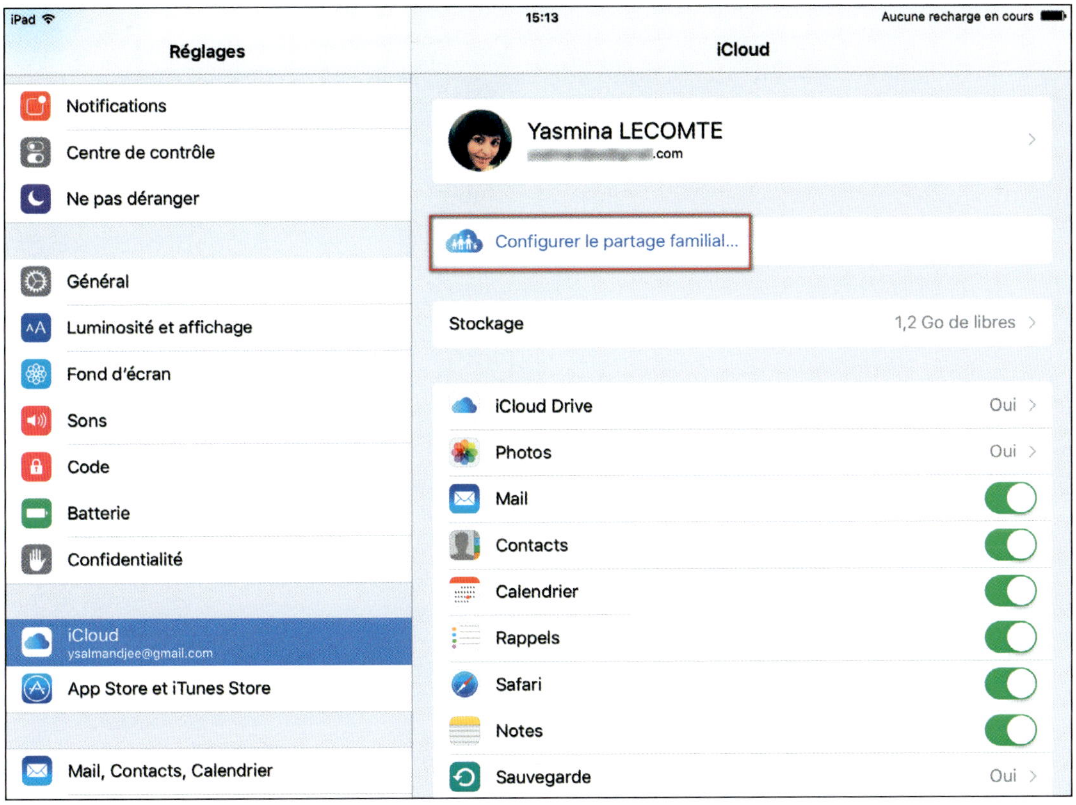

Vous devez effectuer cette manipulation depuis le compte de « l'organisateur » de la famille, c'est-à-dire celui qui invitera les autres membres au partage familial, mais surtout celui dont le compte et les données de facturation seront utilisés. Touchez **Ajouter un membre** pour créer votre « famille ». Vous pouvez même créer un compte iTunes spécial pour vos enfants. Une fois la famille configurée, les achats effectués depuis le compte de l'organisateur seront accessibles à tous les membres.

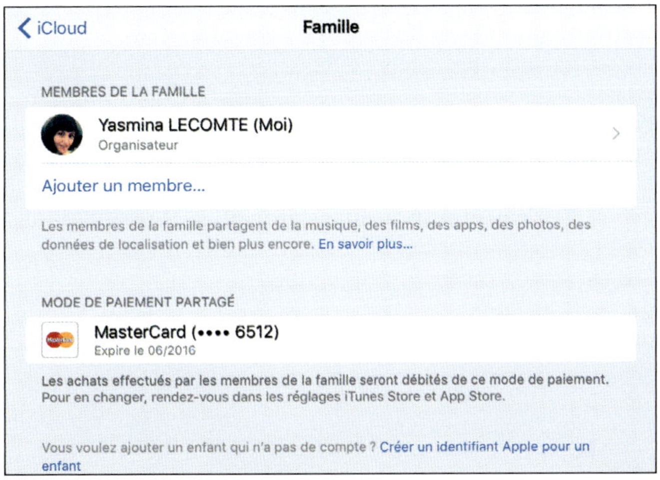

Applications pratiques et réseaux sociaux

8

Dans ce chapitre, vous découvrirez plusieurs groupes d'applications complémentaires et pratiques mises à votre disposition par défaut sur l'iPad. **Plans** est très pratique pour vous repérer, créer des itinéraires ou trouver des lieux. **Horloge** est une application bien plus complète qu'elle ne le paraît, puisque, en plus d'afficher l'heure de n'importe quelle ville dans le monde, elle permet de programmer des alarmes, chronométrer et minuter. **Notes**, **Rappels** et **Calendrier** forment un trio imparable pour ne plus rien oublier. Enfin, vous découvrirez comment utiliser **Twitter** et **Facebook** sur votre iPad.

Dans ce chapitre :

- S'orienter avec Plans
- Calculer un itinéraire et utiliser le guidage GPS
- Afficher des adresses de commerçants
- Afficher l'heure
- Programmer une alarme
- Utiliser le chronomètre
- Programmer le minuteur
- Rappels
- Calendrier
- Notes
- iBooks
- Twitter
- Facebook
- Tweeter ou publier sur Facebook depuis les applications de l'iPad

Plans

Plans est l'application de repérage, d'affichage de cartes et de calcul d'itinéraires de votre iPad. Très pratique pour s'orienter et trouver une adresse, elle permet aussi d'afficher la circulation et des lieux intéressants ou commerces spécifiques autour de vous.

S'orienter avec Plans

Plans permet notamment d'afficher un plan centré sur votre emplacement actuel et de vous orienter.

1. Lancez **Plans** en touchant son icône sur l'écran d'accueil.

Si l'iPad vous demande d'étalonner la boussole, suite au premier lancement de **Plans** ou ultérieurement, c'est tout à fait normal. Inclinez l'écran pour faire rouler la bille dans tous les sens, jusqu'à ce que l'étalonnage soit effectué. Attention toutefois ! La précision de la boussole peut être affectée par des interférences magnétiques.

2. Touchez en bas à gauche de l'écran. Le plan s'affiche et votre position actuelle est indiquée par un repère bleu. Si l'iPad ne parvient pas à déterminer votre position de manière précise, un cercle bleu apparaît autour de votre position. Plus le cercle est petit, plus la précision est grande. Déplacez-vous : l'iPad met à jour automatiquement le plan et votre emplacement, de façon qu'il reste au centre de l'écran.

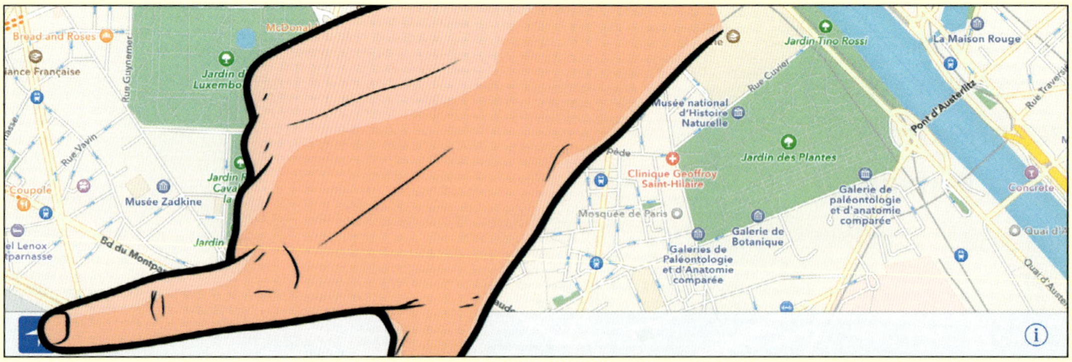

3. Pour vous orienter, touchez à nouveau . **Plans** utilise alors la boussole intégrée pour déterminer votre direction. L'angle indique la précision de la boussole : plus il est fermé, plus la précision est grande. Touchez pour revenir à l'affichage classique.

Pour comprendre le fonctionnement de la boussole, pivotez sur vous-même ! Le plan se met à jour tout seul et indique la direction face à vous.

La navigation dans **Plans** suit les mêmes principes que pour toutes les applications iPad (vous zoomez et défilez à l'aide de la technique habituelle). Il existe toutefois une technique de zoom spécifique à **Plans** : zoomez en avant en touchant deux fois la partie de la carte sur laquelle vous souhaitez zoomer ; zoomez en arrière en touchant deux fois la carte avec deux doigts.

Calculer un itinéraire et utiliser le guidage GPS

Plans permet d'afficher une carte centrée sur l'adresse ou le lieu de votre choix, puis de calculer rapidement un itinéraire avec guidage GPS vers ou depuis cet emplacement.

1. Touchez le champ **Recherche ou adresse** en haut d'écran.
2. Saisissez l'adresse ou touchez un lieu dans l'historique. Vous pouvez saisir une adresse complète, mais aussi un nom de lieu, une ville, une région ou un code postal. Si l'élément recherché apparaît dans les suggestions de **Plans**, touchez-le.

3 Touchez **Recherche**. Le plan de la zone recherchée s'affiche. Touchez l'épingle pour afficher le nom ou la description du lieu.

4 Touchez [>] pour voir la fiche détaillée du lieu. Des informations et les liens officiels concernant le lieu s'affichent.

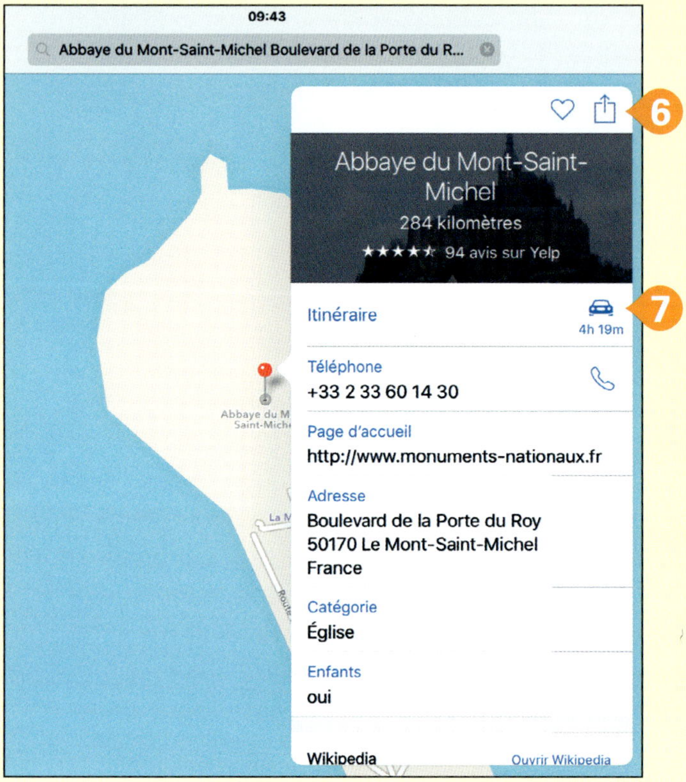

5 Touchez un numéro de téléphone pour l'ajouter à un contact ou passer un appel (si vous possédez un iPhone, connecté au même réseau Wi-Fi, comme expliqué au chapitre 5). Touchez un lien pour l'ouvrir dans **Safari** et explorer le site Web associé.

6 Touchez [partager] pour partager la fiche du lieu ou l'ajouter aux favoris.

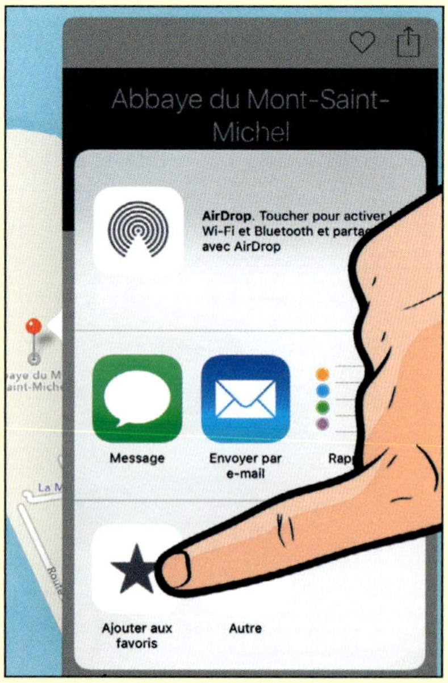

Dans **Plans**, on retrouve le concept de **favoris**, comme les signets dans Safari. Les favoris sont des emplacements que vous souhaitez retrouver facilement ou fréquemment. Pour ajouter un emplacement aux favoris, celui-ci doit être identifié par un **repère**. Vous pouvez donc créer le repère manuellement ou par la recherche de commerces. Vous pouvez aussi utiliser des repères, pour enregistrer des emplacements de manière temporaire. Touchez longuement le plan à l'emplacement où vous souhaitez ajouter le signet. Une épingle violette apparaît sur le plan. Le doigt toujours sur l'écran, faites-la glisser plus précisément vers l'endroit de votre choix. Une fois le repère placé, vous pouvez le déplacer en le touchant longuement puis en le faisant glisser. Pour ajouter un lieu ou un repère aux signets, touchez l'épingle associée au lieu, puis >, , et, enfin, **Ajouter aux favoris**. Dès lors, vous pourrez afficher rapidement un plan centré sur un signet : touchez le champ de recherche, puis **Favoris**.

7 **Touchez pour calculer l'itinéraire de votre position actuelle vers ce lieu. Remarquez la durée estimée du trajet (en voiture, par défaut) dans ce bouton.**

S'il existe plusieurs possibilités, différents itinéraires peuvent vous être proposés, avec estimation de la durée de trajet (le plus rapide étant en général celui mis en avant). Touchez un itinéraire alternatif pour voir les détails et le sélectionner.

8 **L'itinéraire complet de votre position de départ au lieu sélectionné s'affiche. Touchez Démarrer en bas d'écran pour lancer le guidage GPS.**

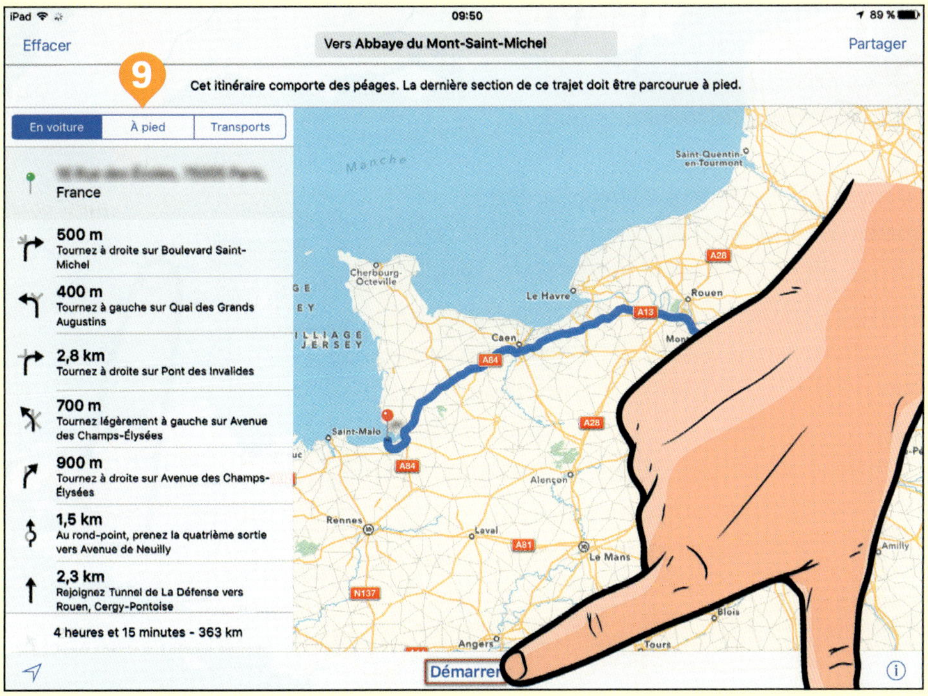

9 Touchez **À pied** pour voir l'itinéraire piéton. Cette option est surtout pertinente pour les itinéraires de quelques kilomètres au maximum, bien entendu.

10 Si vous avez installé une application d'itinéraires en transports en commun, comme **RATP**, le bouton **Transport** apparaît à droite de **À pied**. Sinon, touchez **Apps** pour voir des suggestions d'applications d'itinéraires et accéder à l'App Store.

11 Touchez (i) pour voir le menu d'options d'affichage. Vous pourrez alors activer un affichage satellite. Activez l'option **Circulation** en vue Plan ou Satellite pour voir en superposition sur la carte les conditions de circulation en temps réel (la circulation est représentée à l'aide de codes couleur : vert, rouge et jaune).

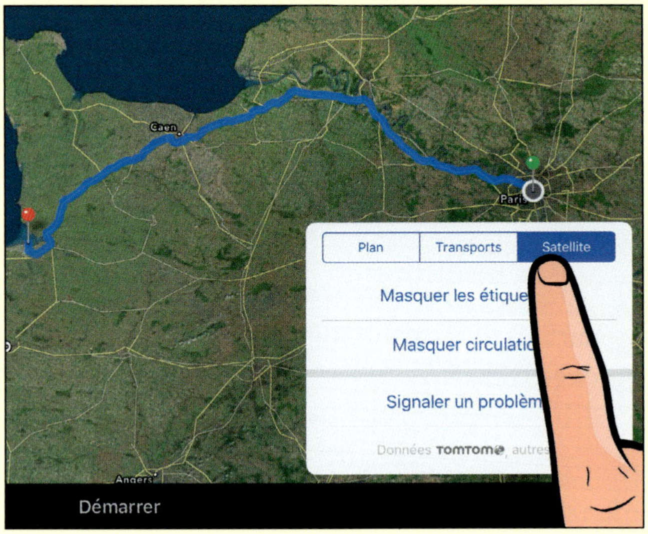

Une vue appelée **Transports** a été ajoutée à **Plans** avec iOS 9. Hélas, à l'heure où ces lignes sont écrites, le service est disponible à Chicago, New York, San Francisco, Toronto, Washington et plusieurs villes chinoises. Très peu de villes européennes sont disponibles : Londres et Berlin seulement pour le moment. Si vous vous rendez dans l'une de ces villes avec votre iPad, vous pourrez utiliser **Plans** comme guide dans les transports en commun, avec un affichage des lignes et des stations, et un service complet d'itinéraires. Touchez (i) puis **Transports** pour l'activer.

Afficher des adresses de commerçants

Saviez-vous que **Plans** permet aussi de rechercher des commerçants ? C'est une fonction très pratique lorsque vous devez impérativement trouver une pharmacie, un fleuriste ou un caviste à proximité, par exemple :

1. Touchez le champ de recherche à nouveau, effacez son contenu (touchez ⊗), puis saisissez le type de commerce. Saisissez aussi le lieu (le nom de la ville, par exemple) où effectuer la recherche. À défaut, la recherche se fait sur le plan actuel.
2. Touchez **Rechercher** ou l'une des suggestions de **Plans**.

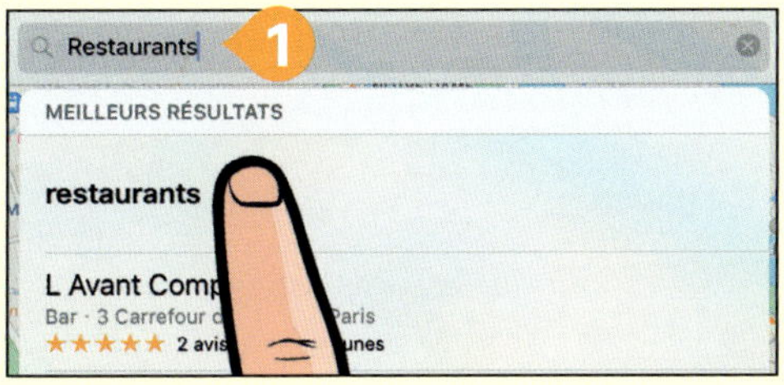

3. Des épingles indiquent les commerçants correspondants trouvés.

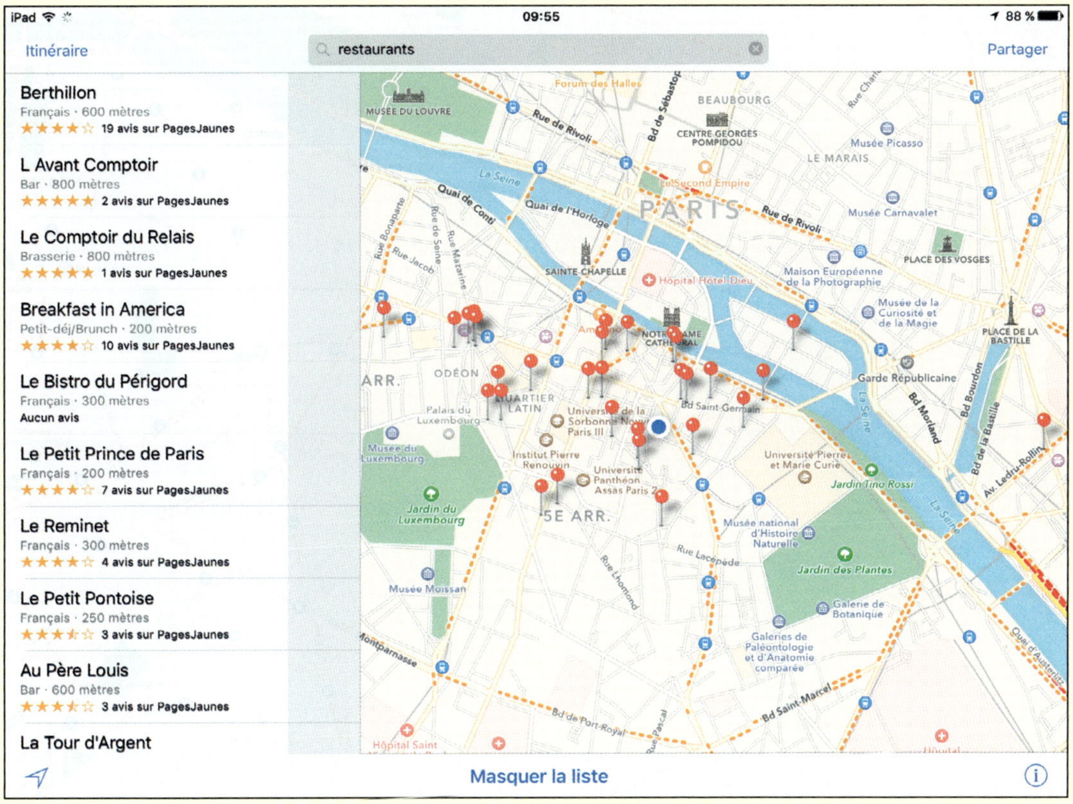

4. Touchez l'une d'elles pour obtenir le nom du commerce.

5 Touchez ensuite [>] pour obtenir des détails : adresse, coordonnées téléphoniques et Web (si disponibles) et photo du lieu.

Horloge

Afficher l'heure

Horloge sert à afficher l'heure actuelle dans le lieu où vous vous trouvez ou dans toute autre ville de votre choix. Notez que l'heure actuelle s'affiche dans son icône.

1 Lancez l'application **Horloge** en touchant son icône sur l'écran d'accueil.

2 Pour obtenir l'heure actuelle dans le lieu où vous vous trouvez, touchez **Horloge**. L'heure s'affiche.

3 Plusieurs lieux vous sont proposés par défaut en plus de votre emplacement actuel. Remarquez aussi les informations météo sous le nom de chaque ville. Pour afficher l'heure dans un lieu donné, vous devez ajouter une ville : touchez +.

4 Saisissez un nom de ville ou un code postal. Touchez **Rechercher** ou choisissez une ville dans la liste de résultats.

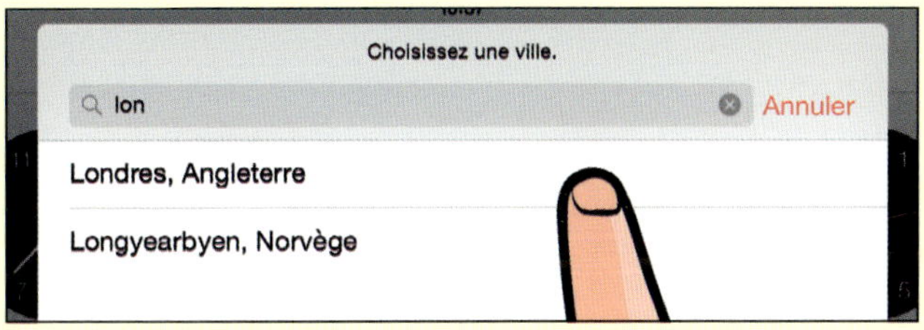

5 Le lieu est ajouté au panneau d'horloges. Vous pouvez afficher simultanément les horloges de six villes au maximum (en orientation portrait comme en orientation paysage). Si vous ajoutez d'autres villes, faites glisser horizontalement pour voir les autres horloges.

6 Pour afficher une horloge en plein écran, touchez la vignette correspondante.

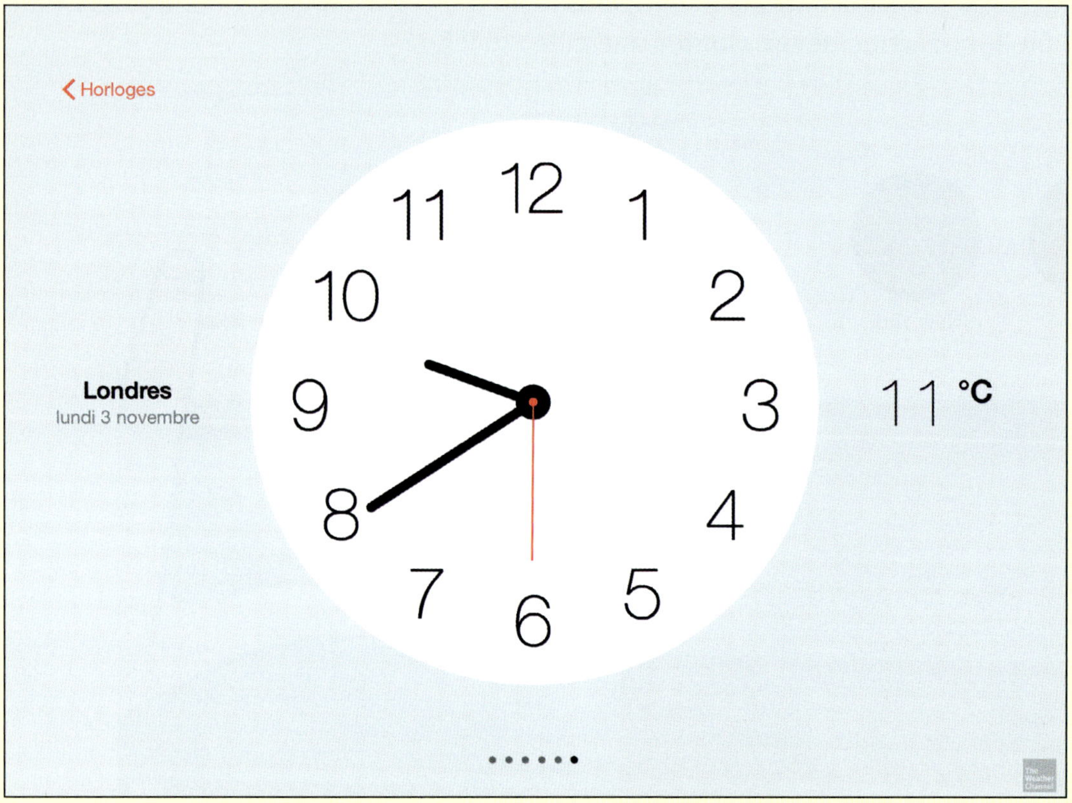

7 Touchez **Modifier** pour supprimer des villes ou réorganiser l'ordre d'affichage des horloges.

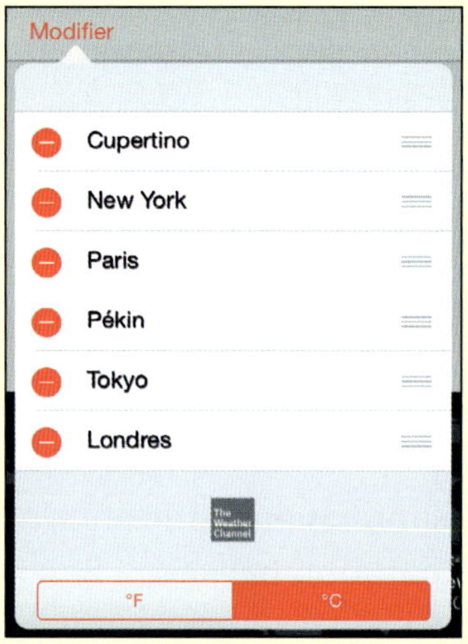

Si vous ne voyez pas la ville recherchée, choisissez une autre ville située dans le même fuseau horaire. Pour chaque ville, si la face de l'horloge est blanche, cela signifie qu'il y fait jour. Si la face est noire, il y fait nuit.

Programmer une alarme

Horloge permet aussi de définir des alarmes, c'est-à-dire des alertes sonores qui se déclencheront à l'heure de votre choix.

1. Lancez l'application **Horloge** en touchant son icône sur l'écran d'accueil.
2. Touchez **Alarme**.
3. Touchez +.

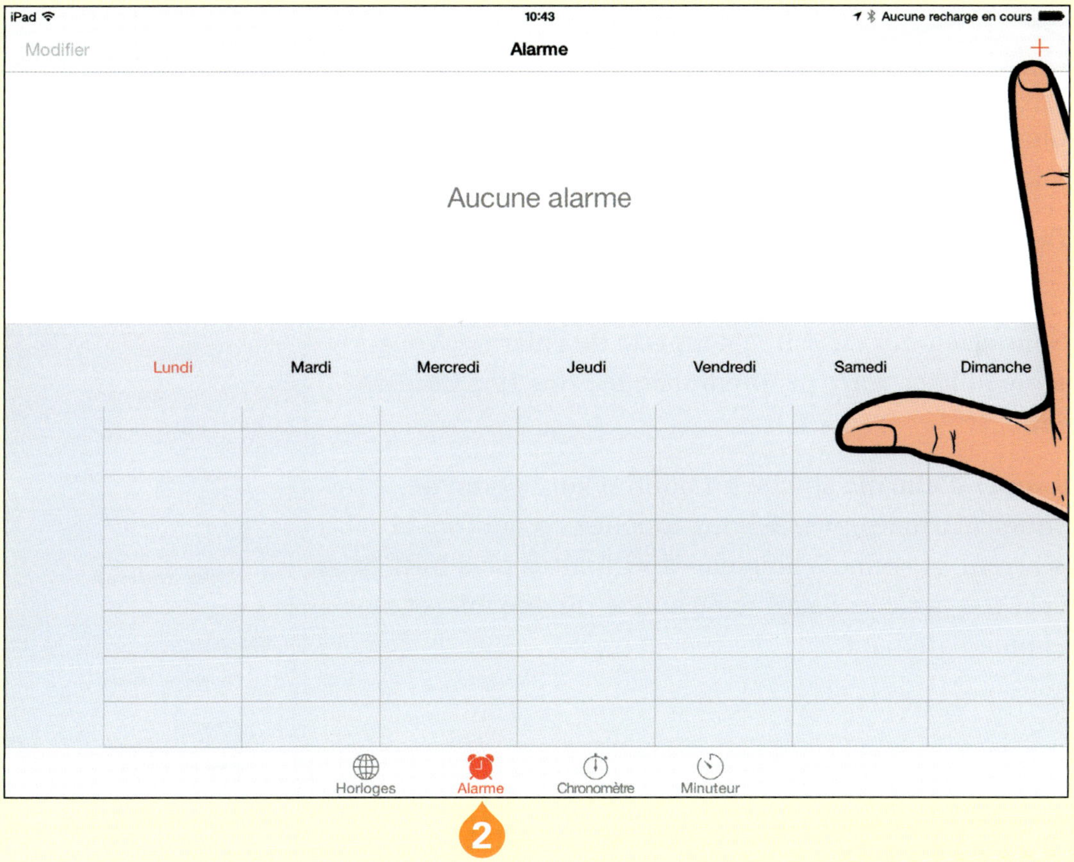

4 Commencez par régler l'heure de l'alarme en faisant glisser les rouleaux heures/minutes.

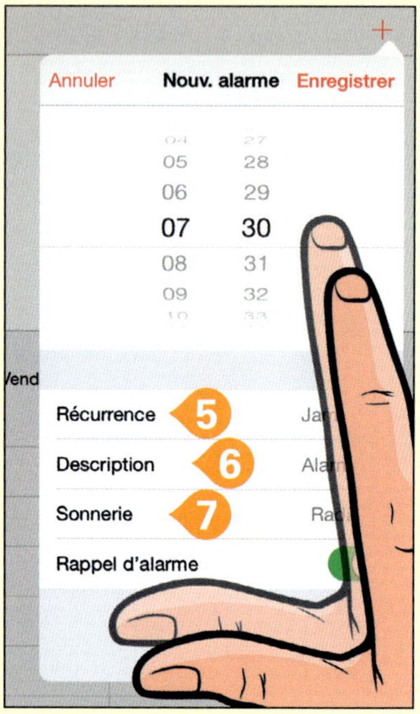

5 Pour définir une alarme qui se produira seulement certains jours, touchez **Récurrence**, puis choisissez les jours.

6 Touchez **Description** pour définir le libellé qui apparaît sur l'écran de l'iPad lorsque l'alarme sonne.

7 Touchez **Sonnerie** pour choisir la sonnerie de l'alarme. Vous pouvez même utiliser votre propre musique : touchez **Choisir un morceau**.

8 L'option **Rappel d'alarme** affiche un bouton sur l'écran de l'iPad lorsque l'alarme sonne. Si vous touchez ce bouton, la sonnerie s'arrête, et sonne à nouveau dix minutes plus tard. Si l'option n'est pas activée, l'alarme ne sonne qu'une fois, et se désactive immédiatement.

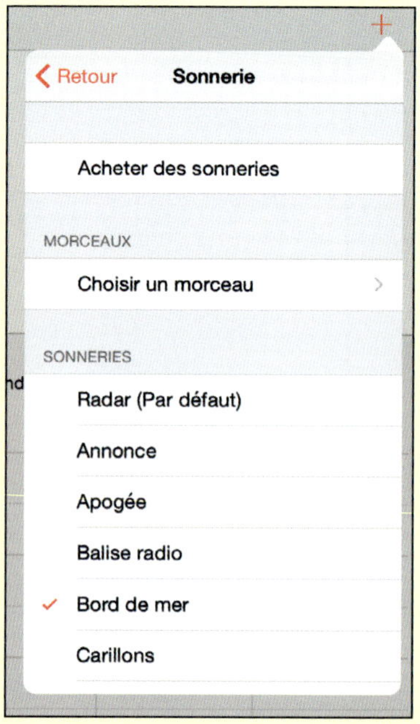

9 Touchez **Enregistrer**.

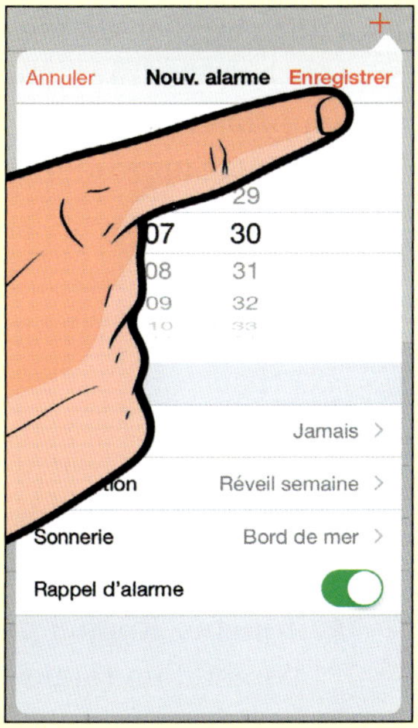

10 Dès lors, l'alarme est active. Recommencez pour créer d'autres alarmes. Les différentes alarmes programmées pour la semaine s'affichent sous la forme d'un calendrier dans **Horloge**.

11 Pour désactiver une alarme, touchez-la puis touchez ou faites glisser le curseur associé afin de le griser. Lorsqu'une alarme est définie, l'icône apparaît dans la barre d'état de l'iPad, en haut de l'écran.

12 Pour modifier les réglages d'une alarme, sélectionnez-la, touchez **Modifier**, puis touchez l'alarme en question. Pour supprimer une alarme, touchez à côté de l'alarme, puis touchez **Supprimer**.

13 Lorsqu'une alarme programmée sonne, si l'iPad est en veille, un message s'affiche sur l'écran et la sonnerie choisie est jouée. Vous avez alors deux options :

- Touchez **Rappel** pour que l'alarme s'arrête et fasse l'objet d'un rappel dix minutes plus tard (à condition que l'option correspondante soit activée dans les réglages de l'alarme).

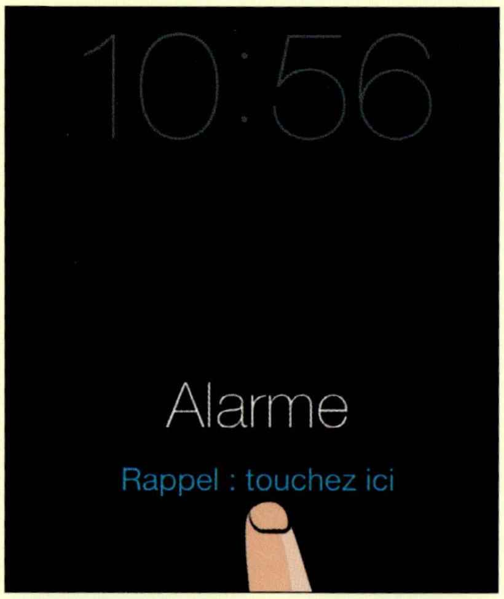

- **Faites glisser** le doigt sur le curseur afin d'interrompre définitivement l'alarme.

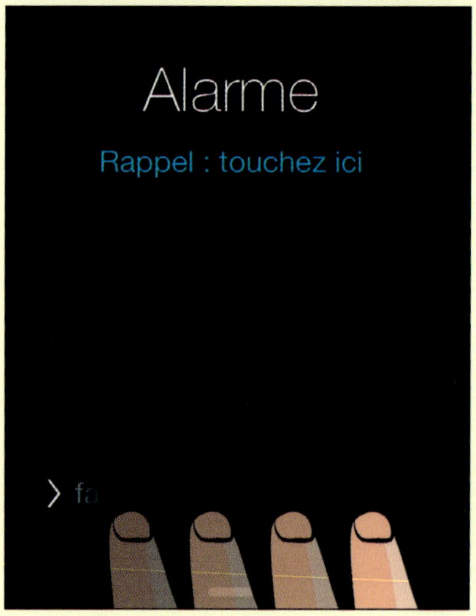

14 Si l'iPad n'est pas en veille, c'est une fenêtre proposant ces deux mêmes options qui s'affiche à l'écran.

Une alarme se produit une et une seule fois, à moins que vous n'ayez défini une récurrence, bien entendu.

Utiliser le chronomètre

Horloge offre aussi une fonction chronomètre.

1. Lancez l'application **Horloge** en touchant son icône sur l'écran d'accueil.
2. Touchez **Chronomètre**.
3. Touchez **Démarrer** pour lancer le chronomètre.

4. Pour mettre le chronomètre en pause, touchez **Arrêter**. Touchez **Démarrer** pour redémarrer.

5. Pour réinitialiser le chronomètre, mettez-le en pause, puis touchez **Effacer**.

6 Pour chronométrer des tours ou intervalles de temps (de circuit, de jeu, *etc.*) et enregistrer leur durée, touchez **Tour** après chaque tour.

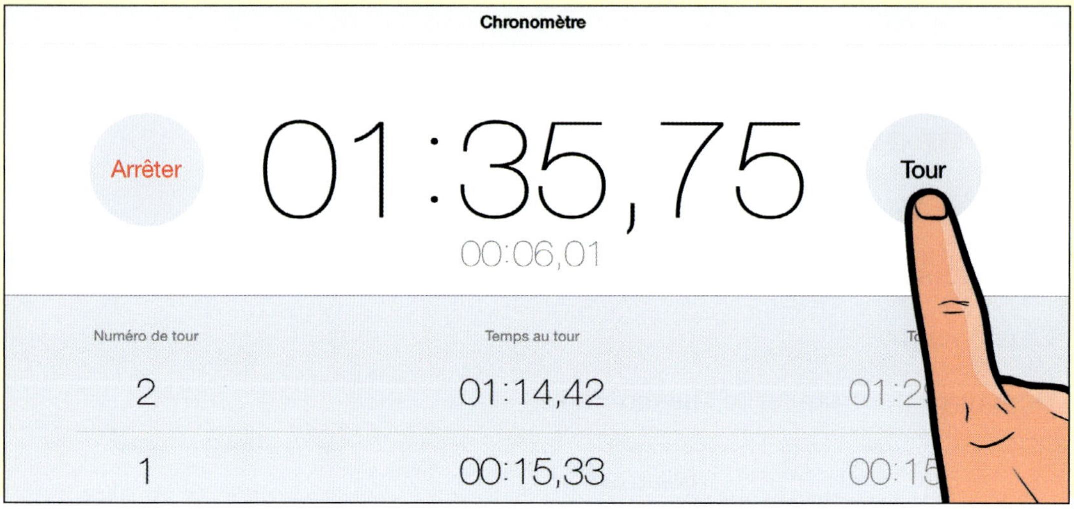

Si vous quittez **Horloge** et utilisez une autre application de l'iPad, le chronomètre continue à fonctionner en arrière-plan.

Programmer le minuteur

La fonction minuteur de l'application **Horloge** peut être très utile.

1 Touchez **Horloge** → **Minuteur**.

2 Faites glisser pour régler le nombre d'heures et de minutes.

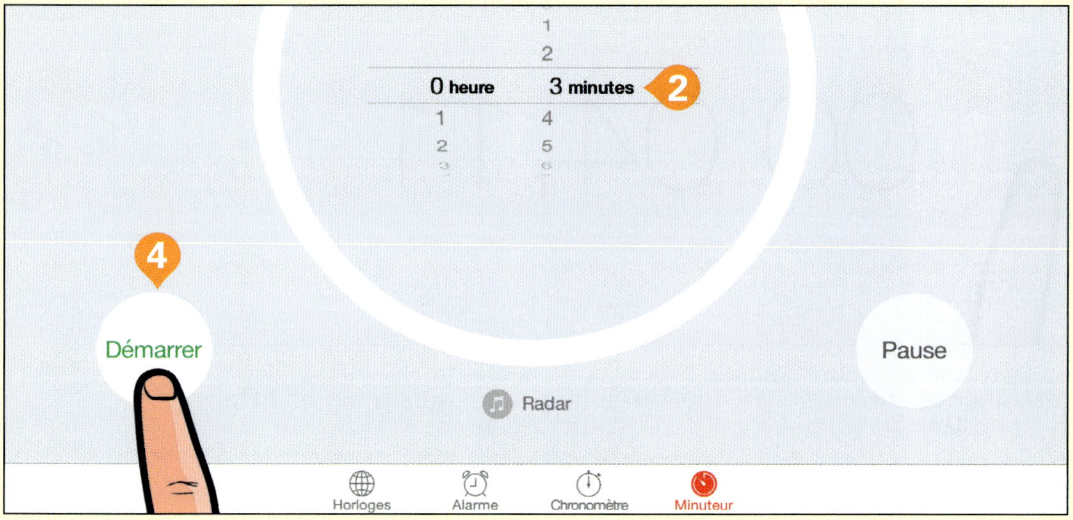

3 Touchez pour choisir la sonnerie du minuteur. L'option **Arrêter la lecture** tout en bas du menu **Sonnerie** permet d'activer le minuteur de veille. Au bout de la durée définie par vos soins, la musique se mettra en veille toute seule (et interrompra la lecture éventuelle de musique ou de vidéo).

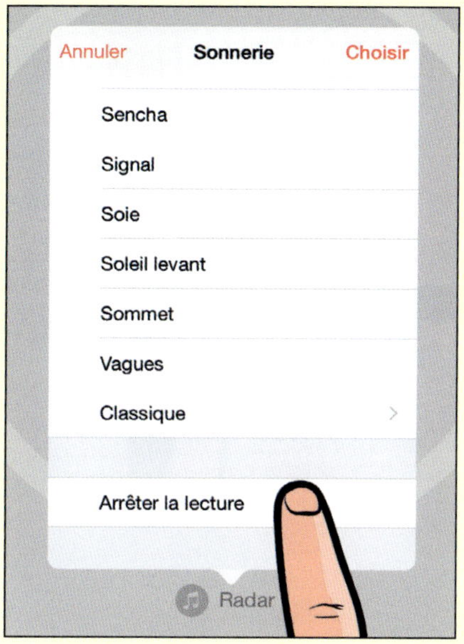

4 Touchez **Démarrer** pour lancer le minuteur.

5 Vous pouvez quitter **Horloge** : le minuteur continue à tourner en arrière-plan.

6 Touchez **Annuler** pour arrêter le minuteur avant son terme ou **Pause** pour l'interrompre temporairement. À défaut, une fenêtre s'affiche une fois le temps imparti écoulé. Touchez simplement **OK**.

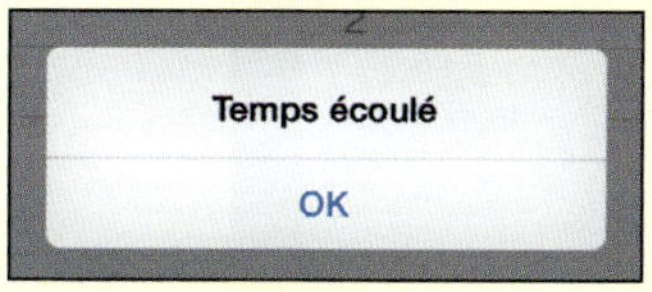

7 Vous pouvez lancer plus rapidement que jamais le minuteur grâce aux raccourcis du Centre de contrôle : touchez et faites glisser depuis le bas de l'écran vers le haut et touchez . Consultez le chapitre 2 pour plus d'informations à ce sujet.

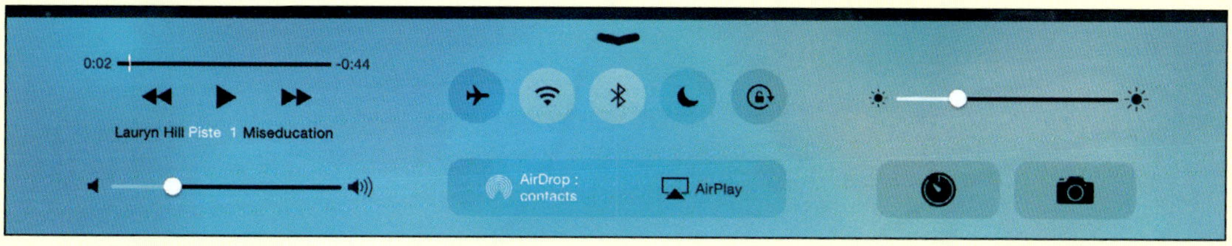

Rappels

Programmer un rappel

Rappels est une application simple et efficace permettant de créer et de suivre une liste de tâches. Elle permet de lister des choses à réaliser et affiche des alertes au moment ou au lieu souhaité.

1. Pour ajouter un rappel, lancez l'application **Rappels**.
2. Touchez une ligne vide pour ajouter un élément à la liste par défaut. Saisissez l'intitulé de l'élément. Touchez **OK**.

3. Recommencez pour ajouter d'autres éléments.
4. Touchez (i) pour ajuster les réglages du rappel : vous pouvez ajouter une alerte, un ordre de priorité ou une note complémentaire. L'option **Me le rappeler un certain jour** permet d'indiquer le moment précis de l'alerte, avec éventuellement une récurrence.

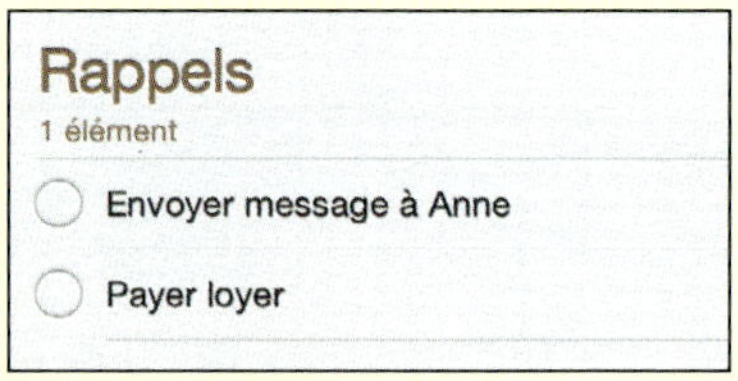

5. Paramétrez les options de date et touchez le bouton **OK**.

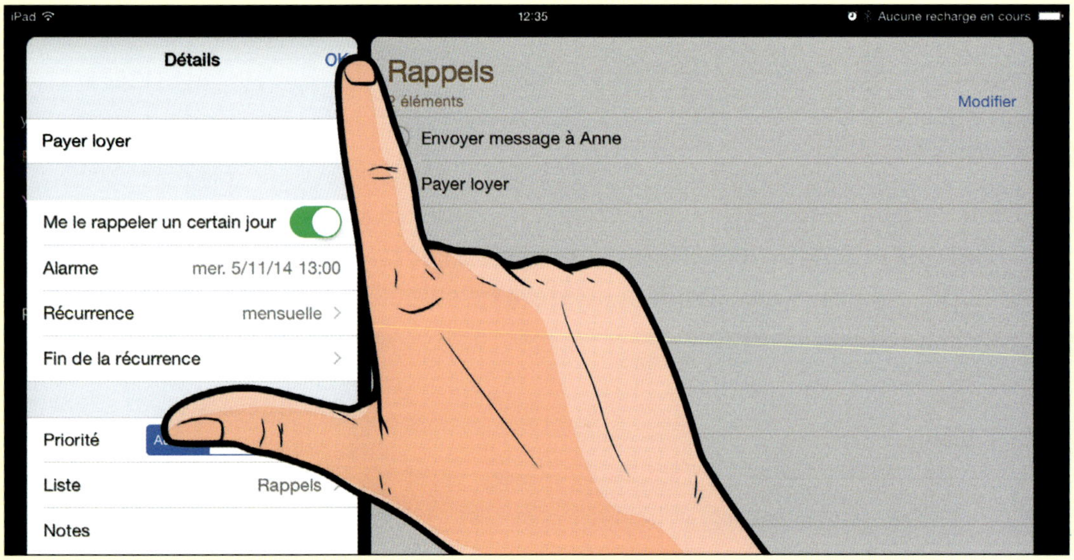

6. Au moment prévu, le rappel s'affichera sur votre iPad, sous la forme d'une fenêtre à deux boutons. Touchez le bouton **Fermer** pour faire disparaître la fenêtre ou **Afficher** pour voir les détails dans l'application **Rappels**.

> Vous pouvez aussi programmer un rappel entièrement grâce à **Siri** : dictez-lui une instruction du type « Rappelle-moi de... » et le tour est joué ! Par ailleurs, lorsque vous déclinez un appel téléphonique, vous pouvez mettre en place un rappel spécial permettant de rappeler le contact concerné. Consultez le chapitre 5 pour plus d'informations à ce sujet.

Afficher votre liste de rappels

L'application **Rappels** permet de consulter à tout moment votre liste de choses à faire. Une pastille sur son icône indique le nombre de rappels déjà passés.

1. Pour ajouter un rappel, lancez l'application **Rappels**.
2. Touchez une liste de rappels pour afficher ses éléments.
3. Touchez le cercle devant un élément pour indiquer que la tâche a été accomplie.

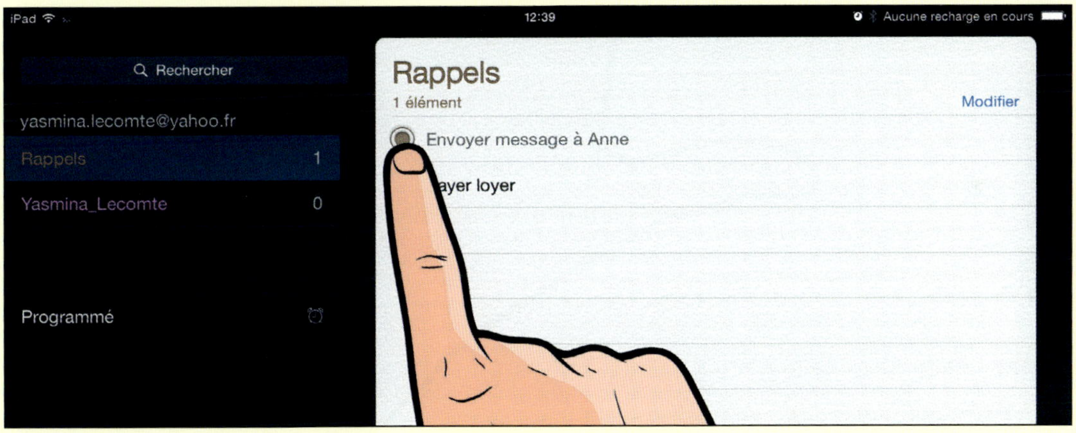

4. Touchez **Modifier** pour modifier les propriétés de la liste, effacer des rappels de la liste de tâches ou réorganiser la liste. Touchez ▤ et faites glisser pour changer l'ordre, touchez ⊖ pour effacer un élément. Touchez **OK** pour enregistrer les modifications.

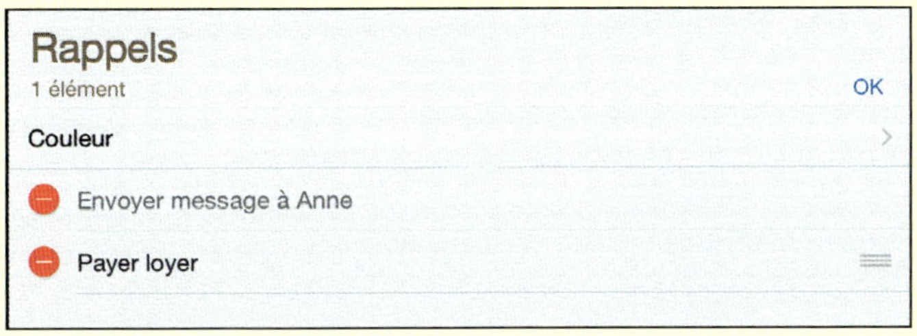

Vous pouvez dicter l'intitulé du rappel grâce à la saisie vocale : touchez [🎙] sur le clavier. Mieux encore, **Siri** comprend les instructions du type « Rappelle-moi de… », « Me rappeler de… », etc., et crée automatiquement un rappel selon vos désirs. Appuyez longuement sur le bouton Accueil et dictez vos instructions. Consultez le chapitre 2 pour plus d'informations.

Calendrier

Calendrier permet de gérer votre agenda et vos évènements.

1 Lorsque vous lancez l'application **Calendrier**, le mois en cours s'affiche, avec la date du jour en surbrillance.

2 Utilisez les boutons en haut d'écran pour afficher le calendrier par jours, semaines, mois ou années.

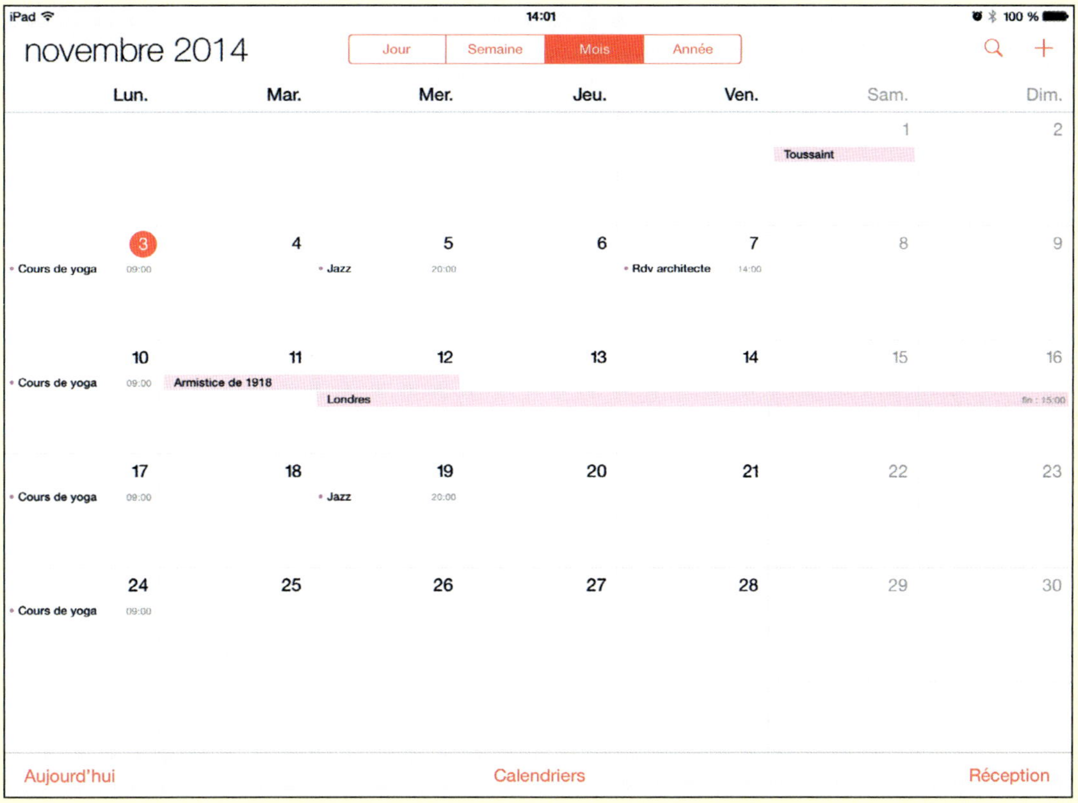

3 Les jours pour lesquels vous avez déjà défini un ou plusieurs évènements sont signalés par un point. Pour voir le détail d'un évènement, touchez le jour concerné.

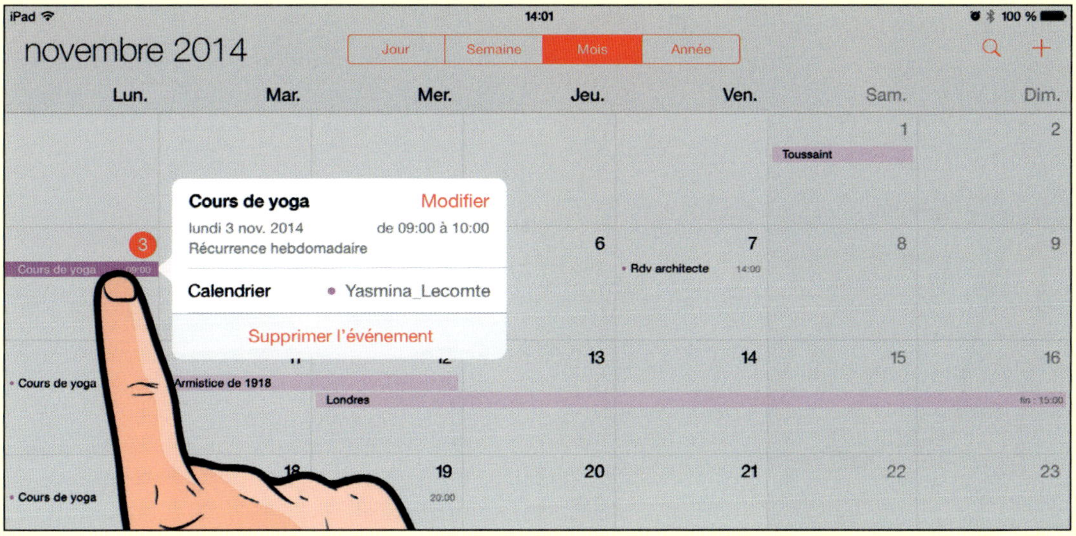

4 Pour ajouter un évènement, touchez le jour correspondant à sa date, puis le bouton +. La fiche **Évènement** s'affiche. Saisissez les données concernant l'évènement : **Titre** et **Lieu**, puis l'heure de fin.

5 Touchez **Récurrence** si l'évènement doit se reproduire selon une fréquence définie, et **Alarme** pour être alerté, de cinq minutes à deux jours avant l'évènement. Si vous spécifiez un temps de trajet, celui-ci sera pris en compte pour vos alertes.

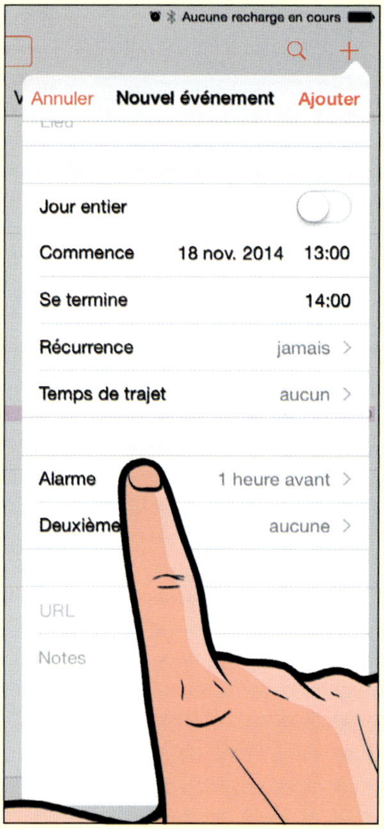

6 Touchez **Ajouter**.

7 L'évènement est désormais visible dans le calendrier.

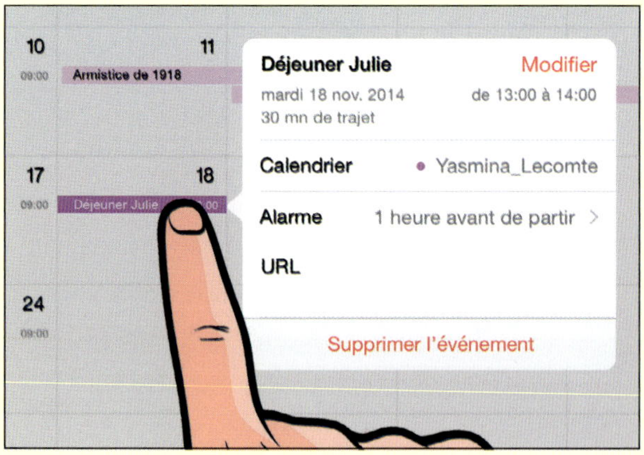

Pour supprimer un évènement, sélectionnez-le, puis touchez le bouton **Supprimer** tout en bas de sa fiche. Si l'évènement est récurrent, l'iPad vous demandera si vous souhaitez supprimer tous les évènements à venir ou uniquement celui choisi.

Notes

Notes permet de prendre des annotations écrites. Il est ensuite possible de consulter, partager, imprimer ou copier les notes. Au fur et à mesure des mises à jour, l'application s'est considérablement améliorée et permet désormais de créer des listes, d'ajouter des photos et même des dessins : il était temps !

1. Lorsque vous lancez **Notes**, les notes existantes s'affichent. Pour ajouter une note, touchez simplement la zone d'édition à droite ou le bouton .

2. Le clavier s'affiche. Saisissez la note. Vous pouvez aussi copier-coller du texte depuis un mail, un message ou une page Web.

3. Remarquez le titre de la note mis à jour dans le volet d'aperçu à gauche : c'est la première ligne de votre note. La note est automatiquement enregistrée, au fur et à mesure de la saisie, même si vous quittez l'application **Notes**.

4. Pour créer une liste, touchez le bouton , avant ou en cours de saisie d'une ligne.

5 Touchez le bouton Aa afin de choisir une mise en forme pour le texte : titre, section, liste à puces ou numérotée, *etc*.

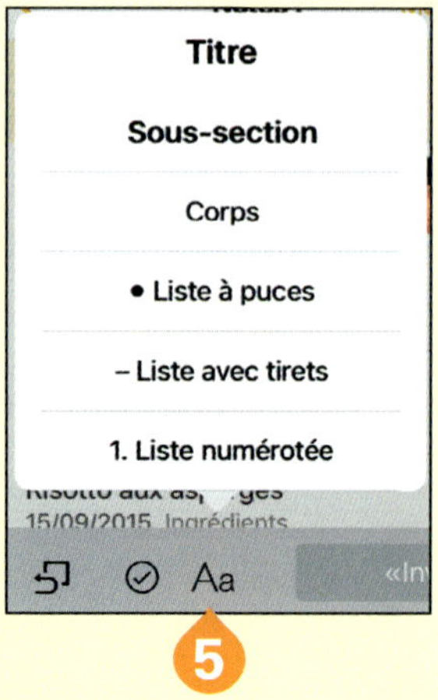

6 Touchez le bouton pour prendre ou insérer une photo depuis la bibliothèque.

7 La photo est insérée dans la note.

8 Touchez le bouton pour insérer un dessin : utilisez les boutons en bas d'écran pour choisir un crayon et une couleur, et lancez-vous ! Touchez **OK** pour insérer le dessin dans la note.

9 Pour lire une note, touchez-la. Touchez le contenu de la note pour activer le clavier et modifier la note. Touchez un élément dans une liste pour le cocher. Lorsqu'une note est affichée, touchez pour l'effacer définitivement.

10 Touchez pour afficher les outils de partage et d'utilisation de la note. Touchez **AirDrop** pour partager la note avec un utilisateur de machine Apple détecté à proximité. Touchez **Envoyer par e-mail** ou **Messages** pour envoyer la note par courrier électronique ou message, respectivement. Touchez **Imprimer** pour imprimer la note sur votre imprimante AirPrint. Touchez **Copier** pour copier l'intégralité du texte de la note dans le presse-papiers. Vous pouvez alors le coller au sein d'une autre note ou dans une autre application, comme **Facebook** ou **Mail**.

11 Vous pouvez enfin créer des notes depuis plusieurs applications de base de votre iPad, dont **Plans**, **Photos** ou **Safari**, par exemple, *via* les options de partage : touchez pour afficher les options de partage, puis **Note**. Depuis **Plans**, par exemple, vous pouvez créer une note à partir d'un lieu.

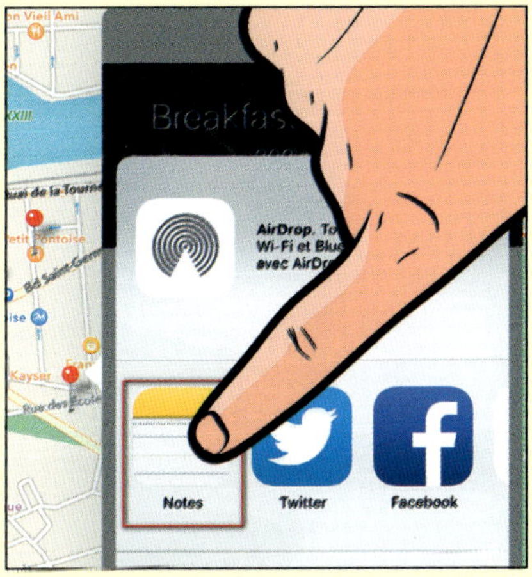

12 Rédigez le texte de la note (facultatif), puis touchez **Choisir une note** si vous souhaitez ajouter le lieu à une note existante ou **Enregistrer** pour créer une nouvelle note.

13 La note est créée.

Cette possibilité a aussi été présentée dans le chapitre consacré à **Safari** : consultez la section « Partager une page Web » du chapitre 3 pour plus d'informations.

iBooks

Sur l'iPad, la lecture de livres électroniques s'effectue à l'aide de l'application **iBooks**. Elle joue le rôle non seulement de lecteur pour les livres électroniques et documents PDF, mais aussi de librairie virtuelle, en vous donnant accès à l'iBook Store pour télécharger des ouvrages (gratuits ou payants).

Vous pouvez aussi transférer des livres électroniques depuis votre ordinateur vers votre iPad, exactement comme vous le feriez pour de la musique ou des vidéos : créez votre bibliothèque de livres électroniques dans **iTunes**, puis synchronisez l'iPad. Consultez la section « Créer votre bibliothèque musicale » du chapitre 7 pour plus d'informations à ce sujet.

Télécharger des livres électroniques

Pour remplir votre bibliothèque **iBooks**, téléchargez des livres électroniques dans la librairie d'Apple : l'iBook Store.

1. Lancez l'application **iBooks**.

2. Pour l'instant, votre bibliothèque est vide : pour peupler ses étagères, touchez **Sélection** en bas d'écran. Vous voici dans la librairie : vous pouvez voir les livres en vedette du moment, mais aussi les thématiques et classements proposés par Apple. **Classements** met en avant les meilleures ventes du moment. Touchez **Catégories** en haut d'écran pour filtrer les ouvrages selon un genre littéraire.

Le saviez-vous ? De très nombreux livres du domaine public sont disponibles gratuitement : cliquez sur **Parcourir**, puis sur **Classement gratuit**. Vous pouvez de plus télécharger gratuitement les premières pages (et même parfois plusieurs chapitres) de presque tous les ouvrages ! Touchez **Extrait**. Vous pourrez par la suite acheter l'ouvrage complet en touchant **Achat** en haut d'écran.

3. Touchez le champ **Rechercher** pour rechercher un ouvrage selon un mot-clé : titre, auteur, *etc.*

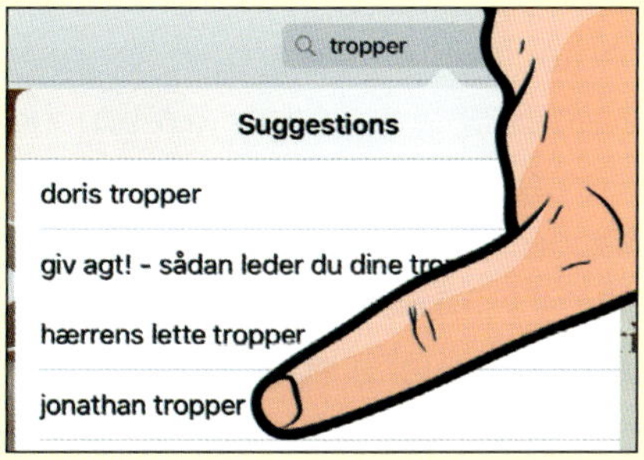

4 Pour voir le détail d'un ouvrage, touchez sa couverture. Dans la fiche qui apparaît, vous pouvez consulter de nombreuses informations sur le livre : date de sortie, éditeur, nombre de pages, *etc*. Son prix s'affiche dans un bouton à droite de la vignette de couverture.

5 Si vous souhaitez télécharger l'ouvrage, touchez ce bouton, puis **Acheter le livre**. Pour les livres gratuits, touchez **Gratuit**, puis **Obtenir le livre**.

6 Patientez pendant le téléchargement du livre dans votre bibliothèque. Recommencez pour télécharger autant de livres que vous le souhaitez. Les couvertures des ouvrages apparaissent sur les étagères de votre bibliothèque **iBooks**. Touchez **Mes livres** pour l'afficher. Les ouvrages achetés précédemment à l'aide de votre compte iTunes/App Store et téléchargeables à nouveau gratuitement sur votre iPad sont signalés par le pictogramme . Touchez-le pour télécharger le livre concerné dans votre bibliothèque **iBooks**.

Vous pouvez réorganiser votre bibliothèque **iBooks** et supprimer des livres à tout moment. Touchez **Modifier** en haut à droite de la bibliothèque. Sélectionnez des ouvrages en touchant leur couverture, puis touchez **Déplacer** pour les placer dans un dossier, ou **Supprimer** pour les effacer. Supprimer un ouvrage de la bibliothèque **iBooks** ne signifie pas que l'ouvrage sera définitivement effacé. Il sera en effet toujours présent dans votre bibliothèque de livres iTunes. Vous pourrez donc le réintégrer dans **iBooks** par la suite si vous le souhaitez.

Parcourir vos livres électroniques avec iBooks

Une fois votre bibliothèque **iBooks** remplie, vous pouvez afficher l'ouvrage de votre choix pour le lire.

1. Affichez votre bibliothèque **iBooks** et touchez simplement la couverture d'un ouvrage pour l'ouvrir.

2. Lorsqu'un livre est affiché, touchez l'écran pour voir les commandes. Touchez à nouveau l'écran pour les masquer. En orientation portrait, une page s'affiche et remplit l'écran.

3. N'oubliez pas que vous pouvez passer en orientation paysage : lorsque vous faites pivoter l'iPad, deux pages sont visibles en vis-à-vis, comme lorsque vous lisez un « vrai » livre.

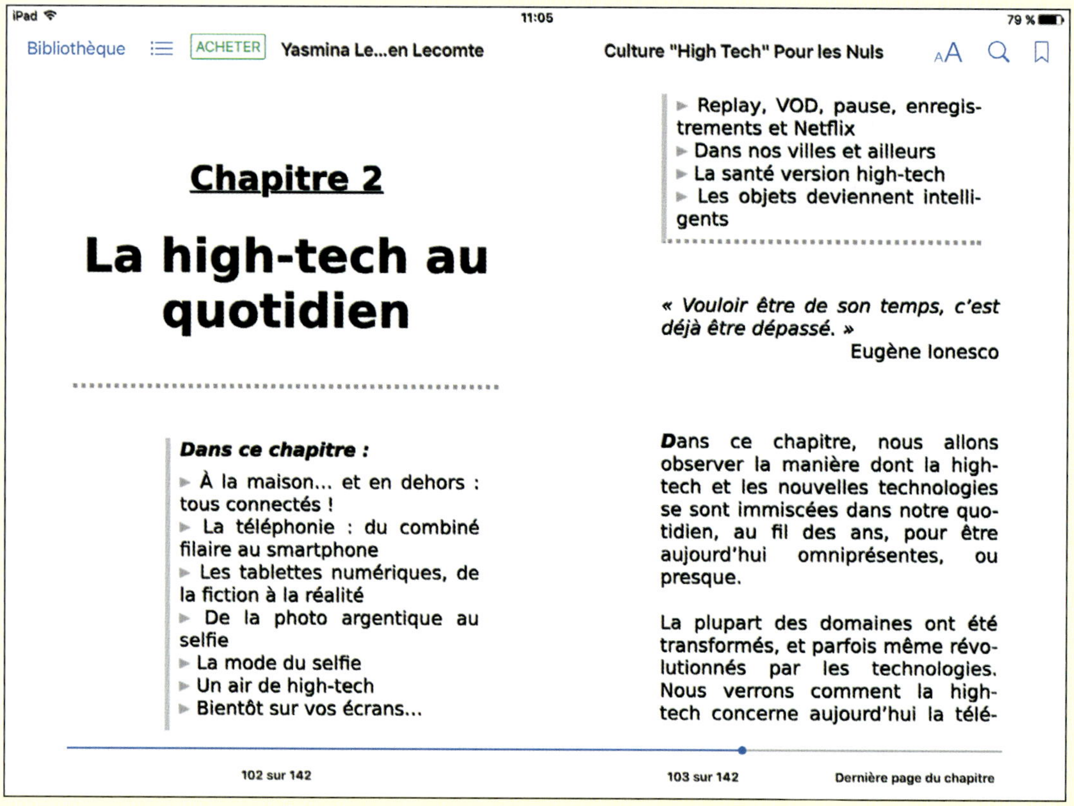

N'oubliez pas que vous pouvez verrouiller l'iPad dans une orientation ou une autre, ce qui est pratique et recommandable lorsque vous lisez dans une position allongée, par exemple. Utilisez le Centre de contrôle, comme expliqué au chapitre 2.

4 Pour changer de page, touchez simplement le bord droit ou gauche d'une page. Vous pouvez aussi *feuilleter*, c'est-à-dire faire glisser le doigt rapidement de gauche à droite, pour tourner les pages.

5 Pour atteindre une page spécifique, affichez les commandes, puis touchez le curseur en bas d'écran. Faites glisser : le titre du chapitre ou le numéro de la page ciblée est affiché. Relâchez pour atteindre cette page. Pour afficher la table des matières, touchez le bouton ☰. Il suffit ensuite de toucher une entrée de la table des matières pour atteindre son emplacement dans le livre. Pour revenir à la page en cours, touchez **Retour**.

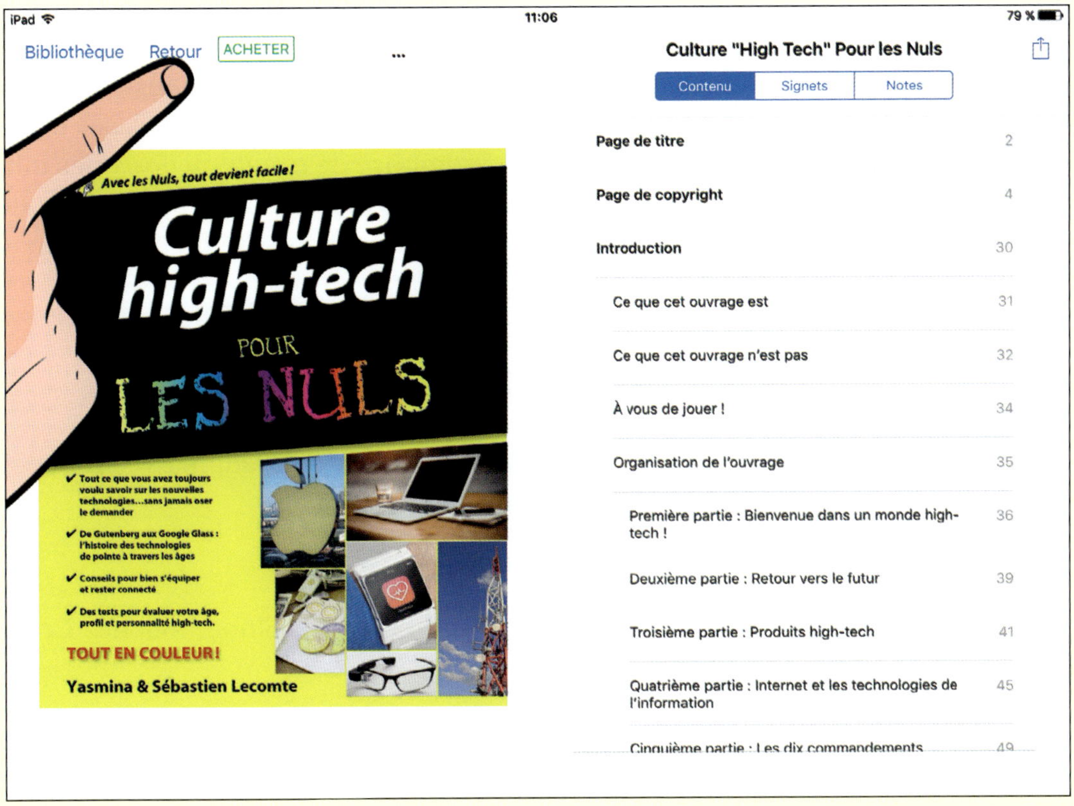

6 Vous pouvez copier, surligner, annoter, rechercher un mot ou consulter sa définition à tout moment : touchez longuement le mot, puis le bouton correspondant.

7 Les commandes d'**iBooks** permettent d'ajuster l'affichage pour votre confort de lecture. Affichez-les en touchant l'écran puis :

- Pour modifier la luminosité, la taille ou la police des caractères, touchez le bouton **Caractères**.
- Faites glisser le curseur **Luminosité** pour ajuster la luminosité et le contraste de l'écran. Notez que ce réglage s'applique uniquement à **iBooks** et n'affecte pas la luminosité globale de l'iPad.
- Touchez le bouton de gauche pour diminuer la taille du texte et le bouton de droite pour l'agrandir.
- Touchez le bouton **Polices** pour choisir une autre police de caractères.
- Touchez une teinte pour modifier la couleur du fond de page : blanc, légèrement teinté (le blanc pur d'un écran peut avoir tendance à gêner certains lecteurs), gris ou noir pour afficher le texte en blanc sur un fond de page sombre (modes d'affichage optimisés pour un environnement peu éclairé).

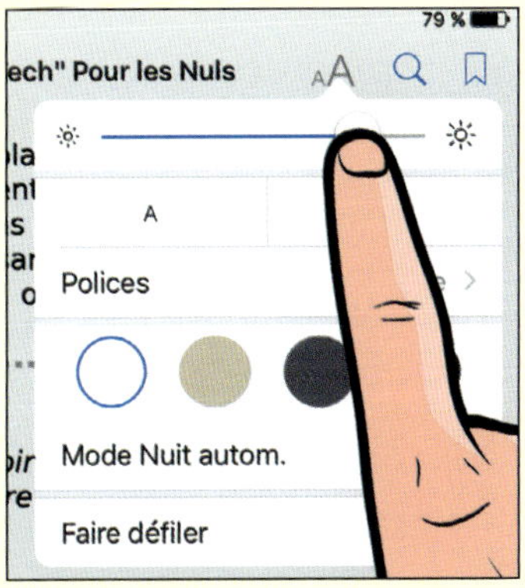

Twitter

Qui n'a jamais entendu parler de **Twitter** ? C'est un réseau social fondé sur l'échange de « minimessages » de 140 caractères. Très populaire dans le monde entier, **Twitter** a ses adeptes, ses célébrités, ses anecdotes sans fin et même un vocabulaire spécifique, composé de *tweets* ou *posts* (les minimessages publiés), de *followers* (les gens qui vous suivent ou *abonnés* en français) et ainsi de suite ! Sur l'iPad, téléchargez l'application et vous pourrez consulter votre fil d'actualité ou tweeter en un clin d'œil.

Télécharger et configurer l'application Twitter

Twitter peut être considéré comme l'une des applications de base de l'iPad, mais son téléchargement est facultatif. Vous devez aussi configurer votre compte.

1. Touchez **Réglages → Twitter → Installer**.
2. Indiquez vos identifiants **Twitter** si vous possédez déjà un compte. Sinon, touchez **Créer un compte**.
3. Touchez **Se connecter**.

4. Appuyez sur le bouton Accueil pour quitter les réglages. L'icône de l'application **Twitter** est désormais visible sur l'écran d'accueil.

Vous pouvez créer votre compte Twitter en vous rendant sur le site `www.twitter.fr`.

Afficher votre fil d'actualité Twitter et écrire un tweet

L'application **Twitter** permet d'afficher votre fil d'actualité et d'interagir avec les tweets déjà publiés par d'autres membres du réseau.

1. Touchez l'icône **Twitter** pour lancer l'application.

2. Votre fil d'actualité s'affiche. Faites glisser vers le bas pour actualiser le fil à tout moment.

3. Touchez un tweet pour afficher les détails et les réponses.

4. Utilisez les boutons situés sous un tweet pour y répondre, retweeter ou l'ajouter à vos favoris.

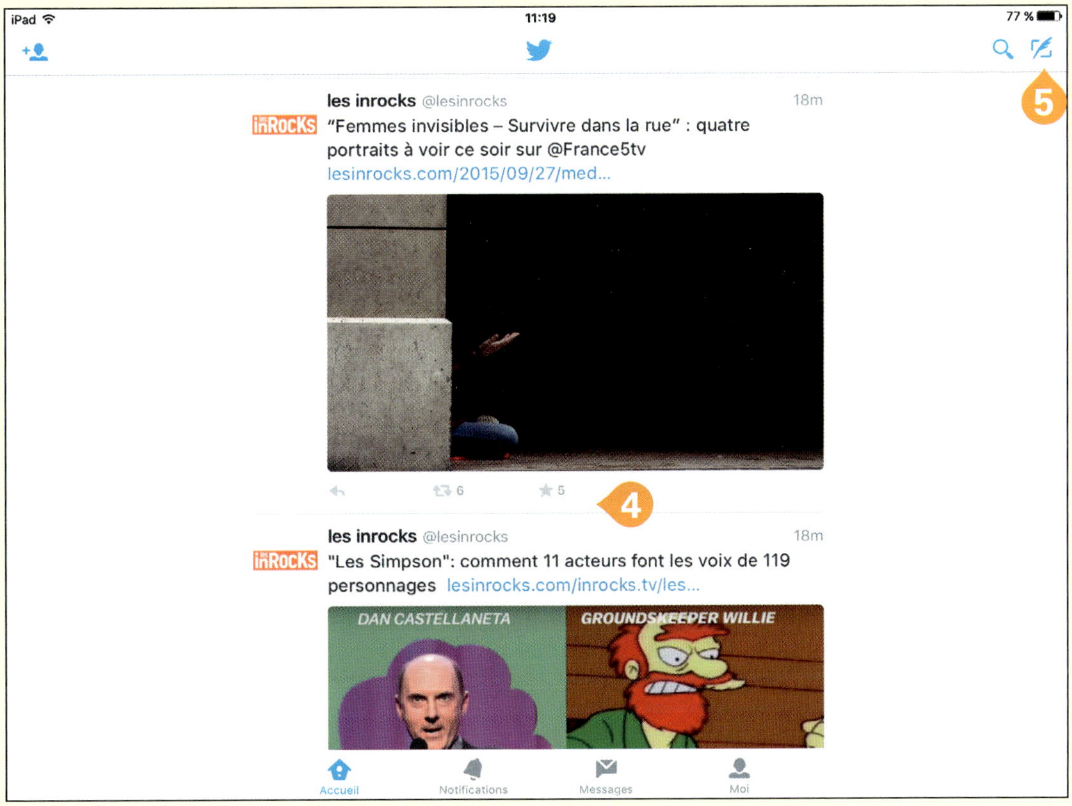

5. Touchez pour écrire et publier un tweet. Utilisez les boutons au-dessus du clavier pour ajouter une photo de votre bibliothèque ou prise sur le vif à l'aide de l'appareil photo, et/ou votre localisation. Touchez **Tweeter** pour publier le tweet.

Le bouton permet d'ajouter votre localisation au tweet. C'est utile si cette indication apporte un plus au message, en voyage ou en déplacement, par exemple. Remarquez le nombre de caractères de votre tweet à côté du bouton **Tweeter** et n'oubliez pas la limite de 140 !

Facebook

Le plus grand (en nombre d'usagers) et le plus célèbre des réseaux sociaux, **Facebook**, est complètement intégré à l'iPad et ses applications de base. Il est non seulement possible de publier des éléments depuis les principales applications de l'iPad (**Photos**, **Plans**, **Safari**), mais de plus, le calendrier et le carnet d'adresses sont synchronisés avec vos amis **Facebook** (si vous le souhaitez).

Télécharger et configurer l'application Facebook

L'application **Facebook** n'est pas installée par défaut sur l'iPad. Quelques manipulations très simples vous permettront de la télécharger et de la configurer.

1. Touchez **Réglages** → **Facebook** → **Installer**.
2. Indiquez vos identifiants **Facebook** si vous possédez déjà un compte. Sinon, touchez **Créer un compte**. Touchez **Se connecter**.
3. L'application **Facebook** vous propose de synchroniser vos données avec les applications **Contacts** et **Calendrier**. Vous pourrez par la suite désactiver cette synchronisation. Touchez **Se connecter**.
4. Dans l'écran de réglage de **Facebook**, vous pouvez dès à présent, si vous le souhaitez, désactiver la synchronisation des données **Facebook** avec **Calendrier** et **Contacts** : utilisez les curseurs correspondants. Pour éviter les doublons, touchez le bouton **Actualiser tous les contacts** : les données de votre carnet d'adresses et les informations fournies par vos amis Facebook seront fusionnées.
5. Appuyez sur le bouton Accueil pour quitter les réglages. L'icône de l'application **Facebook** est désormais visible sur l'écran d'accueil.

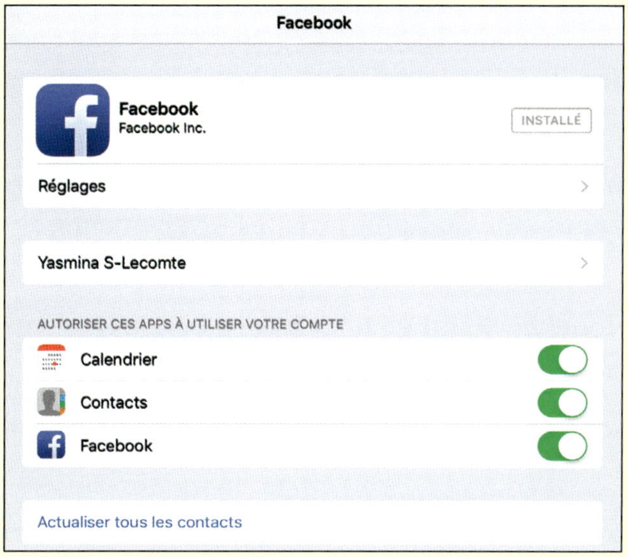

Découvrir l'application Facebook

L'application **Facebook** permet d'effectuer tout ce que vous avez l'habitude de faire sur votre ordinateur et bien plus encore, en tirant parti de la géolocalisation ou en vous donnant facilement accès à vos photos.

1. Touchez l'icône **Facebook** pour lancer l'application. Si vous avez de nouvelles notifications, leur nombre s'affiche au-dessus de l'icône correspondante, dans une pastille rouge.

2. L'application offre une application spécialement conçue et optimisée pour l'iPad. Votre fil d'actualité s'affiche.
3. Les boutons de la barre d'outils en bas d'écran permettent d'afficher les demandes d'ajout à la liste d'amis, les messages et les notifications. Lorsque de nouvelles publications sont disponibles, le bouton **Nouvelles actualités** apparaît en haut d'écran. Touchez-le pour mettre le fil d'actualité à jour. Pour actualiser manuellement votre fil d'actualité Facebook, touchez l'écran et faites glisser vers le bas.

Pour consulter vos messages, l'application vous invitera (voire vous incitera) à installer l'application complémentaire **Facebook Messenger** : touchez **Installer** et suivez les instructions.

4 Touchez le bouton pour afficher le menu général. Vous pouvez alors accéder aux autres rubriques du site : profil, messages, amis, pages et invitations, groupes, évènements, photos, *etc.*

5 Pour publier un nouveau statut Facebook, touchez **Statut** en haut d'écran. Saisissez votre nouveau statut à l'aide du clavier.

6 Les boutons situés sous la zone de saisie permettent d'ajouter une photo, une personne ou d'indiquer un lieu.

7 Touchez le bouton pour ajouter une photo ou une vidéo. Sélectionnez une ou plusieurs photos en touchant le bouton dans leur vignette, puis touchez le bouton . Pour prendre une photo et la publier instantanément, touchez . Vous pouvez aussi éditer une photo ou identifier des personnes en touchant la vignette de la photo elle-même avant de la sélectionner.

8 Pour indiquer une personne en votre compagnie parmi vos amis Facebook, touchez le bouton . Touchez le nom de la personne ou des personnes à inclure dans votre liste d'amis.

9 Pour ajouter votre localisation, touchez le bouton .

10 Enfin, touchez la zone **À :** et choisissez un niveau de confidentialité pour ce statut : amis seulement, mise à jour publique ou destinée à une liste spécifique.

11 Touchez **Publier** pour mettre à jour votre statut.

12 Touchez , puis **Paramètres** pour accéder aux paramètres de votre compte. Touchez **Déconnexion** si vous souhaitez vous déconnecter de l'application.

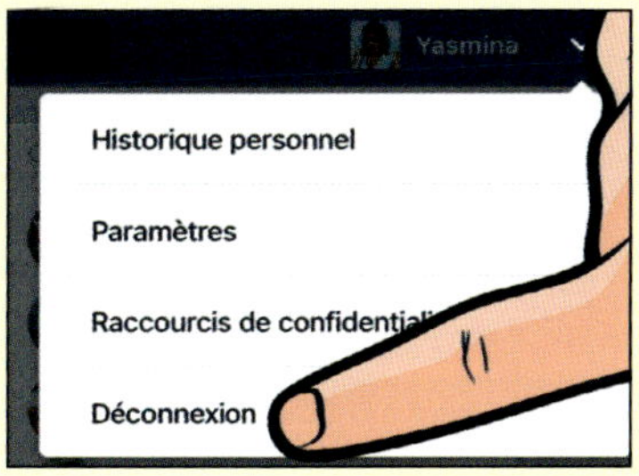

Tweeter ou publier sur Facebook depuis les applications de l'iPad

Il existe une autre manière de partager des éléments sur **Facebook** ou **Twitter** : publiez des éléments depuis les applications **Photos**, **Safari** et **Plans**.

- Le partage d'une photo sur **Twitter** ou **Facebook** se fait depuis l'application **Photos** : lancez **Photos** puis affichez la photo à partager. Touchez . Si vous choisissez **Twitter**, un tweet est créé, avec la photo déjà attachée. Vous pouvez ajouter quelques mots. Touchez **Envoyer** pour publier le tweet. Si vous choisissez **Facebook**, un statut Facebook est créé, avec la photo déjà attachée. Vous pouvez écrire quelques mots et choisir le niveau de confidentialité du statut. Touchez **Publier** pour partager la photo sur votre mur.
- Le partage d'un lien sur **Twitter** ou **Facebook** se fait depuis l'application **Safari** : lancez **Safari**, affichez une page Web. Touchez . Touchez **Twitter** pour publier l'adresse Web sur **Twitter**. Touchez **Envoyer** pour publier le tweet, après avoir éventuellement ajouté quelques mots. Dans le tweet publié, l'adresse Web bénéficie automatiquement d'une URL courte. Touchez **Facebook** pour partager le lien sur Facebook. Touchez **Publier** pour partager la photo sur votre mur, après avoir éventuellement ajouté quelques mots, indiqué le lieu et choisi le niveau de confidentialité du statut.
- De la même façon, vous pouvez partager un lieu sur **Twitter** ou **Facebook** depuis l'application **Plans**. Affichez un lieu ou une adresse, puis, dans la fiche descriptive du lieu, touchez , puis **Twitter** ou **Facebook**.

Enfin, sachez que **Siri** permet de publier une mise à jour sur **Facebook** ou un tweet. Essayez ! Appuyez longuement sur le bouton Accueil pour lancer **Siri** et dictez-lui une instruction du type « Mets à jour mon statut Facebook » ou « Tweete "Je suis en vacances" ».

Réglages essentiels et installation d'applications

9

Ce chapitre vous accompagne dans la personnalisation et la sécurisation de votre iPad. Vous ferez connaissance avec le Centre de contrôle, qui permet de passer en mode Avion ou Ne pas déranger. Vous apprendrez à changer de fond d'écran, en utilisant une de vos photos personnelles ou une des images offertes par Apple. Vous découvrirez peut-être le concept de fond d'écran dynamique, propre à l'iPad ! Vous verrez aussi comment protéger votre iPad par mot de passe et à l'aide de votre empreinte digitale (si votre modèle est équipé du capteur *ad hoc*, bien entendu). Vous apprendrez aussi à paramétrer les sonneries et les notifications. Enfin, à la fin de ce chapitre, vous saurez comment explorer l'App Store pour télécharger de nouvelles applications.

Dans ce chapitre :

- Afficher le Centre de contrôle
- Utiliser le mode Ne pas déranger et le mode Avion
- Modifier les options de réseau (iPad Wi-Fi + 3G/4G seulement)
- Les options du clavier et du dictionnaire
- Personnaliser l'iPad avec un fond d'écran
- Paramétrer le mot de passe de l'iPad
- Paramétrer les options du capteur d'empreinte
- Choisir la durée avant la mise en veille
- Les réglages du mot de passe iTunes
- Paramétrer les sonneries
- Paramétrer les notifications
- Effectuer une recherche dans les réglages
- Explorer l'App Store et installer une application
- Au sujet des achats intégrés

Afficher le Centre de contrôle

Le Centre de contrôle permet d'accéder rapidement à des commandes, opérations et applications pratiques, en particulier le passage en mode Avion ou le verrouillage de l'orientation.

1 Touchez l'écran (même s'il est verrouillé) et faites glisser vers le haut pour afficher le Centre de contrôle.

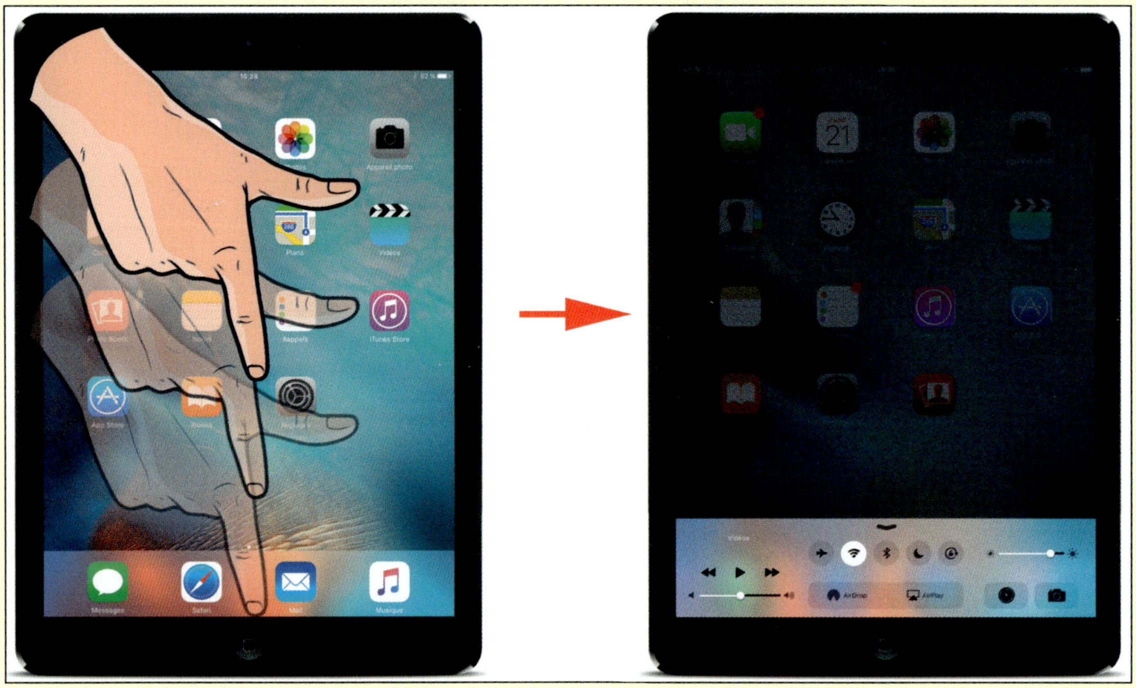

2 Touchez le bouton **Mode Avion** pour désactiver toutes les fonctions « sans fil » de l'iPad : signal téléphonique, radio, Wi-Fi et Bluetooth. Touchez le bouton **Wi-Fi** ou **Bluetooth** pour désactiver ou réactiver rapidement ces modes de connexion. Touchez le bouton **Ne pas déranger** pour couper les alertes et les communications. Consultez la section qui suit pour plus d'informations sur les modes **Avion** et **Ne pas déranger**.

3 L'iPad détecte automatiquement dans quel sens vous le tenez (orientation portrait ou paysage) et l'écran pivote en conséquence. Bloquer l'orientation de l'écran dans un sens ou dans l'autre est utile, pour empêcher les mouvements involontaires. Touchez le bouton **Verrouillage de l'orientation** pour bloquer l'orientation actuelle de votre iPad.

4 Faites glisser le curseur **Luminosité** pour ajuster la luminosité globale de l'écran de votre iPad.

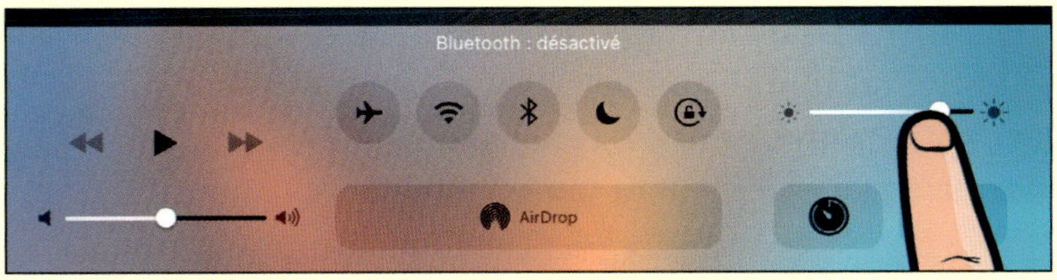

5 Utilisez les boutons de contrôle de la lecture et de réglage du son lorsque vous écoutez de la musique. Touchez le bouton **AirDrop** pour activer ou désactiver rapidement la détection de votre iPad par vos contacts ou d'autres utilisateurs. Touchez le bouton **AirPlay** pour lancer la connexion à des périphériques compatibles AirPlay.

6 Utilisez les raccourcis en bas d'écran pour lancer rapidement le minuteur et l'appareil photo.

7 Pour masquer le Centre de contrôle, appuyez sur le bouton Accueil ou touchez le curseur situé en haut au centre et faites glisser vers le bas.

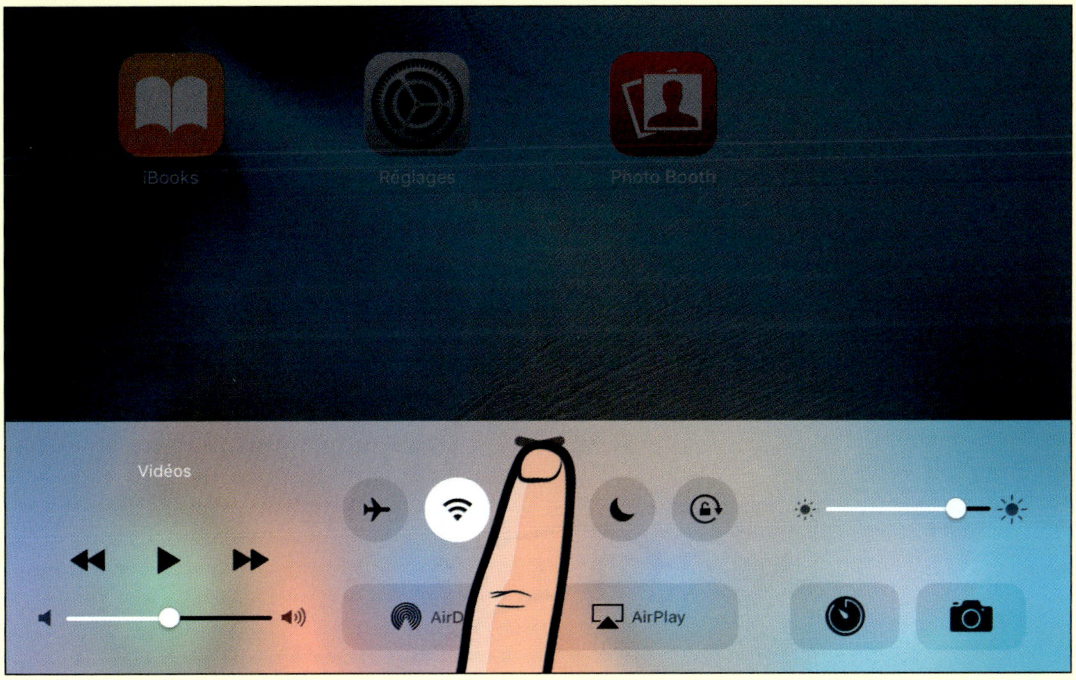

AirDrop est le nom de la fonction de partage entre machines Apple. **AirPlay** est le nom de la fonction permettant de diffuser le contenu de votre iPad (musiques, vidéos, photos, etc.) sur un téléviseur ou des enceintes, sans fil.

Utiliser le mode Ne pas déranger et le mode Avion

Le mode **Ne pas déranger** répond à un besoin précis des utilisateurs : restreindre les alertes et les communications sans pour autant éteindre l'iPad. Très pratique, ce mode permet de définir des plages horaires pendant lesquelles l'iPad n'est pas joignable. Commencez par paramétrer les réglages du mode **Ne pas déranger**. Vous pouvez ensuite l'activer ou le désactiver rapidement depuis le Centre de contrôle. Vous verrez aussi comment et pourquoi utiliser le mode **Avion**.

Paramétrer et activer le mode Ne pas déranger

Le mode **Ne pas déranger** permet de définir des plages horaires pendant lesquelles l'iPad n'est pas joignable, avec la possibilité de ne pas filtrer les communications des contacts se trouvant dans votre liste de favoris ou les appels répétés. Rappel : le mode **Ne pas déranger** peut être activé rapidement depuis le Centre de contrôle, comme expliqué à la section précédente.

1. Touchez **Réglages**, puis **Ne pas déranger**.
2. Activez l'option **Manuellement** pour activer manuellement le mode **Ne pas déranger**, comme vous le feriez depuis le Centre de contrôle. Vous pouvez désactiver ce mode de la même façon ou *via* le Centre de contrôle.

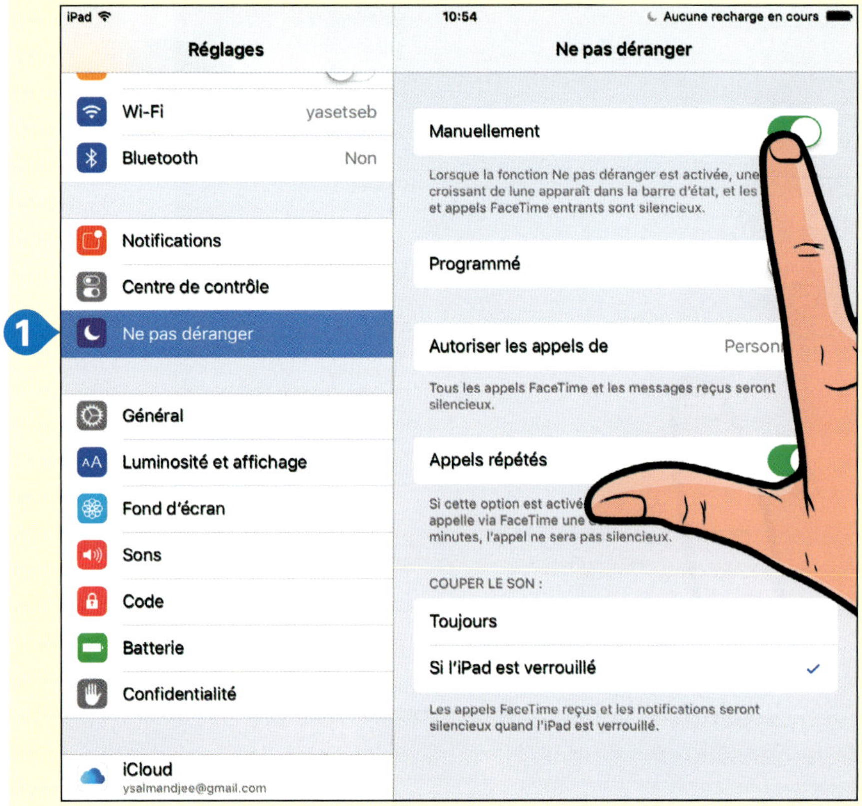

3 Pour définir une plage horaire spécifique pour le blocage des alertes et des appels entrants, touchez le curseur **Programmé**. Le mode **Ne pas déranger** sera automatiquement activé durant la plage horaire définie. Touchez la zone située sous le curseur **Programmé** et indiquez le début et la fin de la plage horaire choisie.

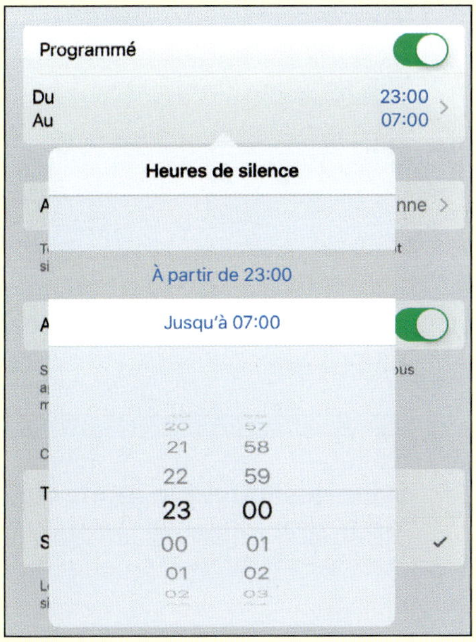

4 Pour spécifier les contacts dont les appels seront autorisés en mode **Ne pas déranger**, touchez le curseur **Autoriser les appels de**. Indiquez si tout le monde, personne, uniquement vos contacts faisant partie d'un groupe spécifique peuvent vous appeler lorsque le mode **Ne pas déranger** est actif.

5 Afin qu'une personne vous appelant deux fois en moins de trois minutes soit autorisée à vous joindre malgré le mode **Ne pas déranger**, activez l'option **Appels répétés**. Cette option permet aux autres de vous contacter malgré le mode **Ne pas déranger**, en cas d'urgence, par exemple.

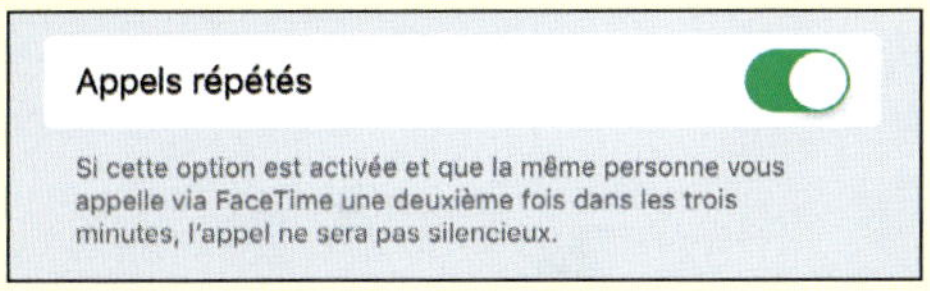

6 Paramétrez une option pour le son : choisissez **Toujours** pour que tous les sons soient coupés lorsque le mode **Ne pas déranger** est actif ; choisissez **Seulement si l'iPad est verrouillé** pour que le son reste actif lorsque vous utilisez l'iPad.

7 Touchez le bouton Accueil pour quitter les réglages.

8 Une fois le mode **Ne pas déranger** paramétré, il s'activera automatiquement à l'horaire souhaité et pour la durée choisie. Vous pouvez toutefois l'activer et le désactiver manuellement à tout moment grâce au Centre de contrôle : faites glisser du haut vers le bas sur l'écran de votre iPad pour l'afficher.

9 Touchez le bouton .

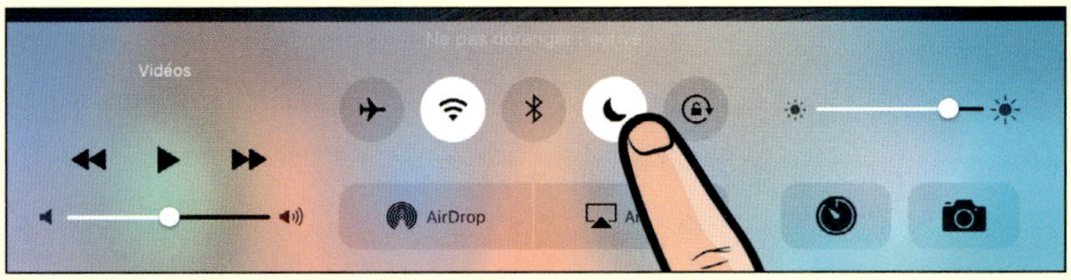

10 Lorsque le mode **Ne pas déranger** est actif, l'icône apparaît dans la barre d'état, à côté de l'heure.

11 Pour désactiver le mode **Ne pas déranger**, y compris durant les plages horaires définies, affichez à nouveau le Centre de contrôle et touchez le bouton. .

Utiliser le mode Avion

Le mode **Avion** désactive les fonctions « sans fil » de l'iPad : radio, Wi-Fi, 3G/4G et Bluetooth. Autrement dit, vous ne pouvez plus recevoir ou émettre des appels FaceTime ou vocaux *via* le Wi-Fi, ni échanger des courriels ou des messages, consulter la messagerie, naviguer sur le Web ou accéder à toutes les données reçues par Internet (dont la météo, les cours de la Bourse et YouTube). Vous pouvez toutefois toujours écouter de la musique, prendre et visualiser des photos.

1 Affichez le Centre de contrôle : faites glisser du haut vers le bas sur l'écran de votre iPad.

2 Touchez le bouton .

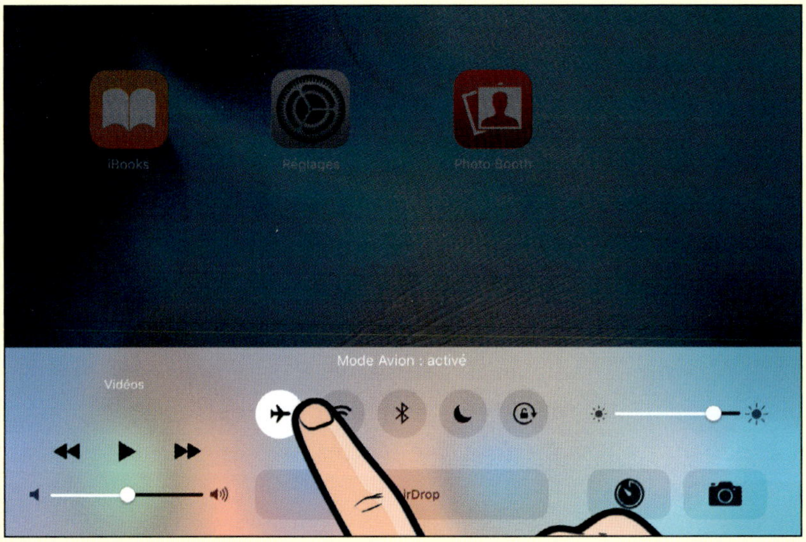

3 Lorsque le mode **Avion** est activé, l'icône apparaît dans la barre d'état en haut d'écran.

Passer en mode **Avion** lorsque vous rechargez l'iPad accélérera sensiblement la rapidité de la charge !

4 Pensez à désactiver le mode **Avion**, exactement de la même manière que vous l'avez activé, lorsque vous n'en aurez plus besoin. Les connexions téléphoniques et Internet seront alors réactivées.

5 Vous pouvez aussi activer/désactiver le mode **Avion** *via* les réglages : utilisez le curseur se trouvant tout en haut de la liste des réglages.

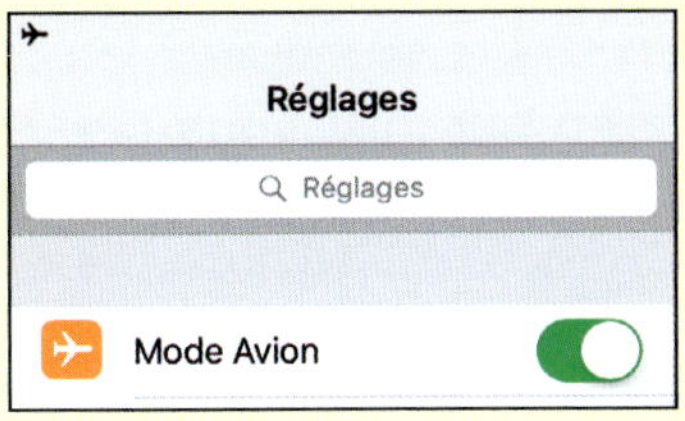

Modifier les options de réseau (iPad Wi-Fi + 3G/4G seulement)

Le réseau **3G/4G** est disponible un peu partout dans le monde. Si vous ne bénéficiez pas d'un accès gratuit à l'étranger, vous pouvez désactiver le mode **4G**. Vous pouvez aussi désactiver tout accès à Internet lorsque vous vous trouvez dans une zone non couverte par le réseau de votre opérateur avec l'option **Données à l'**étranger.

1 Touchez **Réglages** → **Général** → **Réseau**.

2 Touchez le curseur **Données cellulaires** pour activer ou désactiver le mode **4G** ou, à défaut, **3G**.

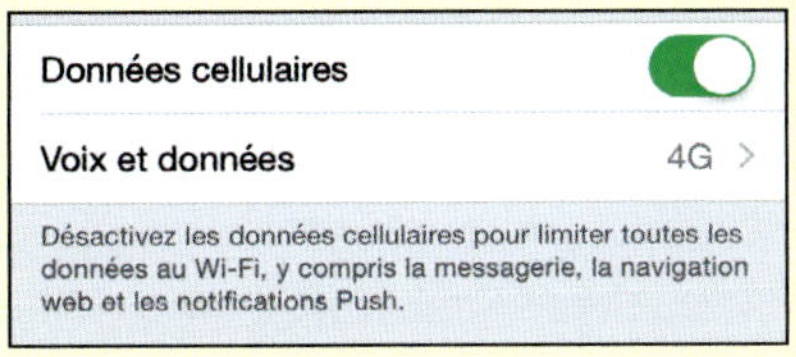

3. Touchez le curseur Données à l'**étranger** pour activer ou désactiver l'accès à Internet lorsque vous n'êtes pas dans une zone couverte par votre opérateur (désactivez cette option à l'étranger pour couper tout accès). Vous pourrez toujours vous connecter en Wi-Fi si vous trouvez un réseau.

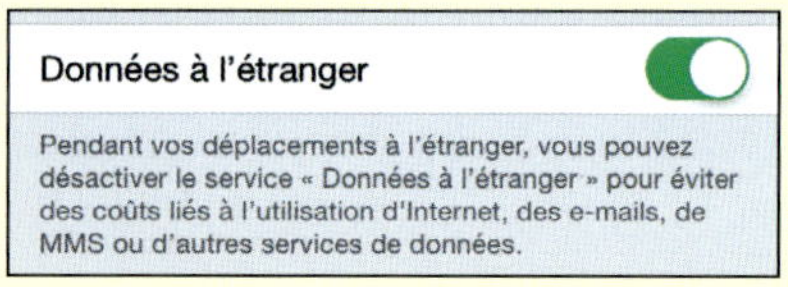

4. **Internet EU** est un réglage permettant à l'iPad d'accéder aux réseaux d'opérateurs à l'échelle européenne. Sans plus entrer dans les détails, si vous activez cette option, elle bloquera la connexion Internet de votre opérateur incluse dans votre forfait. Ne l'activez pas.

Notez aussi que la connexion à un réseau **3G/4G** est gourmande en énergie. Vous pourrez prolonger sensiblement l'autonomie de la batterie de votre iPad en désactivant l'accès **3G/4G**.

Les options du clavier et du dictionnaire

Voyons à présent plusieurs options qui vous faciliteront la saisie de texte sur l'iPad : il faut dire que les corrections orthographiques intempestives ou l'absence de certains mots du dictionnaire interne, par exemple, peuvent vite devenir agaçantes ! Les raccourcis clavier, quant à eux, vous feront gagner du temps.

Désactiver les corrections orthographiques

Par défaut, l'iPad effectue automatiquement plusieurs corrections en cours de frappe : vous pouvez désactiver celles qui ne vous conviennent pas :

1. Touchez **Réglages → Général → Clavier**.
2. Pour empêcher l'iPad d'ajouter des majuscules au début des phrases, de ce qu'il pense être un nom propre ou la première lettre du nom de l'un de vos contacts, désactivez l'option **Majuscules autom.**
3. L'option **Correction autom.** concerne le remplacement des mots en cours de frappe, tandis que l'option **Orthographe** signale les mots mal orthographiés par un soulignement en pointillé.

4 L'option **Maj. verrouillées** donne la possibilité de verrouiller la saisie en majuscules lorsque vous appuyez rapidement deux fois de suite sur le bouton **Maj** du clavier.

5 L'option **Raccourcis** permet d'utiliser la fonction de remplacement de texte : utilisez les raccourcis prédéfinis et programmez vos propres raccourcis. L'iPad remplacera ainsi, par exemple, « cc » par « coucou » ou « bj » par « bonjour » au cours de la saisie. Consultez la section « Ajouter des raccourcis clavier » plus loin dans ce chapitre.

6 L'option **Prédiction** concerne la saisie intuitive : l'iPad propose des mots au cours de la frappe selon le contexte et votre historique.

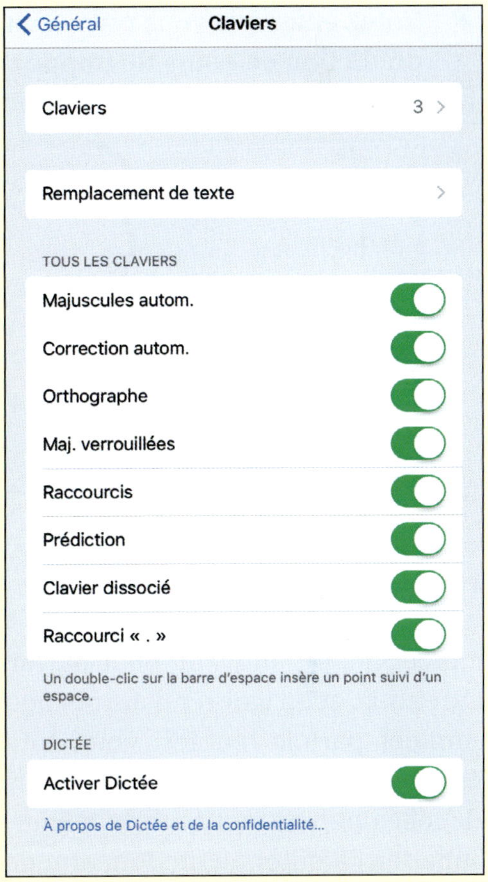

7 L'option **Clavier dissocié** permet d'afficher un clavier scindé en deux. Touchez longuement , puis **Dissocier** pour utiliser le clavier scindé. Cette disposition est appréciée de ceux qui préfèrent la saisie à l'aide des deux mains (généralement avec les pouces de part et d'autre de l'iPad). Touchez **Ancrer et réunir** pour revenir au clavier classique.

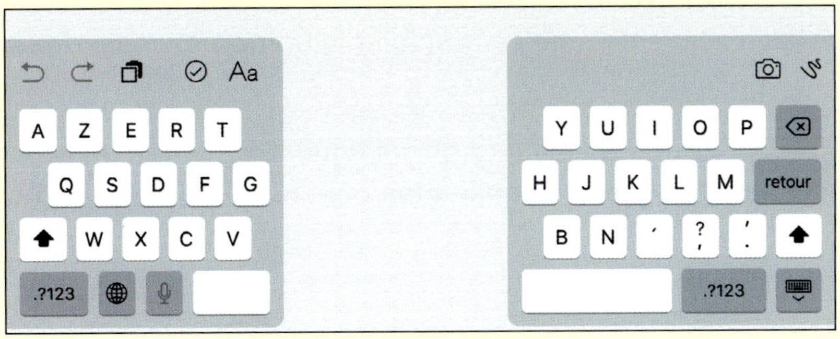

L'option **Détacher** permet d'afficher un clavier flottant, ancré non plus en bas d'écran mais au milieu.

8 Notez enfin que vous pouvez aussi désactiver temporairement les raccourcis et la prédiction en cours de frappe : appuyez longuement sur 🌐 et touchez le curseur correspondant. Activez l'option à nouveau de la même façon.

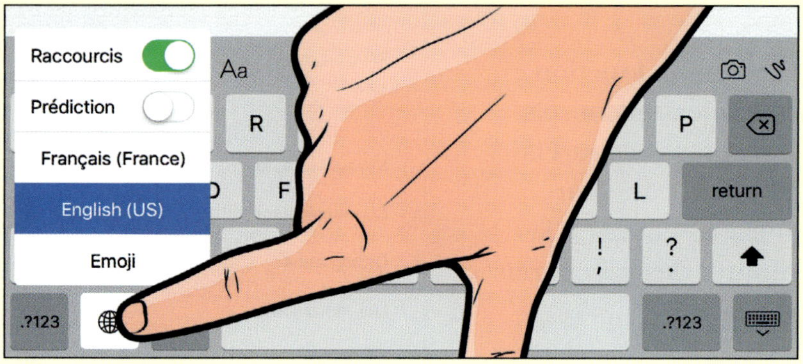

Ajouter des mots dans le dictionnaire

Le dictionnaire de l'iPad peut parfois sembler capricieux. Il semble connaître des mots tout à fait inattendus, et en ignorer d'autres pourtant très répandus. Résultat, les suggestions orthographiques semblent parfois inutiles, voire totalement déplacées ! Vous pouvez les désactiver en touchant **Réglages → Général → Clavier**, puis en désactivant l'option **Correction autom.** De manière générale, elles permettent tout de même de gagner du temps. Aussi, si vous utilisez souvent un mot et souhaitez l'ajouter au dictionnaire de l'iPad, c'est possible, mais peu savent comment le faire.

Voici la technique :

1 Lancez l'application **Safari** (consultez le chapitre 3 pour des informations détaillées sur cette application).

2 Touchez le champ **Google**.

3 Saisissez le mot en question et lancez la recherche en touchant le bouton **Accéder** sur le clavier.

4 Et voilà ! Le mot est enregistré. L'iPad ne vous ennuiera plus à tenter systématiquement de le corriger ou de le remplacer, quelle que soit l'application où vous le saisissez (**Notes**, **Messages**, *etc.*).

Ajouter des raccourcis clavier

Vous pouvez éditer et ajouter des raccourcis pour saisir du texte encore plus rapidement. Au cours de la saisie, le raccourci sera automatiquement remplacé par le mot indiqué : « jrv » devient par exemple instantanément « j'arrive ».

1. Touchez **Réglages** ➜ **Général** ➜ **Clavier**.
2. Touchez **Remplacement de texte**.

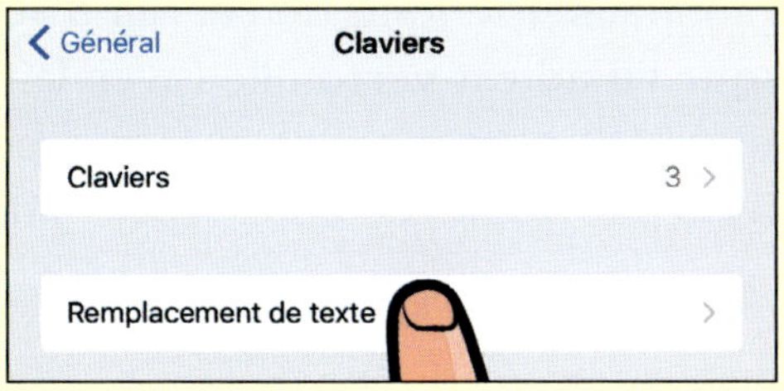

3. Touchez le bouton +. La liste des raccourcis clavier existants s'affiche. Vous pouvez toucher une ligne pour l'éditer.

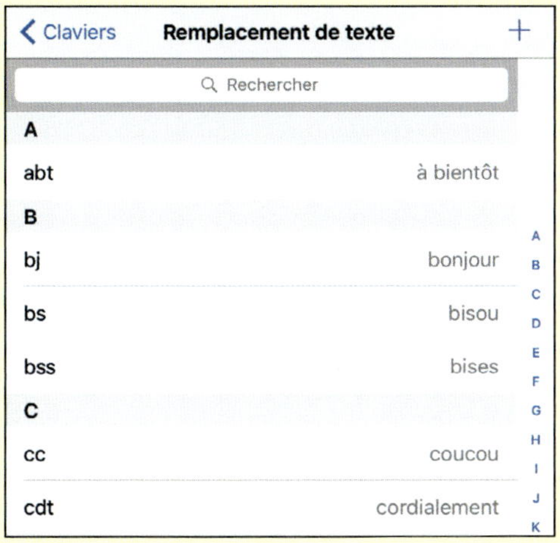

4. Pour effacer un raccourci clavier, faites glisser horizontalement sur la ligne concernée et touchez **Supprimer**.

5. Saisissez l'expression et le raccourci de votre choix. Notez qu'un raccourci clavier ne peut contenir d'espace.
6. Touchez le bouton **Enregistrer**.

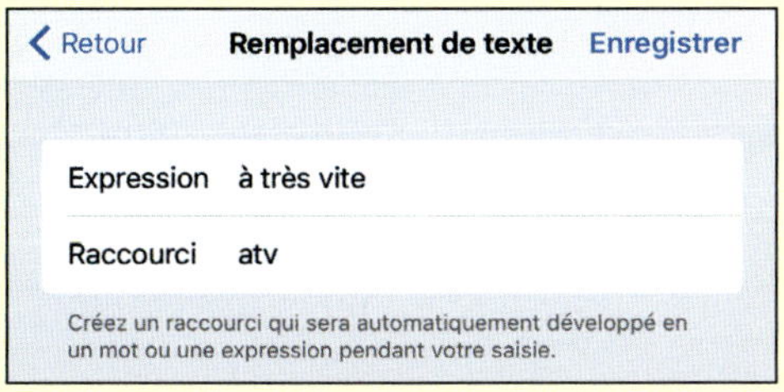

Personnaliser l'iPad avec un fond d'écran

Le choix d'un nouveau fond d'écran transformera complètement votre iPad ! À vrai dire, il s'agit même de choisir deux fonds d'écrans, car vous pouvez personnaliser le fond de l'écran d'accueil, celui qui affiche les icônes, mais aussi l'écran de veille, lorsque l'iPad est verrouillé (avec la même image ou deux images différentes). Vous pouvez utiliser des photos personnelles, prises avec l'appareil photo de l'iPad ou non, ou l'un des fonds d'écrans offerts par Apple, de deux types : statique (photo) ou dynamique (fond d'écran animé).

Utiliser une photo personnelle comme fond d'écran

1 Touchez l'icône **Réglages** sur l'écran d'accueil.

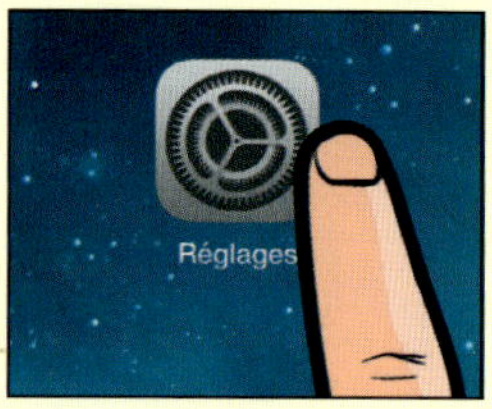

2 Touchez **Fond d'écran** dans la liste des réglages à gauche.

3 Touchez **Choisir un nouveau fond d'écran**.

4 Pour utiliser une photo personnelle, parcourez votre bibliothèque : touchez **Pellicule** ou le nom d'un album.

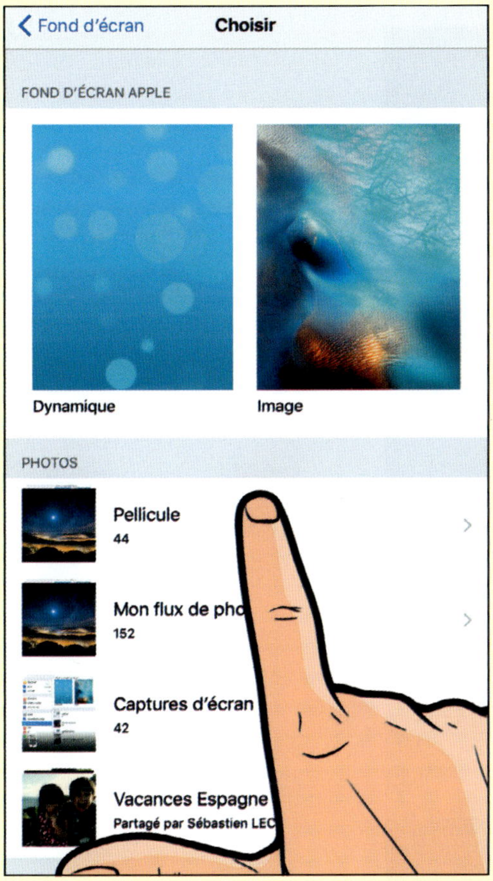

Pour transférer rapidement une ou deux photos à utiliser en fond d'écran depuis votre ordinateur, au lieu de synchroniser la bibliothèque de photos iTunes avec l'iPad, il existe une astuce toute simple mais très efficace : vous les envoyer à vous-même par courriel ou message ! Ainsi, en affichant le message reçu sur l'iPad, vous pouvez enregistrer les photos dans votre bibliothèque d'images (touchez longuement l'image, puis **Enregistrer**), et le tour est joué !

5 Touchez la vignette de la photo que vous souhaitez utiliser.

6 Un aperçu du fond d'écran s'affiche.

7 Basculez de l'orientation portrait à paysage si vous le souhaitez. Choisissez quel écran sera affecté par ce nouveau fond : l'écran de veille (touchez **Écran verrouillé**), l'écran affichant les icônes (touchez **Écran d'accueil**) ou les deux (touchez **Les deux**). L'option **Perspective** crée un effet de perspective dit « parallaxe » lorsque vous inclinez l'écran. Touchez **Annuler** pour ne pas modifier le fond d'écran ou choisir une autre image.

8 Le fond d'écran est appliqué.

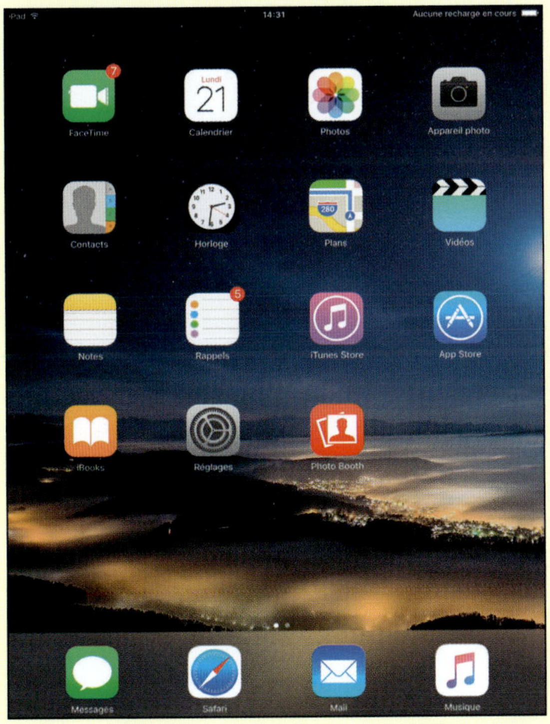

Utiliser une photo de fond d'écran offerte par Apple

1. Touchez l'icône **Réglages** sur l'écran d'accueil.
2. Touchez **Fond d'écran** dans la liste des réglages à gauche, puis **Choisir un nouveau fond d'écran**.
3. Pour utiliser l'une des photos offertes par Apple, touchez **Image** (image statique) ou **Dynamique** (fond d'écran animé).

4 Touchez la vignette de la photo que vous souhaitez utiliser.

5 Un aperçu du fond d'écran s'affiche.

6 Choisissez quel écran sera affecté par ce nouveau fond : l'écran de veille, l'écran d'accueil ou les deux (touchez **Les deux**), et activez éventuellement l'option **Perspective** (effet de perspective suivant l'inclinaison de l'écran). Touchez **Annuler** pour ne pas modifier le fond d'écran ou choisir une autre image.

7 Le fond d'écran est appliqué.

Paramétrer le mot de passe de l'iPad

Suite au premier démarrage de votre iPad, un mot de passe composé de quatre chiffres vous a été demandé. Il sert à protéger le contenu de votre iPad. Ce code de sécurité peut être modifié, mais aussi désactivé. Depuis la dernière mise à jour d'iOS, le code peut aussi être complexifié (six chiffres au lieu de quatre).

1 Touchez l'icône **Réglages** sur l'écran d'accueil.

2 Touchez **Code** dans la liste des réglages à gauche.

3 L'accès à ces réglages est sécurisé : vous devez commencer par saisir votre code.

4 Touchez **Exiger le code** pour modifier le délai avant la demande de saisie du mot de passe. Vous pouvez faire en sorte que l'iPad demande systématiquement le code chaque fois que vous le déverrouillez, mais si vous utilisez votre tablette dans un contexte sécurisé, vous pouvez très bien choisir un délai plus confortable. Une heure, par exemple, protège votre iPad sans vous obliger à saisir le mot de passe de façon répétée.

> Cette option n'est pas visible si vous utilisez un iPad avec capteur d'empreinte : le déverrouillage par empreinte est systématique. Consultez la section qui suit pour plus d'informations à ce sujet.

5. Choisissez une option : immédiatement (à chaque déverrouillage de l'iPad), ou après 1, 5, 15 minutes, 1 heure ou 4 heures. Ces options peuvent être utiles pour éviter les indiscrétions sans avoir à saisir votre mot de passe à tout bout de champ !

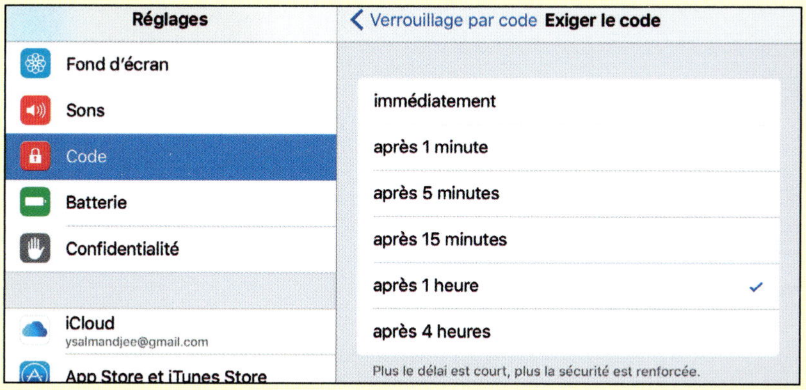

6. Si votre iPad contient des données très confidentielles, vous pouvez envisager d'activer l'option **Effacer les données** : au bout de dix essais infructueux de saisie du code, toutes les données de votre iPad seront automatiquement effacées. Attention aux trous de mémoire tout de même !

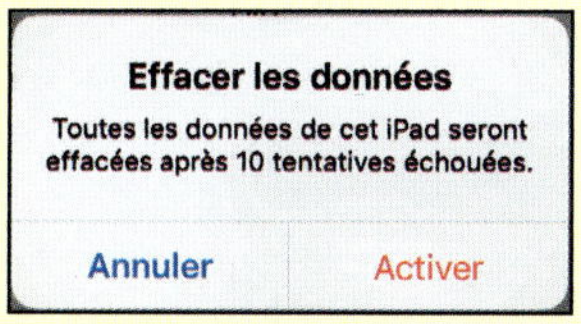

7. Désactivez les options **Aujourd'hui** et **Affichage notifications** pour ne pas autoriser l'accès aux notifications de la journée et aux notifications générales, respectivement, lorsque l'iPad est verrouillé. Choisissez aussi d'autoriser ou non l'accès à **Siri**. Si vous craignez la perte ou le vol de votre iPad, ou souhaitez conserver une confidentialité maximale, il est préférable de désactiver ces options.

8. Pour qu'aucun code ne soit exigé au déverrouillage de l'iPad, touchez **Désactiver le code**.

9 Changer régulièrement votre code est une bonne idée. Pour cela, touchez **Changer le code**. Vous devez saisir votre code actuel et le nouveau code, deux fois de suite.

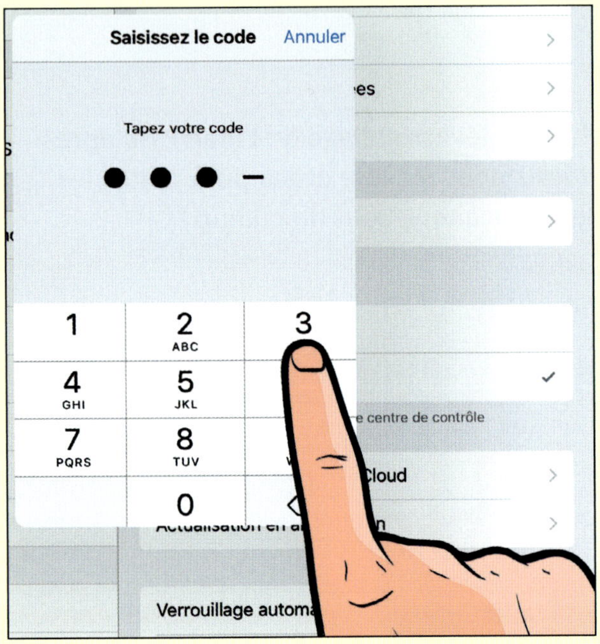

10 Touchez **Options de code** pour éventuellement définir un code composé de chiffres et de lettres, ou un code à six chiffres.

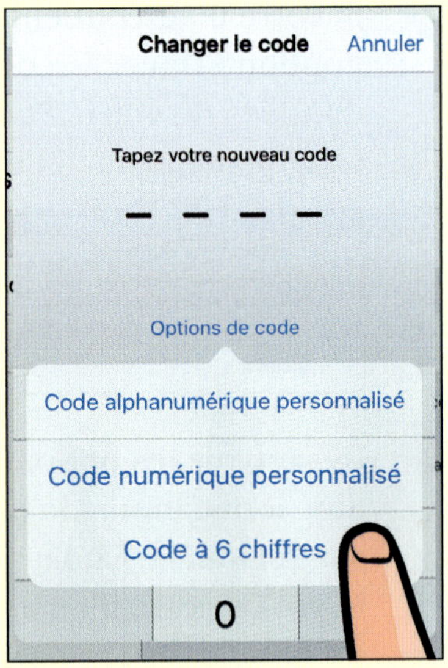

Apple propose encore un niveau d'identification et de sécurité supplémentaire. Lorsque vous vous connecterez à partir d'un nouveau navigateur ou d'un nouvel appareil, vous serez invité à entrer un code de vérification. Ce code s'affichera automatiquement sur vos autres appareils Apple ou sera envoyé par message sur votre téléphone afin de vérifier et de valider votre accès ou au contraire interdire l'accès aux utilisateurs non autorisés.

Paramétrer les options du capteur d'empreinte

Ce réglage concerne uniquement les iPad équipés d'un capteur d'empreinte. Au moment de l'initialisation de votre iPad, la procédure étape par étape inclut la configuration de la fonction **Touch ID** et du capteur d'empreinte digitale. Si vous avez correctement paramétré cette fonction, vous pouvez désormais utiliser votre doigt pour déverrouiller l'iPad au lieu du code de sécurité habituel. Le capteur d'empreinte offre d'autres options.

1. Touchez **Réglages → Général → Touch ID et code**.
2. Saisissez votre code de sécurité en touchant les chiffres correspondants sur le clavier. Touchez **OK**.
3. Touchez **Empreintes**.
4. Pour ne pas avoir à saisir votre mot de passe iTunes et App Store lors d'achats et de téléchargements de musique et d'applications, et utiliser votre empreinte en lieu et place, activez l'option **iTunes Store et App Store**. Saisissez votre mot de passe iTunes pour valider le réglage.

5. Pour ajouter une empreinte (celle d'un autre doigt de votre main ou de celui d'un proche susceptible d'utiliser votre iPad, par exemple), touchez **Ajouter une empreinte**. Vous pouvez enregistrer jusqu'à cinq empreintes.

6. Suivez à nouveau la procédure consistant à positionner et lever le doigt du capteur en alternance, jusqu'à ce que l'empreinte soit correctement enregistrée.

7. Dès à présent, pour déverrouiller votre iPad, au lieu de faire glisser le doigt sur le curseur **Déverrouiller** à l'écran puis saisir votre code de sécurité, il suffit de toucher le bouton Accueil pendant quelques secondes avec l'un des doigts utilisés lors du paramétrage d'empreinte.

Votre pouce droit et votre pouce gauche ne sont pas identiques en termes d'empreintes digitales ! Vous devez donc enregistrer l'empreinte de ces deux doigts si vous souhaitez les utiliser indifféremment pour déverrouiller l'iPad.

Choisir la durée avant la mise en veille

Par défaut, l'iPad passe en veille au bout de deux minutes. L'écran s'assombrit et se verrouille automatiquement. Ce qui présente deux avantages : non seulement cela permet d'économiser la batterie, mais de plus, cela évite les manipulations involontaires sur l'écran tactile. Si cette durée ne vous convient pas, vous pouvez la modifier :

1. Touchez **Réglages** ➜ **Général** ➜ **Verrouillage automatique**.

2. Choisissez une durée. Touchez **jamais** afin que l'iPad ne se mette jamais en veille seul.

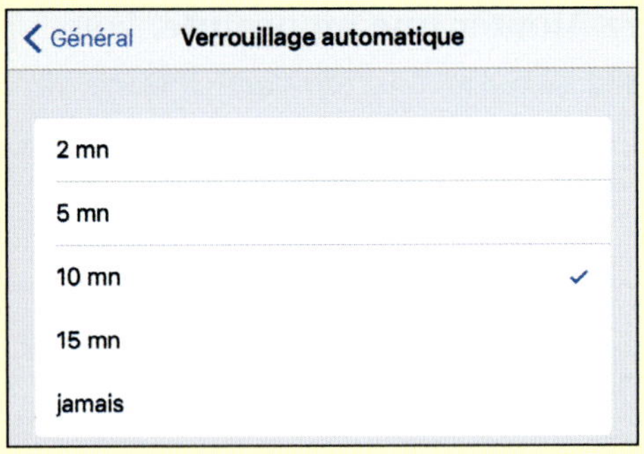

Si vous souhaitez mettre l'iPad en veille avant la durée ou si vous avez sélectionné l'option **jamais,** vous pouvez bien sûr verrouiller *manuellement* votre iPad. Appuyez simplement à tout moment sur le bouton de verrouillage situé sur le dessus de l'iPad.

Les réglages du mot de passe iTunes

Lorsque vous effectuez des achats de contenus ou même si vous téléchargez des applications gratuites, l'iPad vous demande votre mot de passe iTunes, à chaque achat. Vous pouvez modifier les réglages du mot de passe afin que l'iPad ne vous le demande plus aussi fréquemment, mais toutes les quinze minutes seulement. Vous pouvez aussi faire en sorte que le mot de passe ne soit plus exigé pour les téléchargements gratuits.

1. Lancez l'application **Réglages**, puis touchez **App Store et iTunes Store**.
2. Pour désactiver la demande de mot de passe systématique pour les achats et les achats intégrés, choisissez l'option **Exiger après 15 minutes**.
3. Pour ne plus avoir à saisir de mot de passe pour les téléchargements gratuits, désactivez l'option **Exiger le mot de passe**.

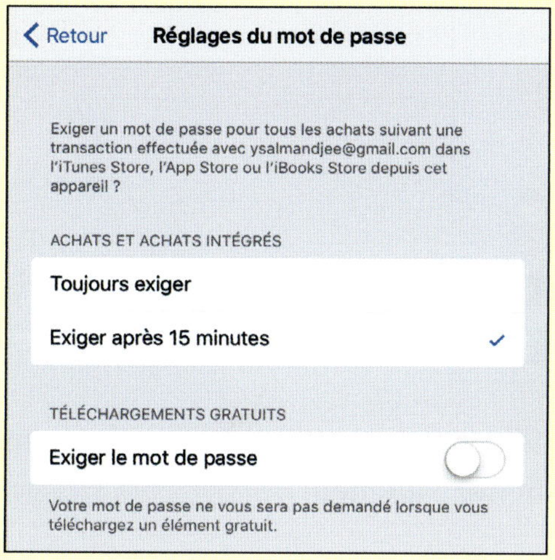

Paramétrer les sonneries

Pour ajuster les réglages concernant les sonneries et les alertes de votre iPad :

1. Touchez **Réglages**, puis **Sons**.
2. Faites glisser le curseur pour ajuster le volume de la sonnerie.
3. L'option **Utiliser les boutons** permet de dissocier le réglage du volume de la sonnerie et le niveau sonore général de l'iPad (utilisé pour la musique, les vidéos, *etc.*). Si vous la désactivez, les boutons de réglage du volume n'agiront plus que sur le niveau sonore de l'iPad (musique, vidéos, jeux, *etc.*) et non sur la sonnerie et les alertes.

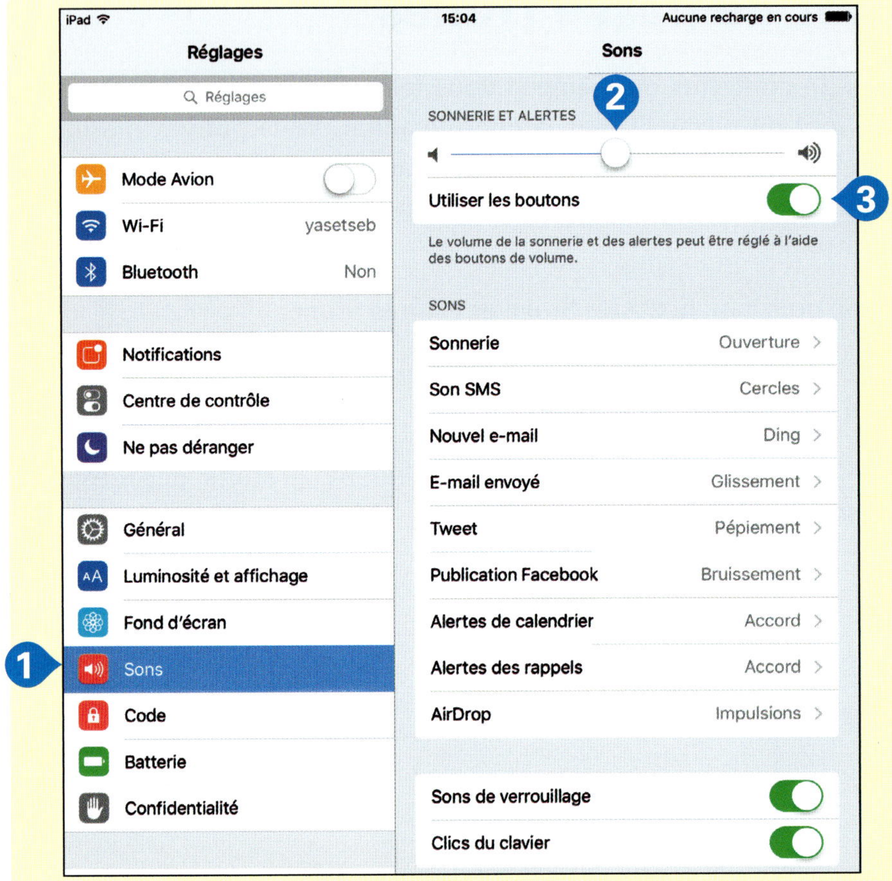

4 Dans la section **Sons**, vous pouvez choisir une sonnerie spécifique pour chaque évènement : appel ou message reçu, e-mail reçu ou envoyé, *etc*. Touchez l'élément.

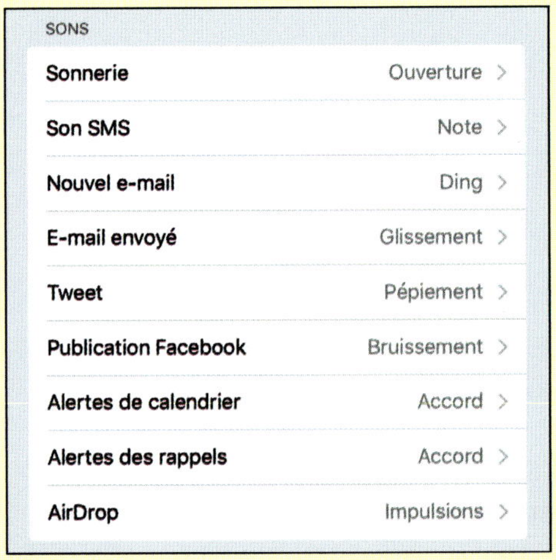

5 La liste des sonneries disponibles s'affiche. Touchez une sonnerie pour l'écouter et la sélectionner. Notez qu'il existe des sonneries (longues) et des sons d'alerte (courts).

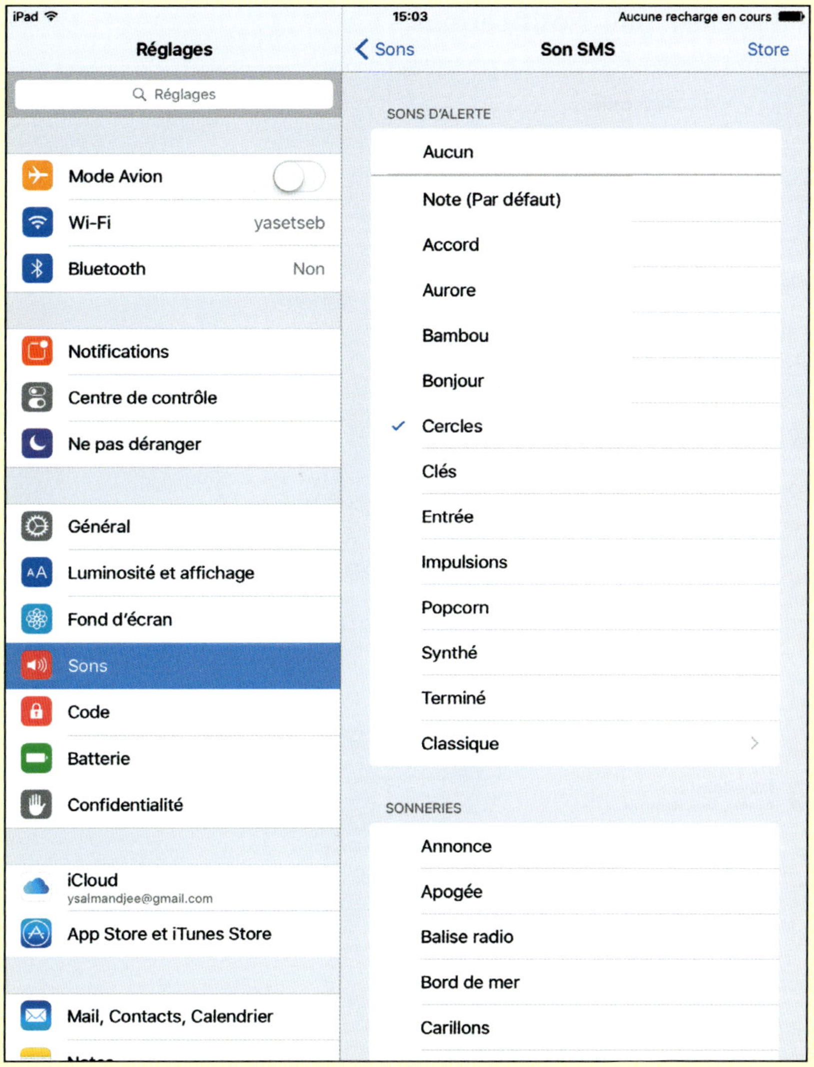

6 Vous pouvez enfin désactiver les sons de verrouillage (qui se produisent chaque fois que l'iPad passe en veille) et les clics du clavier (recommandé).

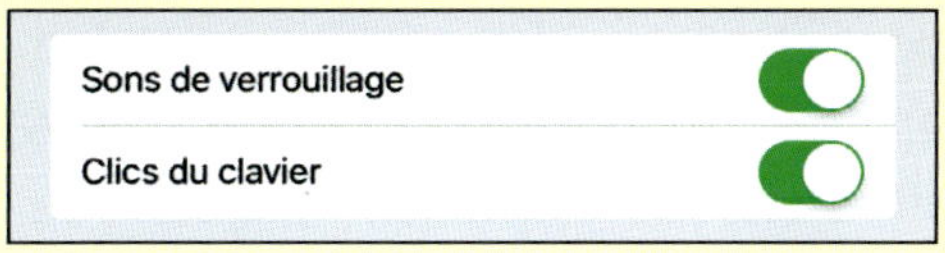

Paramétrer les notifications

Vous pouvez personnaliser toutes les alertes, pour chaque application, grâce aux réglages. Les notifications et le Centre de notifications ont été présentés au chapitre 2.

1 Touchez **Réglages** sur l'écran d'accueil, puis **Notifications**.

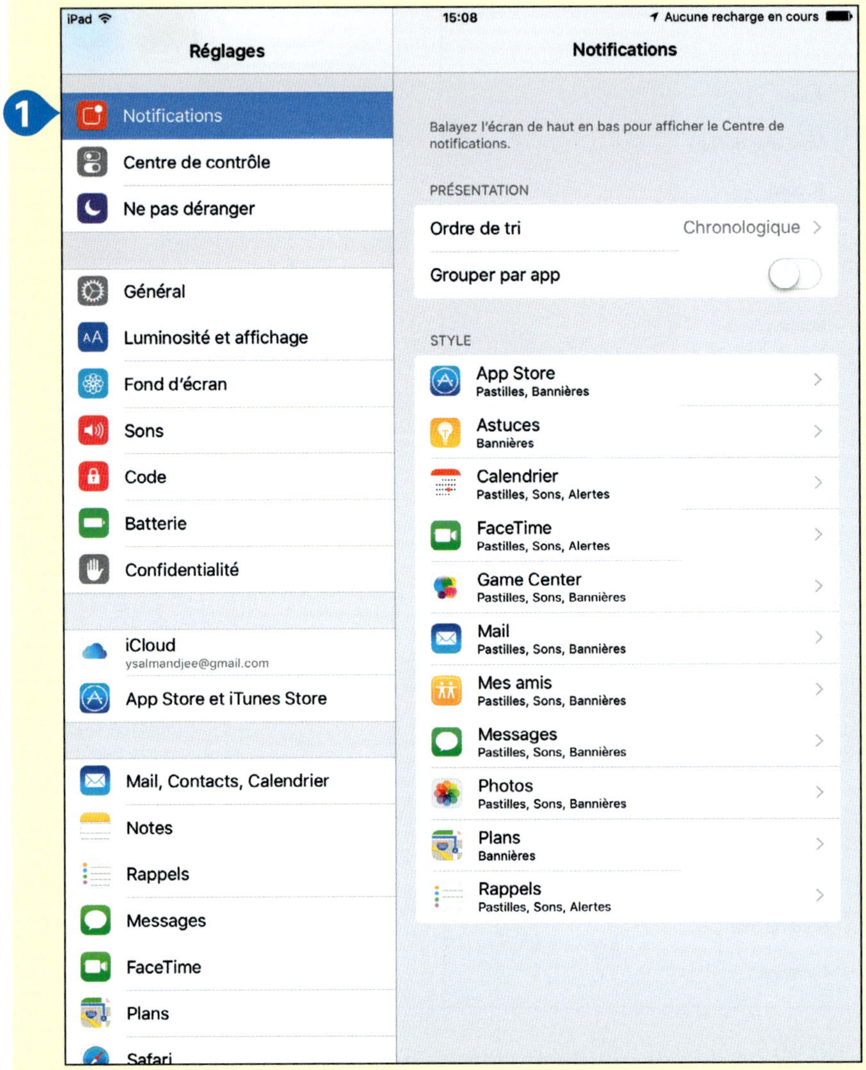

2 Choisissez l'ordre de tri et d'affichage des notifications. **Manuel** groupe les notifications par applications. **Chronologiquement** affiche les éléments triés par heure, dans l'ordre chronologique inverse d'arrivée. Si vous choisissez l'option **Chronologiquement**, activez l'option **Grouper par app** afin que les notifications s'affichent par application, quel que soit leur ordre d'arrivée.

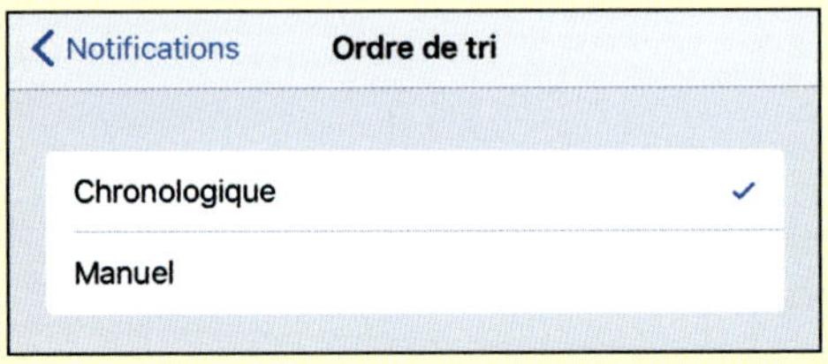

3 Si vous choisissez **Manuel**, vous pouvez décider de l'ordre des applications selon lequel les notifications s'affichent. Touchez le bouton ☰ en regard d'une application et faites glisser pour réorganiser l'ordre.

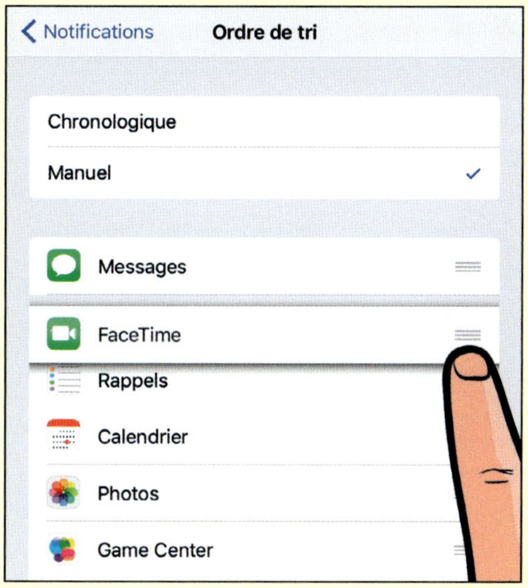

4 Dans la zone **Style** s'affichent toutes les applications dont les notifications sont incluses dans le Centre. Touchez le nom d'une application pour voir ou modifier ses paramètres de notifications.

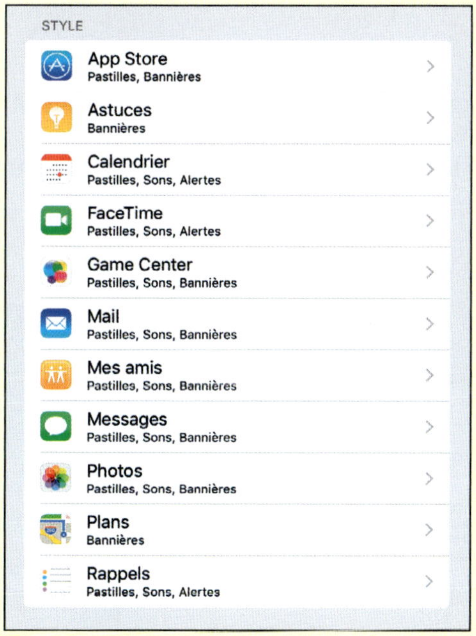

5 Les options diffèrent pour chaque application. Pour désactiver complètement les notifications de l'application concernée, désactivez l'option **Autoriser les notifications**.

6 Activez l'option **Centre de notifications** pour que les alertes reçues et non consultées apparaissent lorsque vous faites glisser vers le bas sur l'écran d'accueil.

7 Touchez **Son de la notification** pour choisir une sonnerie personnalisée pour cet élément.

8 Choisissez un style de notifications lorsque l'iPad est déverrouillé : aucun, bannières ou alertes (consultez la section « Les différents types de notifications » du chapitre 2 pour plus d'informations).

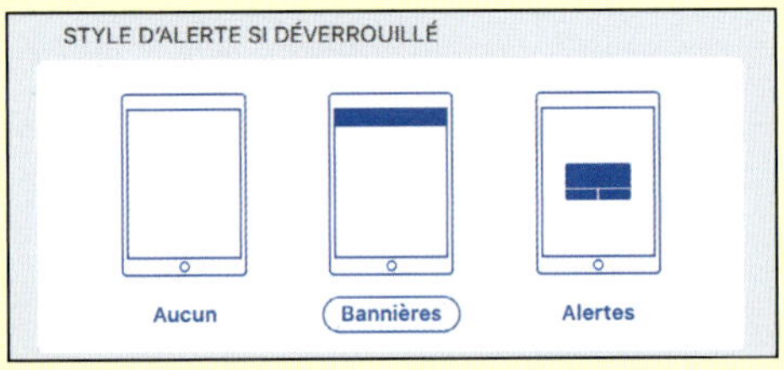

9 Lorsque l'application le permet, vous pouvez aussi afficher une pastille sur son icône.

10 Indiquez enfin si la notification apparaît aussi sur l'écran verrouillé, c'est-à-dire lorsque la notification est reçue pendant que l'iPad est en veille.

Comprenez bien que faire partie du Centre de notifications et afficher des alertes sont deux choses différentes : une application peut très bien se trouver dans le Centre de notifications et ne jamais émettre d'alerte. Elle peut aussi afficher des notifications de type alertes et ne pas faire partie du Centre de notifications. À vous de décider !

Effectuer une recherche dans les réglages

Une nouveauté introduite dans la toute dernière version d'iOS permet d'accéder plus facilement aux paramétrages de votre iPad et de trouver rapidement un réglage parmi la myriade d'options disponibles : la **recherche dans les réglages**.

Touchez simplement le champ de recherche en haut du panneau gauche des réglages et saisissez-y un terme. Les différents réglages relatifs au terme apparaissent, il suffit de toucher une ligne pour afficher le réglage correspondant dans le panneau de droite.

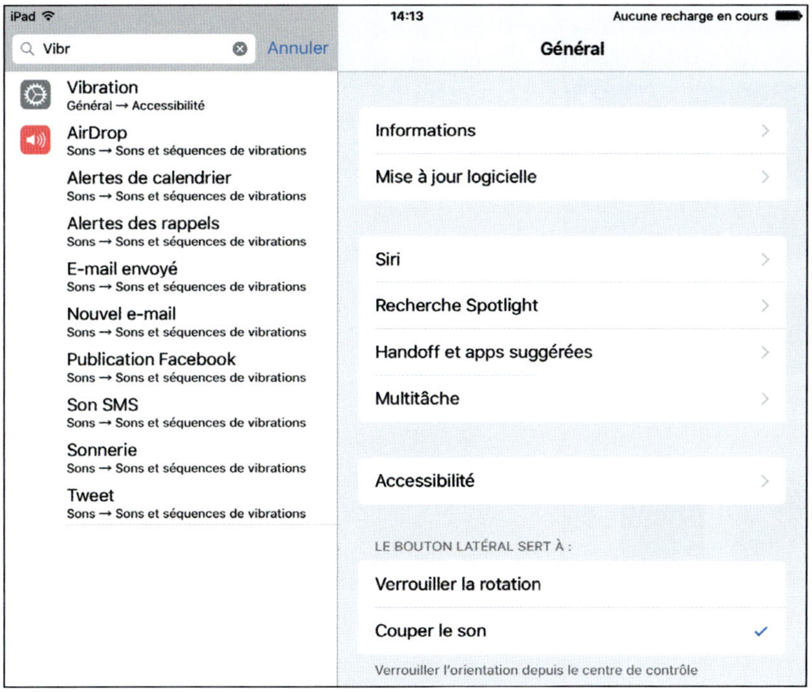

Explorer l'App Store et installer une application

Installer une application, qu'elle soit gratuite ou payante, c'est aussi simple que rapide ! Il suffit en effet de vous rendre sur l'App Store, littéralement « la boutique d'applications » de l'iPad, et d'effectuer quelques manipulations très simples.

> L'App Store utilise les informations de votre compte Apple/iTunes, celui que vous avez indiqué lors du premier démarrage de votre iPad. Vous possédez un iPhone ou un deuxième iPad ? Touchez **Réglages → iTunes Store et App Store**, et pensez à activer les options **Apps** de la section **Téléchargements automatiques**. Les applications achetées seront ainsi aussi automatiquement téléchargées et disponibles sur vos autres machines Apple.

1. Pour accéder à l'App Store sur votre iPad et découvrir de nouvelles applications, touchez l'icône **App Store**. Si vous avez déjà installé des applications et qu'un chiffre figure dans une pastille rouge sur l'icône App Store, c'est qu'il existe des mises à jour pour vos applications. Consultez la fin de la section pour plus d'informations à ce sujet.

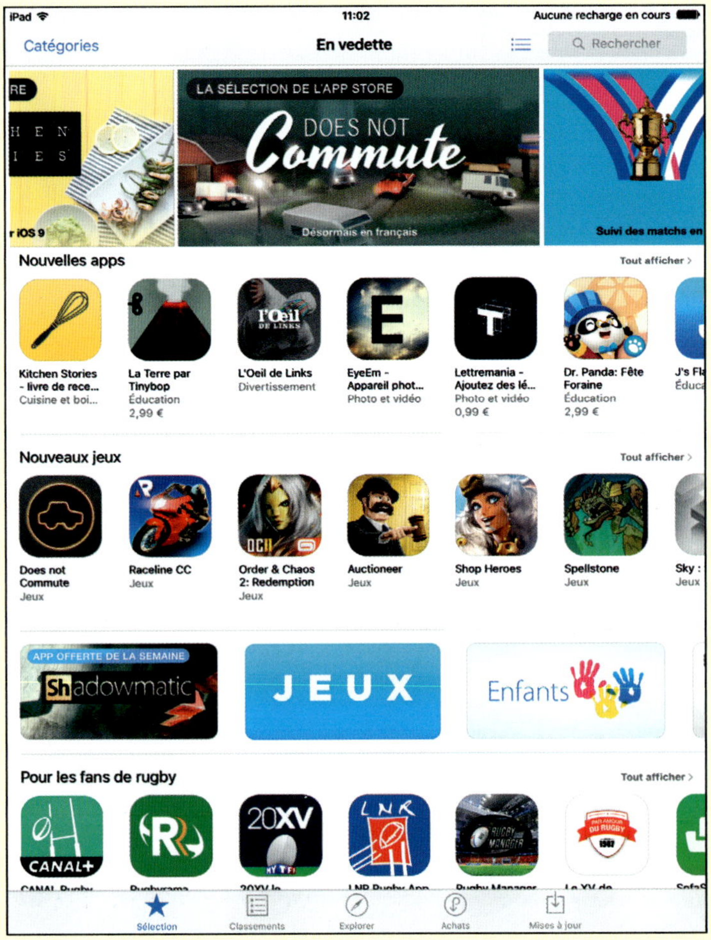

2 L'App Store s'ouvre et vous permet d'explorer les applications selon plusieurs méthodes : la sélection, qui propose les nouveautés du moment ; les classements ; ou l'exploration par catégories.

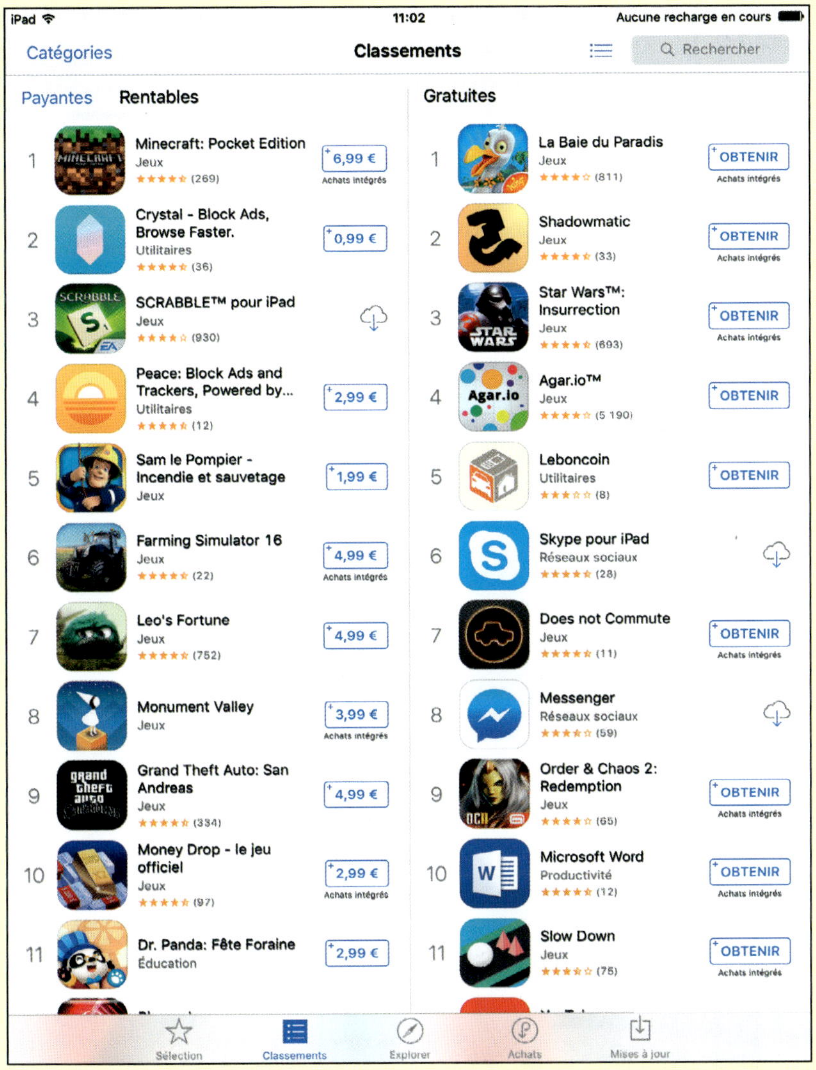

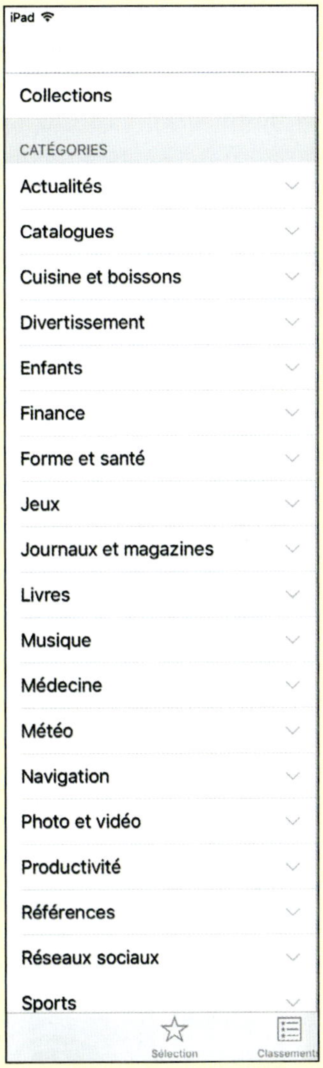

Il n'est pas toujours obligatoire d'acheter une application pour en profiter ! Les versions gratuites qui permettent d'évaluer certaines applications (versions « Lite » ou « Free ») sont souvent amplement suffisantes. La version Lite peut consister en une version restreinte de l'application (moins de niveaux disponibles dans un jeu, par exemple, ou nombre d'éléments limité dans une application de gestion de budget). Parfois, il y a juste une différence mineure, une simple fonctionnalité en moins, qui ne vous manquera peut-être même pas. Parfois, enfin, la version Lite affiche des publicités. Dans d'autres cas, c'est l'inverse : l'application est gratuite mais il existe une version payante (souvent appelée « Premium », « Pro » ou « Deluxe »), plus complète ou sans publicité.

3 Pour installer des applications dont vous aurez eu connaissance par leur nom, ou selon vos centres d'intérêt, vous opterez probablement pour la recherche par mot-clé : touchez le champ **Rechercher** en haut à droite de l'App Store. Le clavier apparaît.

4 Saisissez un ou plusieurs mots-clés : le nom de l'application, par exemple, ou un thème spécifique. Des suggestions s'affichent, vous pouvez toucher l'une d'entre elles ; sinon, touchez **Rechercher** sur le clavier.

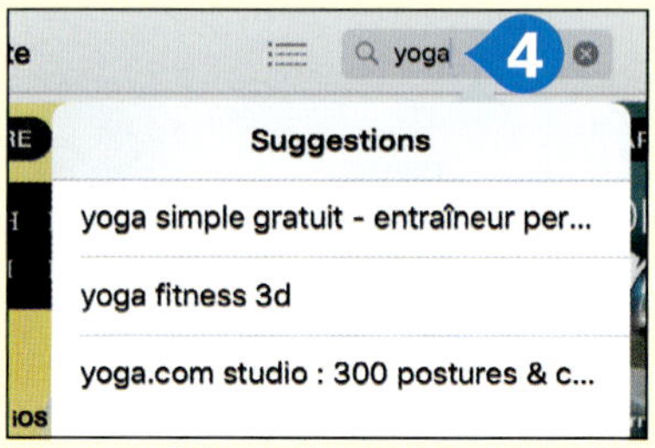

5 S'il y en a, les applications correspondant à votre recherche s'affichent. Différentes informations figurent dans le résumé de chaque application : l'icône de l'application, son éditeur.

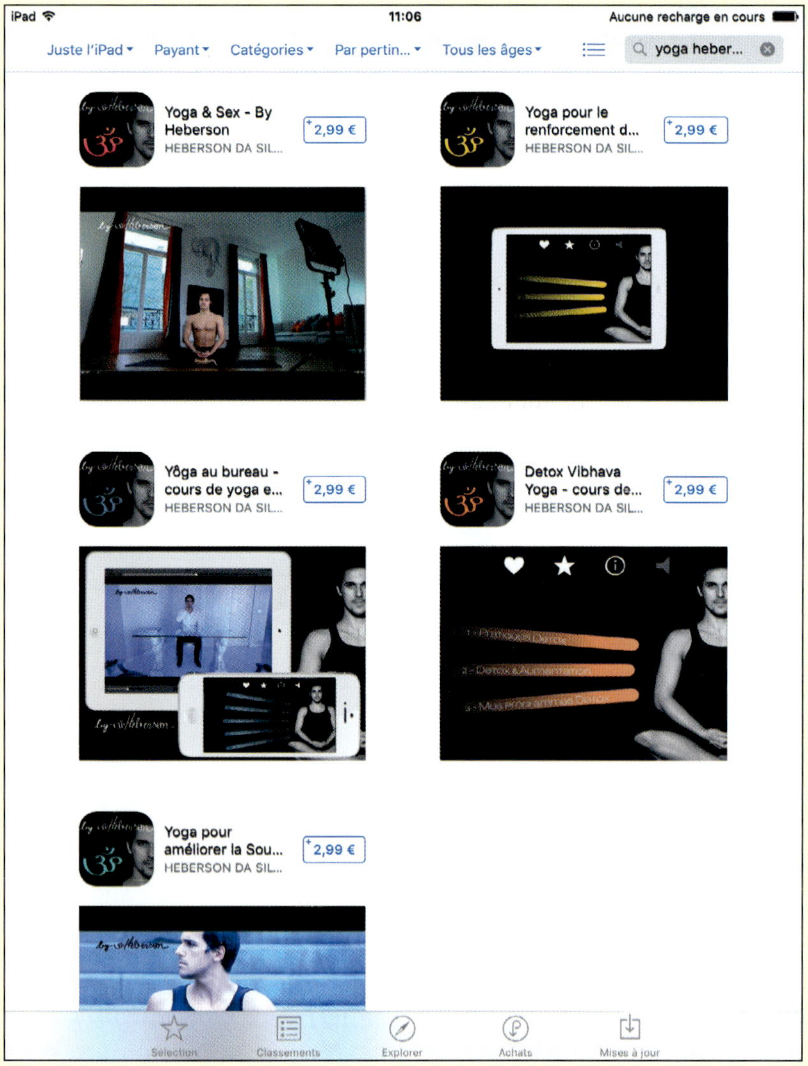

6 Touchez l'icône d'une application pour en voir les détails. Vous pouvez aussi directement installer l'application sans passer par la fiche détaillée, en touchant le bouton affichant son prix ou **OBTENIR**.

> Lorsqu'une application est gratuite mais inclut des options d'achat, c'est-à-dire des achats intégrés, cela est spécifié au-dessous du bouton **OBTENIR**. Vous savez ainsi à quoi vous en tenir ! Consultez la section qui suit pour plus d'informations sur l'achat intégré.

7 La fiche détaillée de l'application apparaît. Vous pouvez défiler vers le bas pour lire intégralement le descriptif, voir des écrans ou encore lire les avis des autres utilisateurs.

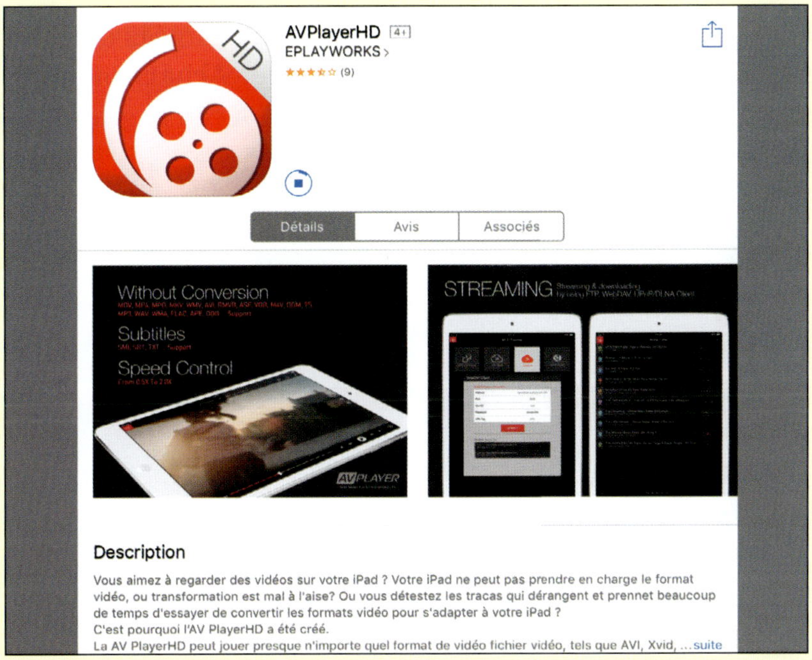

8 Pour installer l'application, touchez le bouton affichant son prix ou **OBTENIR**, juste au-dessous de l'icône, puis **INSTALLER**.

Pour les applications payantes, un bouton indiquant le prix apparaît à la place du bouton **OBTENIR**. Confirmez en touchant à nouveau le bouton, devenu **ACHETER**.

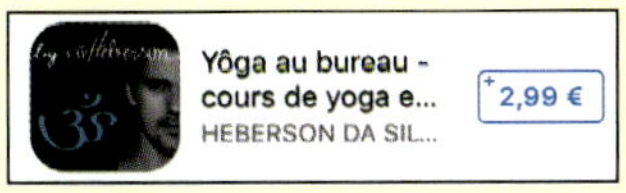

Si une application a déjà été téléchargée, un bouton permet de la lancer : touchez **OUVRIR**.

Si une application a déjà été achetée sur une autre machine Apple, vous pouvez la télécharger à nouveau (gratuitement) : touchez le bouton .

9 Pour télécharger rapidement des applications que vous aviez déjà téléchargées ou achetées sur une autre machine Apple à l'aide du même compte iTunes, touchez **Achats** en bas d'écran. Il suffira alors de toucher le bouton pour télécharger à nouveau et gratuitement l'application concernée.

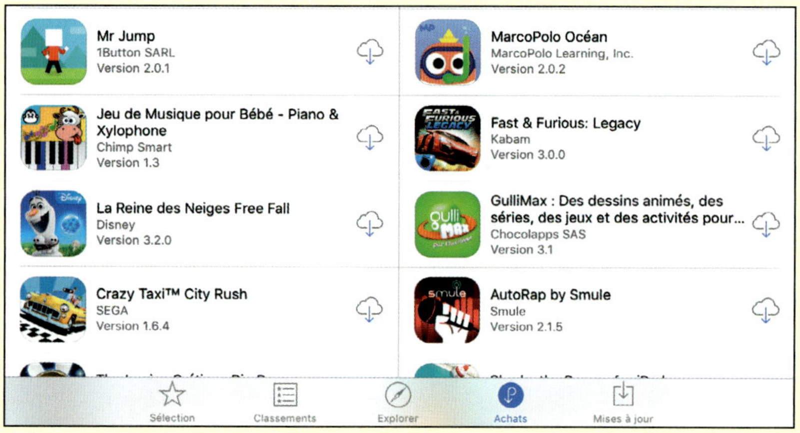

10 Saisissez votre mot de passe iTunes si l'iPad vous le demande pour valider le téléchargement de l'application choisie (même si celle-ci est gratuite). Patientez pendant le téléchargement de l'application. Vous pouvez appuyer sur le bouton Accueil pour quitter l'App Store. Une nouvelle icône apparaît peu après sur l'écran d'accueil de votre iPad : l'application est installée.

Vous pouvez faire en sorte que l'iPad vous demande systématiquement votre mot de passe iTunes pour valider le téléchargement d'une application, que celle-ci soit gratuite ou payante (c'est une option judicieuse si vous laissez vos enfants utiliser l'iPad seuls, par exemple), ou au contraire faire en sorte que le mot de passe ne soit exigé que toutes les quinze minutes, afin par exemple de télécharger toute une série d'applications sans avoir à saisir le mot de passe à chaque fois. L'iPad vous proposera d'effectuer ce réglage après vos premiers téléchargements, mais vous pouvez aussi en décider ultérieurement.

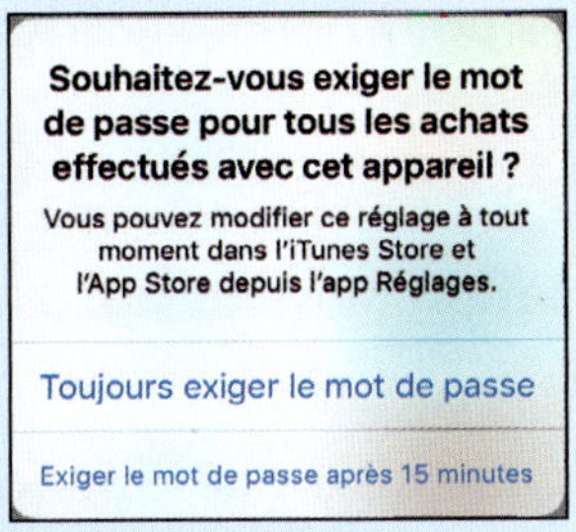

Vous pouvez aussi faire en sorte que les téléchargements gratuits soient validés sans mot de passe. Lancez l'application **Réglages**, puis touchez **App Store et iTunes Store**, et désactivez l'option **Exiger le mot de passe**.

11 Touchez l'icône pour lancer l'application.

12 Recommencez pour installer autant d'applications que vous le désirez. Les icônes apparaissent les unes à côté des autres, selon leur ordre de téléchargement, sur l'écran de votre iPad. Vous pouvez ensuite les agencer comme bon vous semble (consultez la section « Organiser les icônes » du chapitre 2).

Les applications évoluent et sont souvent mises à jour par leurs concepteurs. Les mises à jour sont généralement gratuites, que l'application soit au départ elle-même gratuite ou non. Lorsque la mise à jour d'une ou de plusieurs applications est disponible, elle s'installe automatiquement, lorsque l'iPad est connecté à Internet par le Wi-Fi. Vous pouvez aussi vérifier les applications disposant d'une mise à jour encore non installée en touchant le bouton **Mises à jour** en bas d'écran sur l'App Store.

Au sujet des achats intégrés

Peut-être l'avez-vous remarqué, mais certaines applications téléchargées sur votre iPad (ou iPhone, d'ailleurs) sont certes gratuites au départ, mais vous proposent d'acheter des options – de façon plus ou moins envahissante et insistante – au fur et à mesure de leur utilisation. C'est le cas par exemple dans de nombreux jeux, comme **Candy Crush** (pour obtenir des nouvelles vies). On retrouve le concept dans des applications de divertissement : au départ, l'identification de chansons par **Shazam** était payante au-delà de cinq par mois. Certaines applications de contenu donnent accès à quelques éléments seulement, il faut acheter des modules supplémentaires pour bénéficier du reste (par exemple, des recettes de cuisine).

C'est ce qu'on appelle « l'achat intégré », ou *in-app purchase*, parfois désigné par l'acronyme IAP. Il s'agit tout simplement d'achats optionnels, effectués au sein d'une application ou d'un programme pour bénéficier de contenus, d'accès ou de fonctionnalités supplémentaires.

Concrètement, ces achats suivent le même processus que le téléchargement d'une application payante : après avoir sélectionné l'élément ou le module à acheter, vous devez saisir votre mot de passe iTunes pour valider l'achat, qui vous sera facturé par l'App Store. C'est un terme propre à l'univers des smartphones et des tablettes au départ, en voie de devenir un standard dans le monde de la monétisation de contenu.

Observez le classement des applications gratuites sur l'App Store et vous constaterez que rares sont celles qui ne proposent pas d'achats intégrés, en particulier les jeux et les applications de divertissement. Les applications réellement gratuites existent toutefois : c'est le cas de toutes les applications de réseaux sociaux (Facebook, YouTube, *etc.*) ou d'entreprises offrant un service supplémentaire ou un canal d'achat alternatif à leurs clients, comme Vente-Privee.com ou Airbnb.

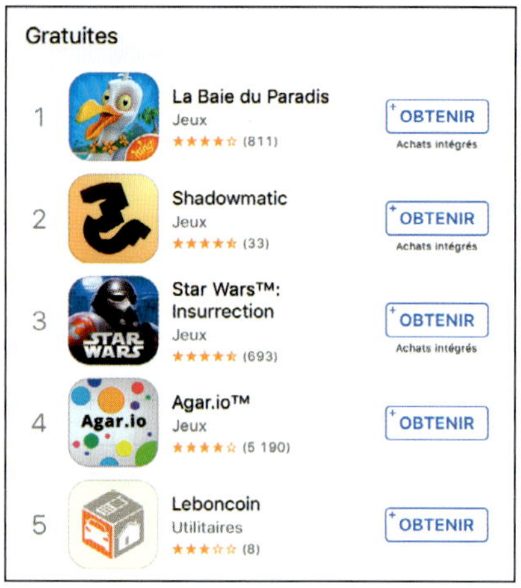

Sauvegardes, mises à jour et déblocage

10

Peut-être l'ignorez-vous, mais l'iPad est une machine comme les autres, du point de vue de son évolution dans le temps, en tout cas : son système est régulièrement mis à jour par Apple, pour à la fois améliorer ses capacités et fonctionnalités, mais aussi pour corriger certains bogues, reconnaissons-le ! Par ailleurs, le contenu lui-même de votre iPad (vos messages, photos, *etc.*) peut et doit être sauvegardé régulièrement : votre tablette n'est pas à l'abri d'une panne (peut-être même définitive), d'une perte ou même d'un vol !

Vous apprendrez aussi dans ce chapitre à vous sortir de la plupart des mauvais pas avec votre iPad : vous y trouverez comment débloquer votre tablette, la forcer à redémarrer, mais aussi plus simplement comment forcer la fermeture d'une application qui ne répondrait plus, ou encore signaler à Apple un problème concernant une application achetée sur l'App Store. Enfin, la procédure de réinitialisation, partielle ou totale, de l'iPad sera détaillée. Celle-ci peut être utile en cas de dysfonctionnement répété et majeur, pour restaurer tous les réglages d'usine de l'iPad (mais effacer aussi son contenu) ou en cas de cession de votre tablette à une tierce personne.

Dans ce chapitre :

- Vérifier si votre iPad est à jour et installer les mises à jour d'iOS
- Lancer une sauvegarde manuelle de l'iPad
- Débloquer l'iPad
- Forcer la fermeture d'une application
- Signaler un problème concernant une application
- Réinitialiser l'iPad

Vérifier si votre iPad est à jour et installer les mises à jour d'iOS

Le système d'exploitation de votre iPad est régulièrement mis à jour et amélioré par Apple. Pour bénéficier des évolutions proposées, qui peuvent toucher le fonctionnement général de l'iPad comme les applications de base, vous devez installer les mises à jour lorsqu'elles sont disponibles.

Le système d'exploitation régit les applications de base et toutes les fonctionnalités essentielles de votre iPad (du copier-coller aux fonds d'écrans, en passant par l'affichage des icônes ou les menus de réglages et les fonctions d'allumage ou d'extinction). Le nom du système d'exploitation de l'iPad est iOS. **iOS** est à l'iPad (et à l'iPhone) ce que Windows est à un PC ou Mac OS à un ordinateur Macintosh.

1. La mise à jour du système d'exploitation est très simple, car elle s'effectue directement depuis l'iPad. Une pastille s'affiche sur l'icône **Réglages**.

2. Touchez **Réglages** puis **Général** et, enfin, **Mise à jour logicielle**.

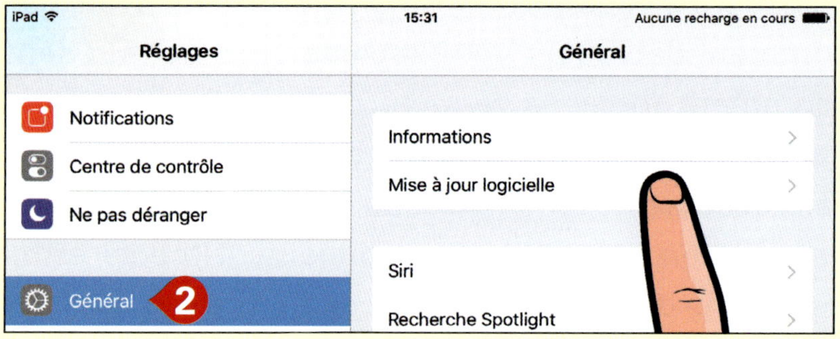

3. Si le système de votre iPad est à jour, cela vous sera indiqué ici. À défaut, une mise à jour vous sera proposée. Touchez **Télécharger et installer** et patientez pendant le téléchargement de la mise à jour. L'iPad n'est pas utilisable pendant cette durée qui peut aller de quelques minutes à un temps beaucoup plus long, selon l'importance de la mise à jour et la vitesse de votre connexion Internet. Attention : l'iPad doit être chargé à plus de 50 % pour que la mise à jour s'installe.

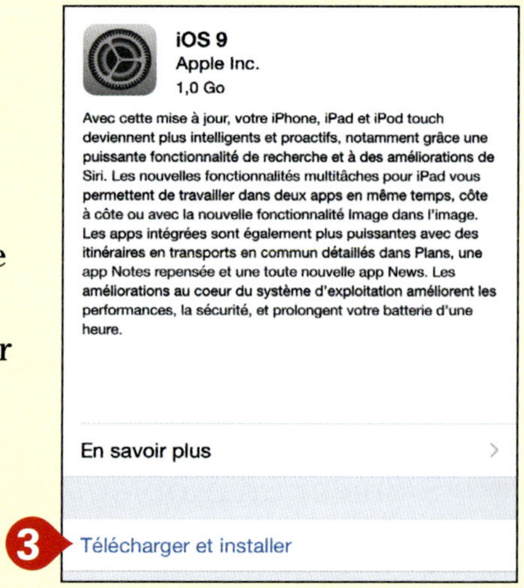

4. À la fin de l'opération, l'iPad redémarre.

Si l'espace requis pour la mise à jour n'est pas suffisant, un message spécifique s'affiche. Télécharger la mise à jour sur un ordinateur et l'installer *via* iTunes est une solution, faire le ménage sur votre iPad en est une autre.

Lancer une sauvegarde manuelle de l'iPad

Il existe plusieurs manières de sauvegarder le contenu de l'iPad. Il est essentiel de le faire, car vous pourrez ainsi restaurer à l'identique vos données en cas de perte ou de changement d'appareil. Si vous avez déjà effectué une synchronisation avec iTunes, sans le savoir, vous avez aussi sauvegardé le contenu de votre iPad. iTunes procède en effet automatiquement à une sauvegarde de l'iPad avant chaque synchronisation. Vous pouvez initier une sauvegarde manuelle de l'iPad grâce à iTunes, sur votre ordinateur.

1. Lancez **iTunes** et connectez l'iPad à votre ordinateur à l'aide du câble fourni.

2. Patientez quelques instants, jusqu'à voir un pictogramme représentant l'iPad apparaître en haut à gauche de l'écran. Cliquez sur ce pictogramme. iTunes effectue automatiquement une sauvegarde du contenu de votre iPad à chaque connexion.

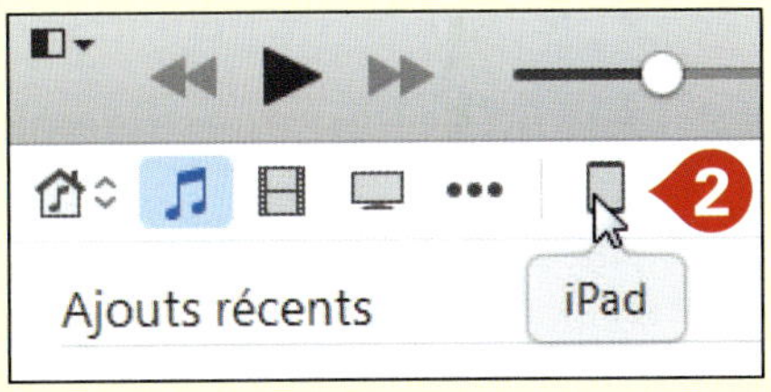

3. Vous pouvez aussi demander une sauvegarde manuelle à tout moment. Cliquez sur **Sauvegarder maintenant**. La sauvegarde se fait par défaut dans le nuage avec iCloud, mais vous pouvez demander une sauvegarde locale : choisissez l'option **Sur cet ordinateur**.

4. Patientez pendant la sauvegarde de tout le contenu de l'iPad : contacts, comptes de messagerie, photos, fichiers multimédias, *etc.*

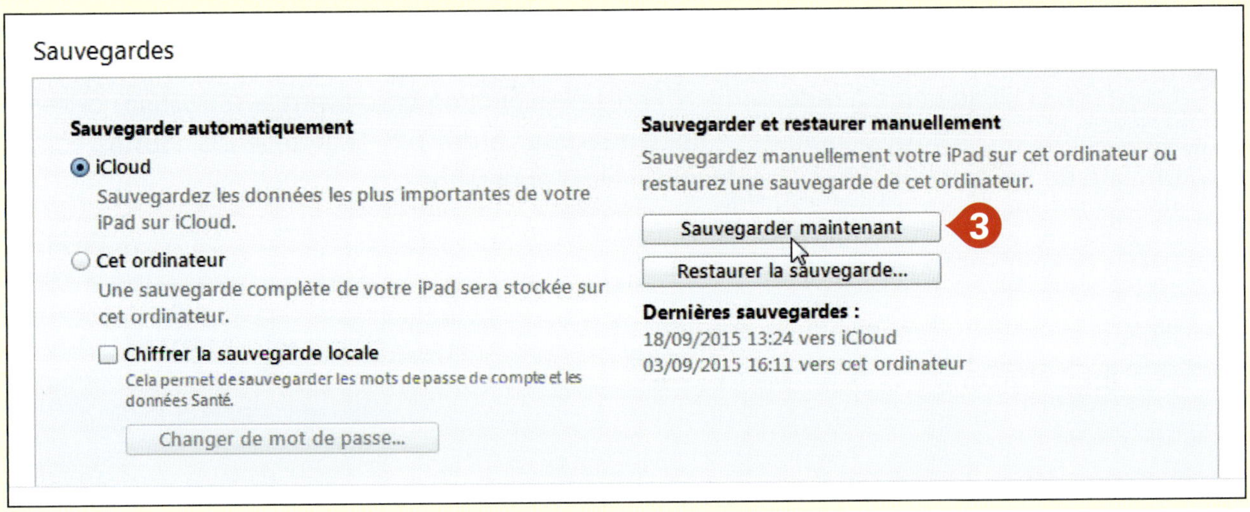

Si, un jour, vous devez restaurer à partir d'une sauvegarde le contenu de votre iPad ou acheter une nouvelle machine, il suffira de restaurer l'iPad à partir de la dernière sauvegarde : lancez **iTunes** et connectez l'iPad à votre ordinateur à l'aide du câble fourni. Cliquez du bouton droit sur **iPad**, puis sélectionnez **Restaurer la sauvegarde**.

Débloquer l'iPad

Il peut arriver que l'iPad se bloque complètement. Il existe heureusement plusieurs techniques pour venir à bout de ces blocages qui restent rares.

1. Essayez d'appuyer sur tous les boutons : démarrage, volume, accueil.
2. Si l'iPad semble figé et ne répond plus, branchez-le sur le courant (de préférence), puis appuyez simultanément sur :
   - le bouton de démarrage ;
   - l'un des boutons de volume ;
   - le bouton Accueil.
3. Maintenez les boutons enfoncés pendant au moins cinq secondes.
4. Si aucune des techniques présentées ci-dessus ne fonctionne, passez à la vitesse supérieure et forcez le redémarrage de l'iPad. Appuyez simultanément sur le bouton Accueil et le bouton de démarrage. Maintenez les boutons enfoncés pendant dix secondes. Relâchez le bouton Accueil (et uniquement ce bouton) et maintenez la pression sur le bouton de démarrage pendant dix secondes de plus. Relâchez le bouton de démarrage. L'iPad devrait redémarrer.

Que faire si l'iPad peine à redémarrer ? Forcez l'extinction en suivant la procédure ci-dessus, puis connectez-le à votre ordinateur, sur lequel vous aurez pris soin de lancer **iTunes**. Essayez ensuite de redémarrer l'iPad. La pomme devrait apparaître !

Forcer la fermeture d'une application

Il peut arriver que l'application rencontre un problème et se trouve bloquée au cours de son exécution, puis ne redémarre pas normalement. C'est par le biais du bouton Accueil que vous pourrez forcer la fermeture et le redémarrage de toute application.

1. Si, même après avoir quitté et relancé l'application, celle-ci ne démarre pas correctement, appuyez rapidement deux fois de suite sur le bouton Accueil. La liste des applications ouvertes apparaît.

2. Faites glisser la fenêtre d'aperçu de l'application à fermer vers le haut de l'écran.

3. Touchez le bouton Accueil, puis relancez l'application.

Un redémarrage de l'iPad résout généralement ce type de problème. L'opération consistant à forcer la fermeture d'une application permet aussi de libérer la mémoire de l'iPad.

Signaler un problème concernant une application

Si vous rencontrez un problème avec une application suite à un achat sur l'App Store (problème au cours du téléchargement, dysfonctionnement, application ne répondant pas à sa description ou ne correspondant pas à votre appareil, par exemple), il existe des solutions.

1. Quelques heures après l'achat de l'application, vous recevrez un courriel de la part de l'App Store en guise de reçu. Cliquez sur le lien **Signaler un problème** au-dessous de l'application concernée.

2. Le logiciel iTunes se lance. Cliquez à nouveau sur **Signaler un problème**. Remplissez le formulaire de signalement et cliquez sur **Envoyer**.
3. Apple vous contactera pour vous proposer une solution et même, éventuellement, le remboursement de l'application concernée.

Réinitialiser l'iPad

Pour une raison ou une autre (dépannage, cession de votre iPad à un tiers ou achat d'un nouvel iPad, par exemple), vous devrez peut-être un jour réinitialiser ou restaurer votre iPad.

1. Pour accéder aux options de réinitialisation de l'iPad, touchez **Réglages** puis **Général** et, enfin, **Réinitialiser** tout en bas de l'écran.

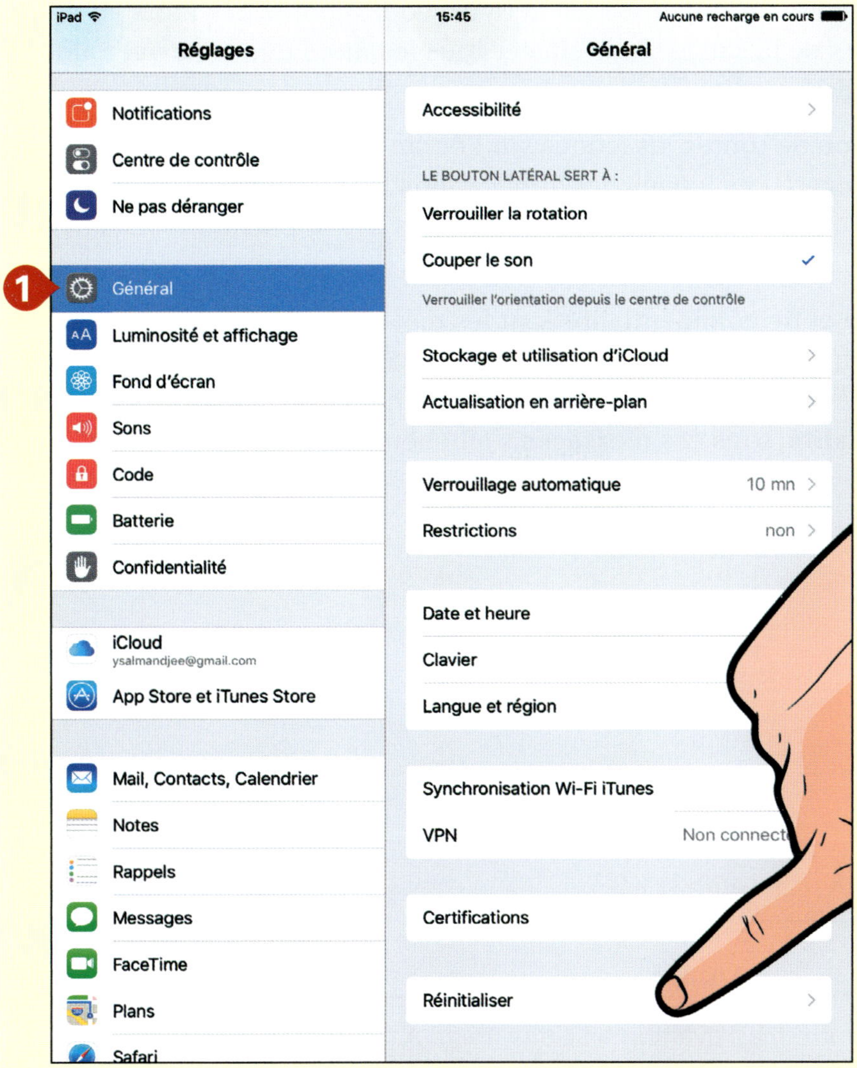

2 Choisissez un niveau de réinitialisation. Attention ! Certaines réinitialisations sont irréversibles. Voici les différents niveaux de réinitialisation de l'iPad :

- Pour réinitialiser les préférences et les réglages, *sans supprimer les informations* (contacts, éléments multimédias, *etc.*), touchez **Réinitialiser tous les réglages**.
- Pour réinitialiser tous les réglages et effacer tout le contenu, touchez **Effacer contenu et réglages**. Attention : cette option supprime toutes les informations et données multimédias de votre iPad !
- Pour réinitialiser uniquement les réglages réseau (et ainsi effacer la liste des réseaux Wi-Fi utilisés précédemment), touchez **Réinitialiser réglages réseau**.

- Lorsque l'option de correction automatique est activée, vous ajoutez des mots au dictionnaire du clavier lors de la saisie. Pour effacer tous les mots que vous avez ajoutés, touchez **Réinitialiser le dictionnaire clavier**.
- Pour réinitialiser la position de toutes les icônes sur l'écran d'accueil, touchez **Réinitialiser l'écran d'accueil**. Les icônes des applications iPad « de base » seront placées comme au premier démarrage de l'iPad. Les icônes des applications téléchargées seront classées par ordre alphabétique.
- Les alertes de localisation et de confidentialité sont les messages affichés par les applications qui ont besoin de vous localiser. Elles n'apparaissent qu'une fois et enregistrent votre réponse (**Accepter** ou **Refuser**). Si vous choisissez **Réinitialiser localisation et confidentialité**, tous ces messages s'afficheront à nouveau !

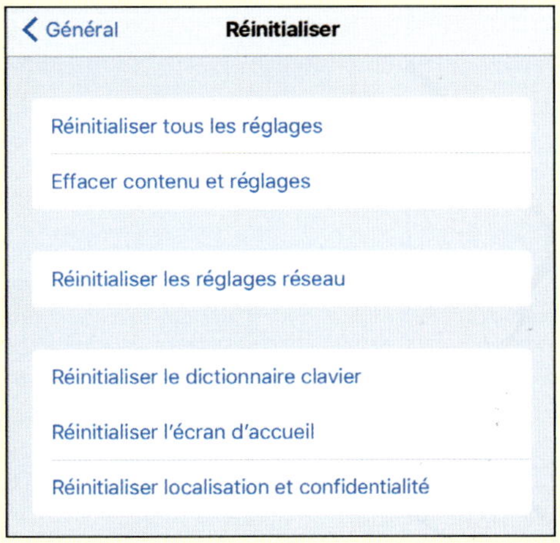

Vous ne pourrez pas utiliser votre iPad avant la fin de la réinitialisation, qui peut durer jusqu'à deux heures.

Glossaire

3G/4G

Norme de technologie permettant aux appareils mobiles d'accéder à Internet et fournie par les opérateurs de téléphonie, dont les ancêtres sont le GPRS et EDGE.

App Store

Magasin d'applications accessible sur l'iPad ou depuis iTunes.

Bibliothèque iTunes

Collection de musiques ou de vidéos importée depuis votre ordinateur dans iTunes et permettant la synchronisation avec l'iPad.

Bouton Accueil

Bouton principal de l'iPad, en bas au centre de la face avant. Permet de quitter une application et de revenir à l'écran d'accueil.

Défiler (ou faire glisser)

Toucher l'écran de l'iPad, puis faire glisser le doigt sans relâcher pour se déplacer.

Dock de lancement rapide

Zone de six icônes située en bas d'écran et toujours visible, sur toutes les pages d'icônes. Entièrement personnalisable, elle permet un accès rapide aux applications choisies.

EDGE

Norme de technologie permettant aux appareils mobiles d'accéder à Internet. Ancêtre de la 3G.

Index

B

C

D

E

F

G

H

I

L

M

N

O

P

Q

R

S

T

V

W

Z